예측 시장을 주목하라

예측시장을 주목하라

초판 1쇄 발행 2017년 12월 1일

번 역	김창한 · 이승우 · 조영주
발 행 인	권선복
편 집	김병민
디 자 인	김소영
전 자 책	천훈민
발 행 처	도서출판 행복에너지
출판등록	제315-2011-000035호
주 소	(07679) 서울특별시 강서구 화곡로 232
전 화	0505-666-5555
팩 스	0303-0799-1560
홈페이지	www.happybook.or.kr
이 메 일	ksbdata@daum.net

값 26,000원
ISBN 979-11-5602-548-1 (93320)

도서출판 행복에너지는 독자 여러분의 아이디어와 원고 투고를 기다립니다. 책으로 만들기를 원하는 콘텐츠가 있으신 분은 이메일이나 홈페이지를 통해 간단한 기획서와 기획의도, 연락처 등을 보내주십시오. 행복에너지의 문은 언제나 활짝 열려 있습니다.

집단지성을 통한 미래예측, 혁신 조직의 DNA가 되다

예측시장을 주목하라

How Prediction Markets
Turn Employees into Visionaries

도널드 N. 톰슨 저 / 김창한·이승우·조영주 역

도서
출판 행복에너지

Oracles

INTRODUCTION TO THE KOREAN EDITION OF ORACLES

Prediction markets can produce forecasts that are more accurate than those of polls, experts, and even statistical models. These markets have had success in companies as diverse as Eli Lilly, France Télécom, General Electric, IBM, Intel, Siemens, and Yahoo! All use markets both on their own, and to supplement traditional methods of forecasting sales and events. Market results are produced in diverse areas: results of new product launches, forecasts of presidential elections, and the outcome of sporting events.

The most comprehensive data on business prediction markets comes from Google, which has been running markets for more than a decade. During the first three years, Google ran 300 markets predicting the market potential for a new product, future raw material costs, whether products would ship on time, and how competitors would respond. About 1500 people participated. Overall, market predictions closely approximated actual event results. There is no reason to believe that Korean markets would be any less successful than these.

In prediction markets, participants trade in contracts whose payoff depends on the outcome of future events. An unusual but straightforward example is a presidential-elections prediction market. Participants can buy and sell a contract that says 'Candidate A will win the election' for a price that ranges from one cent to 100 cents. The market closes just before the election winner is known. Each contract pays $1 if the candidate wins, nothing if they lose. Usually there are other contracts for additional candidates in the same election. These markets aggregate information and knowledge; they function because some traders are rational and well informed. Those traders can profit and enjoy reputational gain by trading. As they trade they drive the market price and the prediction in the right direction.

A rational participant bets not on their favorite candidate, but on the candidate they think will win. If she believes there is a 60% chance for Candidate A to win, then she believes the value of the contract to be 60 cents. She is willing to buy units of that contract only if the price is less than 60 cents. If the contract is trading at 65 cents she may sell the contracts she holds.

Another participant believes that the candidate has a 70% chance of winning. That participant may then purchase contracts for up to 70 cents per unit. The market price for a contract at a point in time represents the aggregate expectation of all participants that the candidate will win. Again this has nothing to do with which candidate each investor wants to see win, but rather the outcome they think most likely. Election markets have been run successfully in countries as diverse as the United States, United Kingdom, Japan and Malaysia, and have usually produced more accurate results than traditional polling.

A market can be constructed to estimate the probability distribution of future sales. The following contracts might trade in the market: quarterly sales between $0 and $1million; between $1 million and $2 million; and sales over $2 million. Each contract pays $1 (and reputational advantage) if sales fall in the range described in the contract. This market can produce a complete probability distribution of possible outcomes.

A market needs multiple independent, uncorrelated participants, each with relevant information. Those who participate should be diverse on several dimensions: education, specialty (engineering, marketing), level in the company (both senior and junior people); and perhaps national origin, so the whole organization can and should take part. A further option is to include experts or consultants from outside the company.

A market works because each individual prediction consists of some fact and some error. The facts are common to each knowledgeable participant, whereas error and bias are independent and cancel each other. The result is that a group of diverse non-experts can make predictions that are better than those of experts, and in the case of corporate markets, the group can make a valuable contribution to the organization.

Prediction markets are useful beyond improved forecasts. Participants now have an incentive to gather information to improve their performance in the markets, and to share it through trading.

I would like to offer sincere thanks and congratulations to Seung Woo Lee and his colleagues Changhan Kim of the Corporate Strategy & Marketing Group at LG Display in Seoul for their foresight and enthusiasm in initiating the first corporate prediction markets in Korea, and for translating this book from English. Their markets have been highly successful. I hope their efforts will encourage other Korean organizations to experiment with the concept.

Donald N. Thompson, October 2017

Oracles 한국어판 출간에 앞서

'예측 시장'을 통한 예측은 여론조사나 전문가 집단, 심지어 그 어떤 통계기법을 통한 예측보다 더 정확할 수 있다. '예측 시장' 방법론은 이미 Eli Lilly, France Télécom, General Electric, IBM, Intel, Siemens, 그리고 Yahoo! 등의 많은 기업에서도 성공 사례를 만들어냈다. 이 기업들은 '예측 시장' 기법으로 기존의 예측 방법들을 보완하였다. 적용 분야도 신제품 출시 효과, 대통령 선거 결과, 스포츠 게임의 결과 등 다양하다.

비즈니스 예측 시장과 관련해 가장 광범위한 사례를 가지고 있는 기업은 Google이다. Google은 10년 이상 '예측 시장'을 사내 주요 예측 기법으로 사용해왔다. Google은 신제품 출시효과, 미래의 원자재 가격을 알고자 할 때 '예측 시장'에 문제를 의뢰했고, 특정 제품이 제때 선적이 되었는지, 경쟁사의 반응을 예상하기 위해서도 '예측 시장'을 애용했다. 3년간 Google이 던진 문제는 300개에 이르고, 1,500여 명의 직원들이 '예측 시장'에 참가하여 문제를 마치 주식처럼 사고팔며 과제를 풀어나갔다. 전반적으로 '예측 시장'에서 나온 예측치는 실제 결과와 들어맞는 결과를 낳았다. 한국 시장에서도 이 기법이 들어맞지 않을 이유는 특별히 없을 것이라고 믿는다.

'예측 시장'에서 참가자들은 계약(문제)을 거래하는데, 그 거래의 성과는 미래 사건이 실제 발생하는지에 따라 달라진다. 간단한 예로 대통령 선거가 있다. 참가자들은 'A 대선후보가 당선될 것이다'

라는 계약을 1센트에서 100센트 사이의 가격에 사고판다. 당선자 발표 직전 '예측 시장'이 종료되고, 당선자를 맞춘 사람에게 1달러가 지급되며, 맞추지 못한 사람은 돈을 돌려받지 못한다. 물론 다른 대선후보들에 대한 베팅 항목도 있을 것이다. '예측 시장'이란 게임을 통해 정보와 지식이 한데 모이게 된다. 이 게임이 잘 돌아가는 이유는 참가자들의 지식수준이 다르기 때문이기도 하다. 어떤 참가자는 이성적이고 이미 해당 분야에 박식할 수 있다. 그렇다면 이들 중 정답을 맞히는 참가자가 생길 것이고 이들은 정답을 맞혔다는 명예와 함께 소액의 상금을 거머쥐게 된다. 이들이 '예측 시장'이란 게임 속에서 거래를 이어가면서 시장 가격이 자연스레 형성되고 예측의 정확도도 올라간다.

이성적인 참가자라면 본인이 선호하는 대선후보에 베팅하지 않고, 당선 확률이 높은 후보에 베팅 할 것이다. A후보의 당선 확률이 60퍼센트라고 여기는 한 참가자는 그 문제를 담은 계약의 가치도 60센트 정도라고 생각할 것이다. 그래서 실제 계약의 가격이 60센트 이하일 경우에 그 참가자는 해당 주식을 구매하여 게임에 응할 가능성이 높다. 만약 그 주식이 65센트 이상이라면, 그는 해당 주식을 팔아버릴지도 모른다.

또 다른 참가자가 특정 대선후보의 당선 확률을 70퍼센트라고 예상하고 있다고 해보자. 이 참가자는 주당 70센트 이하의 가격으로 해당 문제를 담은 주식을 구매할 것이다. 이 시점에서 이 주식의 가치는 모든 참가자들의 기대치를 반영한 결과를 나타내고 있을 것이다. 다시 한 번 강조하지만, 특정 대선후보의 당선 여부를 묻는 문제(주식)의 가치는 참가자들의 선호도가 아니며, 참가자들이 예상하는 결과를 잘 반영하고 있다. 미국, 영국, 일본, 말레이시아 선거에서 '예측 시장'을 통해 당선자를 예측한 바 있다. 기존의 여론조사보다 더 정확한 결과를 갖고 온 것이다.

미래의 매출을 확률분포로 추정하도록 '예측 시장'을 설계할 수도 있다. 분기 매출을 ① 0불 ~백만 불 ② 백만 불~2백만 불 ③ 2백만 불 이상의 세 구간으로 구분하여 주식(문제)을 거래하도록 안내한다. 실제로 제시된 구간 내 매출 실적이 발표됐을 경우, 이를 맞춘 참가자에게 1달러씩 지급한다. 결국, 발생 가능한 모든 결과를 다루는 하나의 완벽한 확률분포도가 탄생한 셈이다.

'예측 시장'이 잘 돌아가려면, 유관 정보를 갖고 있으면서도 서로 상관관계가 없는 다수의 독립적인 참가자들의 적극적인 참여가 필요하다. 참가자들은 다양한 측면에서 다양성을 보일수록 좋다. 각자의 교육 배경과 전문성(공학, 마케팅)이 다를 수 있고, 회사 내 직급이 차이가 있을 수 있으며 국적이 다를 수 있다. 조직 내 모두가 참여하는 것이 바람직하다는 것을 설명하려는 것이다. 더 나아가, 사외 전문가나 컨설턴트 집단을 동원해 보는 방법을 고려해보자.

'예측 시장'이 통하는 이유는 각자 예측하는 근거가 사실과 오류를 동시에 담고 있기 때문이기도 하다. 사실에 근거한 지식은 '많이 공부한' 참가자라면 공통적으로 아는 부분이 되겠다. 하지만 오류와 편견에 근거한 지식은 개별 지식 간 상충효과를 가져온다. 결과적으로 다양한 배경으로 이뤄진 비전문가 집단은 전문가 집단보다 더 나은 예측을 하게 된다. 이 과정을 기업 내에서 시행한다면, 이 집단이 몸담은 조직에 중대한 기여를 하게 되는 셈이다.

'예측 시장'은 예측이 적확하게 맞도록 하는 용도 이상으로 유용하다. 참가자들은 서로의 정보를 모으고 시장 내에서 성과를 내고, 지식을 거래해야 하는 일종의 인센티브가 생겼다고 볼 수 있다.

한국어판 출간에 앞서 LG 디스플레이 서울 본사 전략마케팅그룹 김창한 상무와 이승우 책임에게 감사의 말씀을 전하고 싶다. 또, 한국에서 처음으로 기업용 '예측 시장' 도입을 위해 그들이 보여준 열정과 인사이트에 격려의 메시지를 보낸다. 이들의 시도로 인해 한국의 다른 기업들도 '예측 시장'에 곧 뛰어 들길 바란다.

2017년 10월, 도널드 N. 톰슨

점점 더 증가하는 미래 불확실성, 어떻게 해결할 것인가?

지난 20년간 디스플레이 산업에서 미래의 예측과 전략을 수립하고 실행하는 업무를 담당하면서 '최근 증가해 가는 불확실성을 어떻게 낮출 수 있을까?'라는 고민에 깊이 빠지게 되었다.

불과 5년 전까지만 해도 "유사 제품에 대한 미래 소비자의 행동은 반복될 것이다."라는 것과 "공급자 위주의 Push 마케팅이 유효하다."는 전제로 시장을 해석해 왔다. 이러한 시장은 과거 데이터를 기반으로 한 통계적 기법을 활용하면 어렵지 않게 미래 예측을 할 수 있는 특성이 있다. 물론 예측 오차가 발생하지 않는 것은 아니지만 시장을 해석하고 전략을 수립하는데 큰 어려움이 없었다고 생각된다.

하지만, 최근 새로운 개념의 제품이 등장하고 이러한 제품에 대한 평가도 공급자가 아닌 일반 소비자가 Blog 또는 SNS 등을 통해 전달하는 힘이 커짐으로써 과거의 데이터로부터 미래를 예측하는 방법의 예측 오차가 과거보다 훨씬 증가하게 되었다.

미래의 예측 오차가 커진다는 얘기는 사업 환경의 불확실성이 증가한다는 뜻이며, 동시에 과거의 예측방법에 기반을 둔 데이터를 토대로 한 미래 관련 경영 의사 결정은 실패할 확률이 높아진다는 의미이다. 이 책에서는 이러한 문제를 해결할 하나의 대안으로 집단지성을 활용한 '예측 시장'(Prediction Market)을 권하고 있다. 역자는 3년 전부터 이러한 방법을 활용하기 위해 기반을 구축하고 실험을 거듭하고 있으며, 향후 1~2년 이내에 경영의사결정에 활용할 수 있도록 노력하고 있다.

지금까지 한국의 대부분 산업은 선진국을 모방하고 재빨리 따라가는 일에 집중함으로써 경쟁력을 확보할 수 있었다. 그러나 지금부터는 산업의 선두에 서서 미래를 개척하는 제품을 개발해야 하는 시장 선도자로서 역할을 해야 하고, 4차 산업 혁명의 도래로 불확실성이 증대되고 있는 현실을 고려하면 미래의 불확실성을 가급적 낮추고 이를 근거로 한 경영 의사결정이 이루어지는 시스템을 구축해야 한다. 예측 시장은 집단 지성을 활용하고, 개인의 인지 편향을 극복하며, 흩어져 있는 다양한 정보를 취합하는 데 매우 효과적인 메커니즘을 가지고 있을 뿐만 아니라, 적은 비용으로 구축할 수 있는 장점도 있어, 기업 의사 결정에 큰 도움이 될 것이라 생각된다.

예측 시장의 가능성을 연구하여 기업 실무에 적용하는 과정은 순탄치 않았다. 국산 소프트웨어 플랫폼 및 컨설팅 서비스 부재로 외국 협력 업체 발굴에서부터, 회사 내 소개, 예측 시장 설계 및 운영 노하우 축적, 참여자 동기 부여, 결과 분석 및 해석, 통계 예측과의 접목, IT 개선 등 어려운 문제들을 스스로 헤쳐 나가야만 했다. 만약 비슷한 고민을 하시는 분들이 계시면, 예측 시장을 발전시키는 차원에서 협력하고 싶은 마음이 굴뚝같다. 이 책을 계기로 산업에 계시는 많은 분들이 새로운 예측방법을 함께 고민하고 연구하며 발전시켜 불확실한 미래 경영환경을 극복해 나갈 수 있기를 기대한다.

2017년 10월, 역자 일동

인지의 세계를 넘어선
'예측 시장'의 미래를 예측한다

LG 디스플레이 이상훈 전무

　인류 문명 초기에 발생한 시장에는 오로지 현실 세계에서 발생하는 재화를 대상으로 한 아주 기초적인 거래 형태만이 있었습니다. 그리고 아주 오랜 시간동안 문명의 발달과 함께 재화의 형태가 변화함에 따라 시장 또한 발달하게 되었습니다.

　이제 우리는 가까운 미래에 인간으로서 지닌 인지 능력을 넘어서는 재화를 구성하여 그것을 아주 현실적으로 거래하는 시장을 맞이하게 될 것입니다. 바로 '미래'라는 재화를 말입니다.

　그동안 있어왔던 산업 혁명, 그리고 앞으로 다가올 4차 산업 혁명에서 인간의 신체 능력은 아주 보잘 것 없어지고 더 이상 인간이란 개체가 산업과 시장에서 쓸모없을지 모른다는 관측도 제시되고 있습니다.

　그러나 우리가 지닌 두뇌와 정신의 신비가 완전히 밝혀지지 않은 지금, 아인슈타인이 제시했던 상대성 이론으로 물리학의 세계가 뒤집혔듯이 아마도 다가올 미래에 인간으로 하여금 발생한, 지금과는 완전히 다른 형태의 재화를 다루게 될 것이라 믿어 의심치 않습니다.

『예측 시장을 주목하라』에서 제시한 '예측 시장'이야말로 매우 미래 지향적인 시장의 태동기에 놓여 있는 프로토 타입이 될 것이라 생각합니다. 독자 여러분들께서도 일독을 통해 언젠가 다가올 새로운 시장의 발전을 미리 예측해보시는 것도 좋은 공부가 될 것이라 생각합니다. 유용한 지식을 책으로 엮은 원작자와 수고로움을 아끼지 않고 번역에 힘쓴 번역가에게 큰 박수를 보냅니다.

contents

Part 1 다양한 예측 시장들

Part 2 기업 내(內) 예측 시장은 무엇을 할 수 있는가?

Part 3 예측 시장은 어디까지 발전할 것인가?

Part 4 예측 시장을 운영하라

부록

Part 1

다양한
예측 시장들

예측은 아주 어렵다, 특히 그것이 미래에 관한 것이라면.
― NielsBohr, 노벨 물리학상 수상자(고대 중국 속담으로 알려지기도 함)

나는 조직을 좀 더 혁신적으로 변모시키기 위해

거대한 내부적 변화가 반드시 필요하다고 믿는다.

만약 사람들이 기존의 방식만을 고수한다면,

어떠한 창조적 아이디어들도(Creativity juice) 혁신으로

이어지지 못할 것이다.

― JohnP. Kotter, 경영 구루, 하버드 경영대학

📈 1-1
라이트–솔루션스(Rite-Solutions)의 뮤추얼 펀 마켓

기술과 시장이 너무나 빠르게 변화하여 관리자들이 제대로 따라가지 못할 때, 가장 뛰어난 통찰들은 고위 경영자들보다 일반 직원들에게서 나오는 경향이 있다. 그래서 우리는 집단 지성을 끌어내기 위해 시장을 창조하였다.

– Jim Lavoie, CEO of Rite-Solutions

상의하달식 혁신은 질서정연한 반면 어리석고, 상향식 혁신은 무질서한 반면 현명하다.

– Curtis Carlson, CEO of SRI International

예측 시장이라는 기법을 선택한 조직들은 '시장이 개인보다 뛰어나다'는 민주적인 시장 원칙에 입각해 당면한 문제들을 풀어가게 되는데 과연 어떠한 모습으로 일하고 있을까?

대부분의 경영자들은 고객들과 직접적으로 교류하는 직원들이 자사 제품의 단점과 경쟁사들의 전술을 가장 먼저 파악하고 있음을 잘

부하는 계층 구조로부터 혁신가들이 자유로울 수 있도록, 리더들이 하는 일을 재정의한 조직 구조를 만드는 것이었다. 현재 두 사람은 예측 시장의 잠재력을 믿는 사람들 사이에서 상징적인 지위를 얻고 있다.

잠시 2011년으로 되돌아 가보자. 라이트-솔루션스는 185명의 직원을 보유하고 있다. 이 회사는 미국 해군 잠수정에 사용되는 지휘 통제 시뮬레이션 시스템, 해군 항공 전투 시스템을 위한 성과 측정 도구, 그리고 국토 안보용 3D 상황 인식 시뮬레이션 시스템을 판매한다.

이 분야는 첨단 기술을 보유한 기업 간 경쟁이 치열하다. 민간 시장에서는 게임 관련 플랫폼 및 카지노 게임용 칩 벤딩 머신을 생산한다. 군사 분야에서는 다국적 기업인 제너럴 다이나믹스와 록히드 마틴이, 민간 분야에서는 카지노 소프트웨어 업체인 IGT 및 Bally가 라이트-솔루션스의 경쟁자이다.

라이트-솔루션스의 공동 창업자들은 회사의 발전 방향이 선견지명이 있는 지휘관이나 전략가들로부터 나온다는 아이디어를 거부한다. 라보이와 마리노는 다음과 같은 의견을 피력한다.

"회사에서 가장 뛰어난 사람은 우리가 아니다. 우리 두 사람에게는 풍부한 경험과 우리의 꿈을 특정 미래에 이루고자 하는 비전이 있다. 그러나 비전에 이르는 정확한 방법, 이용해야 할 기술들, 그리고 그 기술들을 활용하는 전술들까지 우리 두 사람이 전담할 수는 없다."

대신에, 라이트-솔루션스는 거의 모든 아이디어에 투자할 수 있는 예측 시장을 만들었다. 짐 라보이는 그 예측 시장에 푹 빠져 있는데, 그 이유는 어떠한 전지전능한 창조자도 시장에서 거래될 아이디어나 주식을 결정하지 않기 때문이었다. 더욱이 예측 시장은 직원들에게 회사의 미래 전략에 관한 의견을 묻고, 이를 청취하며, 관심을 인정하고, 성공적인 아이디어를 보상함으로써, '임금을 주니 일을 하라'는 식의 단순한 거래 관계가 아닌 정서적인 유대 관계까지 부여해 주는 이점이 있다.

라보이는 그와 마리노의 관여 없이도 혁신이 이루어지고, 두 사람이 항상 올바른 선택을 해야 하는 부담이 줄어든 회사를 꿈꾸고 있다.

이러한 생각들을 실행에 옮긴 형태가 바로 이노베이션 엔진이라 불리는 예측 시장이다. 혹자는 뮤추얼 펀 마켓으로 부른다. 라이트-솔루션스의 직원이라면 누구나 새로운 제품과 서비스, 신규 사업과 혁신 기술, 그리고 기존 제품과 서비스의 개선 방법 등을 시장에 제안할 수 있다. 이러한 제안들은 투자 설명서와 성격이 다른 Expect-Us로 불리는 기술서 및 종목 코드와 함께 주식으로 발행된다. 개별 시장, 증권, 그리고 화폐 각각을 지칭하는 용어는 자유롭게 선택 되지만, 모두가 증권 시장의 의미를 내포하고 있다.

예측 시장에서는 엔지니어나 컴퓨터 과학자뿐만 아니라, 마케터, 회계원, 접수 안내원, 심지어 은퇴자에 이르기까지 모든 구성원들의 참여가 장려된다. 접수 안내원과 은퇴자까지 포함되는 이유는 무엇일까? 이 질문에 라보이는 "왜 굳이 지적 역량을 제한하려 합니까?"라며 반문한다.

그 회사의 신규 입사자들은 채용 즉시 예측 시장에 참여한다. 모든 신규 입사자들은 채용 첫날 사내 인트라넷에 접속하여 미래 관련 기술, 제품, 그리고 활용 분야들에 관한 제안들을 살펴본다. 모든 직원들은 어떠한 성장 동력들이 경영진의 관심과 자금 지원을 받게 될지, 본인 스스로 영향력을 행사하고자 시장에 투자한다.

라보이가 말했듯이, 소위 지식 테더링의 힘을 간과해서는 안 된다. 은퇴하여 회사를 떠난 직원들은 뛰어난 지적 역량을 보유하고 있다. 지속적으로 회사와의 끈을 유지하고 싶은 은퇴자들에게 그들의 지식이 여전히 유용하게 활용될 수 있는 놀이터를 제공하라. Expect-Us를 완성하는데 있어, 라이트-솔루션스 In-ventor(내부용어)는 아이디어를 지지하고 조언을 제공하는 '프로펫'(Prophet, 선지자)이라 불리는 조력자를 사내에서 찾을 수 있다.

하나의 프로젝트에는 여러 프로펫이 포함될 수 있다. 갓 출현한 기술에 관련된 설익은 아이디어들을 점검하기 위해 과학자 출신의 프로펫이 필요할 것이다. 그 아이디어가 구체화되고 시제품이 필요해지면, 디자인이나 마케팅 관련 프로펫들이 참여할 수 있다. 새로운 프로펫이 추가될 시점은 기존에 참여하고 있던 프로펫이 결정한다.

Expect-Us가 완료되면, 프로펫들은 신규 상장(IPO)를 발표하고, 4개의 뮤추얼 펀 예측 시장(세이빙 본즈, 바우 존스, 스파즈닥, 페니 스탁스) 중 하나에 주식을 포함시킨다.

세이빙 본즈(Saving Bonds)는 매출을 증가시키기보다 비용을 낮추는 아이디어를 지칭한다. 예를 들어, 지식 DNA라 명명된 한 세이빙 본즈는 웹 기반 생산 자동화 관련 제안이었다. 사무직원들은 어떠한 업무 프로세스를 자동화 할 수 있는지 잘 알기 때문에 비용 절감 프로젝트를 제안하는데 탁월하다. 라보이도 사무직원들은 회사 내 다른 분야 사람들보다 낭비를 줄이고 효율성을 강조하는 데 있어 적합하다고 동의했다.

두 번째 예측 시장은 바우 존스(Bow Jones)이다. 이 영역은 신제품이나 새로운 서비스를 만드는데 기존의 기술과 역량을 사용하는 경우를 말한다. 예를 들어, 척 엔젤이라는 직원은 스쿨 버스의 위치나 어린 학생들의 올바른 버스 탑승 여부를 모니터링 하기 위해 군사용으로 개발된 자산 추적 기술 활용을 제안하였다.

스파즈닥(Spazdaq)이라는 세 번째 시장은 고위험/고수익 시장에서 활용할 수 있는 기술을 포함한다. 페니 스탁스(Penny Stocks)라는 네 번째 시장에서는 직원들이 '흥미롭긴 하나 뜬구름 잡는' 아이디어나 코멘트를 주고받는다. 언젠가 이러한 비현실적인 생각들은 세이빙 본즈, 바우 존스, 스파즈닥 같은 시장으로 편입될 수도 있다. 모든 주식과 관련하여 직원들은 자유롭게 의견을 주고받을 수 있다. 이를 통해 투자자들은 서로의 생각을 조율한다.

Expect-Us와 아이디어 관련 토론들은 로드아일랜드부터 샌디에이고까지 여러 사무실에 걸쳐 한 번도 만난 적 없는 직원 간 소통을 촉진시킨다. 비록 그들이 특정 아이디어에 투자를 하지 않을 수는 있어도, 미래를 예측하기 위해 서로 협력하게 된다.

예측 시장에서는 신규 채용자, 비서, CEO 할 것 없이 Intellectual Capital로 불리는 가상 통화 10,000달러로 거래를 시작한다. 신규로 발행된 주식의 초기 가격은 $10이다. 대개 50개에서 60개 사이의 주식이 예측 시장에서 거래된다. 직원들이 사내 인트라넷에 접속하면, 자신들의 포트폴리오 및 신규 발행 주식 정보를 스크린에서 확인할 수 있다. 주식의 이름을 선택하고, 거래 금액을 기입한 후, 구매 및 매각 버튼을 누르기만 하면 거래는 성사된다. 대부분의 투자는 웹브라우저를 통해 근무 시간 외에 이루어진다. 라보이는 "모든 혁신은 여백의 공간에서 이루어지며, 사무실이 항상 여백을 위한 최적의 공간은 아니다."라고 말한다.

직원들은 어떤 예측 시장 프로젝트에도 참여할 수 있다. 프로젝트를 전개하기 위해 필요한 절차들은 프로펫들에 의해 웹상에 정의 및 열거된다. 이 업무들은 직원들이 프로젝트의 예산을 공급하는 점에 착안하여 'Budge-It' 목록으로 불린다. 라보이가 밝혔듯이, 혁신 마당은 외향적 직원들을 위한 공간으로, 내향적이기 마련인 조직 내 천재들은 사내 공식적인 혁신 마당에 잘 나타나지 않는다. 대신 그 빈자리에는 관객들만 가득하다. 'Budge-It' 접근 방식은 미팅에서 수줍어 나서지는 않지만, 조직에 기여코자 하는 내향적인 직원들의 흥미를 유발하도록 고안되었다. 또한, 'Budge-It' 방식은 여러 연령층의 직원들이 서로의 관점에 대한 상호 존중을 바탕으로 문제들을 함께 해결할 기회를 제공한다.

라보이와 마리노는 각 증권에 투자된 금액과 완료된 'Budge-It' 목록을 모니터를 통해 확인한다. 주식의 가격은 투자 금액과 해당 아이디어에 기여하고 이를 발전시키고자 하는 동료들의 의지를 결합한 알고리즘에 의해 결정된다.

한 주식이 상위 20위 안에 들어가면, 아이디어 발굴, 프로펫 역할 수행, 'Budge-It' 절차 완료, 혹은 개발 기여 등을 종합적으로 고려한 금전적 보상이 마련된다. 프로펫은 향후 추진 계획 및 보상 배분에 관한 제안서를 작성한다. 만약 어떤 아이디어들이 실제 비용 절감이나 수익 증대로 이어진다면, 관련 임직원들은 향후 2년간 예상되는 재무성과의 25퍼센트를 배당으로 받게 된다. 매년 말, 성공적인 투자에 대한 보상이 주어진다. 영리한 투자자들은 큰 규모의 투자금을 획득한다. 이러한 투자자들은 뉴욕 증권가의 워렌 버핏처럼 뛰어난 예측 능력을 증명했기 때문에 더 큰 영향력을 가지게 된다.

상장 및 금전적인 보상 모두가 주어지다 보니, 뮤추얼 펀 마켓에 참여하는 직원들의 동기를 꼬집어 말하기는 어렵다. 그러나 이 예측 시장은 라이트-솔루션스의 기업 문화에 뿌리 깊게 자리 잡아, 각 임직원이 하는 일의 일부분이라는 사실은 명백하다. 모든 투자자들은 고위 임원들이 그들의 참여와 성공을 지켜보고 있음을 잘 알고 있다.

뮤추얼 펀 마켓은 2년 만에 50개의 혁신 제품, 서비스, 그리고 프로세스 개선들을 만들어 냈다. 12개 아이디어는 회사의 새로운 지적 자산이나 특허로 발전하기도 했다.

이 회사의 첫 번째 성공적인 예측 시장 프로젝트는, 해군과 미국 국토 안보부 인원들이 긴급 상황에서도 현명한 의사 결정을 내리도록 도와주는 3D 시각화 기술과 관련이 있었다. 아마 X-Box를 떠올리면 쉽게 이해할 수 있을 것이다. VIEW라고 이름 지어진 이 프로젝트가 처음 제안 되었을 때, 공동 창업자 조 마리노는 그 잠재력을 낮게 평가했었다.

그러나 예측 시장의 반응은 뜨거웠고, 개발과 시제품 생산까지의 과정이 일사천리로 진행되었다. 마리노가 밝혔듯이, 만약 최고 경영진들이 의사 결정을 했다면, 이 아이디어는 결코 빛을 보지 못했을 것이다. 절대로. 최고 경영자들은 수많은 구성원들이 열광적으로 참여하는 아이디어를 무시할 수 없었다. 이 프로젝트의 결과물인 Rite-View는 출시된 해에 회사 매출의 30퍼센트를 차지할 정도로 성공적이었다. 회사가 성장함에 따라, 뮤추얼 펀 마켓에서 키워진 제품들은 전체 매출의 20퍼센트를 꾸준하게 차지하고 있다.

이 뮤추얼 펀 마켓은 기존 제품들의 새로운 수요처를 찾아내기도 한다. 라이트-솔루션스는 실시간 이미지 처리 기능을 포함한 군 사용 프로그램에 사용되는 패턴 인식 알고리즘 기술을 가지고 있었다. 놀랍게도 사무 보조 직원인 레베카 호쉬가 이 기술 관련 인벤토(In-ventor)로 자원했다. 그녀에게는 엔지니어적인 배경이 전혀 없었지만, 패턴 인식 알고리즘이 역사나 수학을 가르치는 놀이 도구로 활용될 수 있을 것이라 생각했다.

그녀가 Expect-Us를 작성하자, 프로펫이 선정되었으며, '이겨라/즐겨라/배워라'(Win/Play/Learn)라는 의미의 WPL이라 이름 지어진 바우 존스 주식이 발행되었다. 이 주식은 회사로부터 투자금을 유치했고 여러 지원자들을 모으는 데 성공했다. 라이트-솔루션스는 2만 달러를 들여 WPL 아키텍처를 개발했고, 이 아키텍처를 로드아일랜드의 장난감 회사인 Hasbro에 제공했다. Hasbro는 2006년 출시된 Vugo 멀티미디어 시스템에 이를 채용했다.

이 아키텍처는 후속 계약으로 백만 달러의 수익을 라이트-솔루션스에 안겨 줬다. 호쉬는 향후 2년간 WPL 아키텍처에서 발생할 것으로 예상되는 수익의 25퍼센트를 보너스로 받았다.

그러자, 라이트-솔루션스의 직원들은 뮤추얼 펀 마켓 안에서 가장 빠르게 성장하는 뮤추얼 펀 마켓 자체를 주식으로 발행하기에 이른다. 다른 회사의 임원들이 이 소식을 듣고, 뮤추얼 펀 마켓 소프트웨어를 라이센싱 할 수 있는지 문의하기 시작했다. 2006년 중반, 라이트-솔루션스는 뮤추얼 펀이라 불리는 제품을 출시했고, 즉시 여러 다국적 기업들에게 판매되었다. 한 라이센스는 노트르담 대학에 팔리기도 했다. 이 대학의 그레고리 크로포트 교수는 신규 사업을 구상하면서 뮤추얼 펀 마켓 플랫폼을 사용하는 Collab-reneurship 커리큘럼을 만들고자 했다.

2010년에는 예전 레베카 호쉬의 WPL 아이디어로부터 보너스를 받았다. Hasbro는 뮤추얼 펀 소프트웨어에 강한 흥미를 느꼈고, Hasbro만의 유저 인터페이스인 모노폴리 테마로 개발을 요청했다. 아이디어 모노폴리로 불린 신제품은 2011년 하반기에 출시되었다.

이 회사의 예측 시장 성공은 그들만의 기업 문화가 있었기에 가능했다. 어떤 고위 임원도 새로운 아이디어에 거부권을 행사하지 않았다. 라이트-솔루션스는 기업 문화를 중시한다. 채용 절차도 '우리 문화를 공유할 파트너'를 찾는 '실험'으로 표현한다. 대부분의 신규 채용은 기존 직원들의 추천을 통한 인터뷰를 거쳐서 이뤄진다. 신규 입사자들은 기술적 전문성을 갖춰야 할 뿐만 아니라, 함께 사무실을 사용하고픈 사람이어야 한다.

모든 직원들은 CEO인 짐 라보이가 전통적인 피라미드식 조직 구조를 얼마나 싫어하는지 잘 알고 있다. 짐 라보이는 피라미드가 죽는 이들을 위한 무덤에 불과하며, Y세대에게 더욱 그렇게 느껴진다고 생각한다.

그 이유는 피라미드식 조직 구조의 지휘 통제가 더 이상 효과적이지 않은 근무 환경에 Y세대가 더 익숙하기 때문이다.

피라미드를 구성하는 하나의 조직 상자는 사람들이 새로운 조직 상자를 찾을 때까지 다른 이들과 함께 머무는 일시적 저장 공간일 뿐이며, 피라미드에 갇혀있는 과거의 사람들을 위한 공간에 새로운 사람들까지 한꺼번에 넣어 버리는 장소라고 표현하기도 한다.

그는 다음과 같은 생각을 가지고 있다.

'피라미드식 조직 구조는 하나의 계층에 있는 사람들이 그 아래 계층에 있는 사람들보다 뛰어나다는 그릇된 인식의 문제를 안고 있다. 피라미드 구조는 아래 계층의 사람들의 참여를 막고, 상위 계층에 있는 사람들에게는 항상 옳아야 한다는 압박을 가하기 때문에 이를 멀리해야 한다. 모든 직원들에게 의사 결정 프로세스를 개방하면 유용한 아이디어가 샘솟아 WPL과 같은 제품이 탄생한다. WPL과 같은 혁신적인 제품은 결코 경영진들이 만들어 낼 수 없다. 따라서 우리는 직원들의 지적 자산을 존중하고 이에 투자해서 그들의 움직임을 잘 주시해야 한다. 심지어 직원들의 생각이 경영진의 생각과 상반되는 경우라도 말이다.'

『We-Think: The Power of Mass Creativity』(가제, 우리는 생각한다: 집단 창의성의 힘)의 저자 찰스 리드비터의 생각도 유사하다.

"만약 당신이 당신 회사 내 특정 부서의 영향력 아래 매몰되어 다른 분야를 살펴보지 않는다면, 위대한 아이디어를 놓쳐 버릴 수도 있다. 당신은 그 아이디어를 날려 버릴 수 있지만, 다른 회사들은 절대로 놓치지 않을 것이다."

라이트-솔루션스는 예측 시장의 기본 사상을 잘 보여준다. 유용한 정보는 다수의 위대한 사람들 사이에 퍼져 있다. 투자자들이 전문가가 아닐 때라도, 그리고 대개의 경우 그들이 전문가가 아니기 때문에, 예측 시장은 뛰어난 집단적 판단 결과를 내놓는다. 거래자들은 정보의 흐름을 막고 편향된 의사결정을 야기하는 어떠한 장애물과도 부딪치지 않는다. 어느 누구도 다른 이를 공격하거나 정치적 영향력을 행사하지 않기 때문이다.

라이트-솔루션스는 매력적인 연구 사례이다. 이 책에는 다른 여러 사례들이 많지만, 예측 시장은 유익한 이야기 그 이상의 가치를 내포한다. 예측 시장은 잠재적으로 사회적 변혁과 다름없다. 예측 시장은 설문 조사를 대체하고, 끝없이 이어지는 회의를 대신할 수 있다. 게다가 당신의 삶, 당신 회사나 조직, 나아가 사회까지 변화시킬 수 있다.

앞으로 소개할 다양한 사례와 관련하여 "아하, 그렇구나!"라는 단순한 이해에 머물지 말고, 사례가 의미하는 바를 스스로에게 묻고, 나와 나의 회사, 그리고 나의 조직이 하는 일에 어떠한 영향을 미칠 수 있는 지까지 곰곰이 생각해 보기 바란다. 예측 시장이 이 모든 걸 어떻게 향상 시킬 수 있을지 말이다.

내가 이 책에 이르는 탐험 여행을 시작했을 당시, 이미 여러 예측 시장에 대해 알고 있었다. 그러나 연구를 거듭할수록 집단 지성을 효과적으로 고양하는 예측 시장에 더욱 강하게 매료되었다. 예측 시장은 아주 다양한 분야에 응용된다. 브로드웨이 예측 시장은 뮤지컬의 주연 배우를 고르는 데 큰 역할을 하고 있으며, 보잉사의 사내 예측 시장은 CEO가 보잉 787 드림라이너의 출시 지연을 발표하기 몇 달 전에 이미 그 결과를 예측하기도 했으며, 여러 정치적 예측 시장은 미국 대선 결과를 정확하게 예상하기도 했다. 유통 회사들은 판매할 제품을 선택하고, 그 제품들의 가격을 책정하며, 어떻게 판촉을 진행할 지 결정할 때 예측 시장을 활용한다. 기술 관련 기업들은 기반 환경 투자를 결정할 때 예측 시장을 사용한다. 또한 할리우드 영화 제작사들은 새로운 영화를 위한 마케팅 활동에 사용될 투자 금액을 정할 때 예측 시장의 도움을 받는다.

수많은 회사들에게 예측 시장은 여전히 관심의 대상에 불과할 수 있다. 그러나 제너럴 일렉트로닉스, 구글, 모토롤라, 마이크로소프트, 휴렛팩커드, 그리고 일라이 릴리 같은 수많은 혁신 기업들과 CIA 같은 정보기관들은 더 나은 의사 결정을 내리고 직원들이 통찰력을 가질 수 있도록 예측 시장을 활용한다. 예측 시장은 조만간 대부분의 경영자들이 이해해야만 하는 가장 중요한 경영 기법이 될 것이다.

1-2
예측 시장이란 무엇인가?

우리 중에 우리 모두를 합친 것만큼 똑똑한 사람은 없다.

– 일본 속담

다양한 형태의 예측 시장들은 비즈니스 영역에서 가장 적게 알려져 있는 아이디어 중 하나다. 이 책 후반부에 나타날 몇몇 예시들은 이코노미스트, 내셔널 지오그래픽, 타임지 등 주요 비즈니스 뉴스에서 다뤄진 적이 있지만, 대부분의 독자들은 라이트−솔루션스(Rite-Solutions), 구글, 혹은 전염병 확산 경로 예측에 활용된 사례들을 예측 시장과 연관 지어 생각하지는 못한다.

예측 시장과 관련한 사업은 긴 역사를 갖고 있다. 그리스 신화에서 발견할 수 있는 최초의 예측의 근원은 신탁으로, 대지의 여신 가이아다. 가이아는 파나서스 산비탈의 델파이에 살면서 깊은 지혜를 전달하고 신과 왕들의 행동을 예언했다.

많은 기업과 정부는 21세기형 가이아의 도움이 없는 상황에서 내일, 다음 달, 혹은 내년에 일어날 일을 예측해야 한다. 범기능팀

(Cross-functional teams)과 오픈 피드백 시스템이 존재한다고 해도 사업체들은 주요 이슈 해결에 직원들의 사고를 종합하여 사용하는 데 능숙하지 못하다. 자만심, 월가 애널리스트들이 주는 압력, 위험회피, 혹은 나쁜 뉴스를 전달하는 정보 제공자는 총에 맞게 될지 모른다는 두려움 등이 좋은 정보의 흐름을 해친다.

증권 분석가들의 예측은 들어맞는 만큼 틀리기도 한다. 정부 전문가들은 이란 혁명, 베를린 장벽의 붕괴, 아프가니스탄 내의 탈레반의 부활, 또는 2007-2009 글로벌 금융 위기의 예상에 실패했다.

어쩌면, 미래 사건들은 정말로 예측 불가능하고 무작위로 일어나기 때문에, 분석가들의 기록이 불규칙한 건지도 모른다. 아니면 전통적인 예측 방법들이 확실하지 않기 때문에 예측에 실패한 건지도 모른다. 우리는 전문가들에게 의존하는 대신에, 수많은 사람들의 집단 지성을 통합하는 것처럼 새로운 방식을 시도해야 한다. 이를 실행하기 위해서 기업 및 기관들이 예측 시장 실험을 진행한다.

최초의 예측 시장은 예측 시장의 아버지로 불리는 로빈 한슨(Robin Hanson) 교수가 개발했다. 당시 교수는 제너두(Xanadu)라는 회사를 컨설팅하고 있었는데 테스트 시장을 위한 흥미로운 토픽을 찾고 있었다. 1989년 4월, 유타 대학교의 두 물리학자가 발견한 상온 핵융합에 대해 물리학계 내에서 논란이 일어났다. 한슨은 제너두의 직원들과 컨설턴트들에게 다음의 내용을 평가하라고 요청했다.

〈1991년 1월 1일까지 1리터도 되지 않는 장치가 1와트가 넘는 힘을 생산해낼 것이다. 이는 성분들을 생산/분리하는 데 사용된 분할 상환된 힘을 포함해서 상온핵융합에 투입된 것보다 많은 양이다.(해석: 상온핵융합을 통해 실제로 전력을 생산할 수 있다.)〉

이 첫 번째 기업 시장 문제에 18명이 참여했다. 유타 대학교 실험에 대한 떠들썩했던 뉴스 리포트들을 감안하여, 개장 초기의 확률은 50퍼센트를 상회하였다. 1990년 5월까지 6퍼센트로 추락했다. 과학계의 전반적 의견이 융합 실험이 복제될 수 없다고 모아지기도 훨씬 전에 주가는 하락했고, 주가가 4퍼센트 더 하락하자 실험은 완성 예정일보다 앞서 중지되었다.

투자자들을 예측변수로 사용하는 행태의 씨앗은 뿌려졌다. 예측 시장은 이제 다양한 형태를 지닌다. 구글, 베스트바이, 마이크로소프트는 제품-판매 수준과 새 프로젝트 시작 날짜를 예측할 수 있는 마켓을 갖고 있다. 상업용 예측 시장의 예로는 아이오와 전자 시장(Iowa Electronic Markets; IEM)과 아일랜드 회사인 인트레이드(Intrade)가 있다. 이 마켓들은 주식 가격과 선거 결과부터 전염병의 확산에 이르기까지 예측에 관한 모든 것에 대한 증권 계약을 제공한다.

우리가 의식하지 못하는 예측 시장(Unconscious prediction markets) 또한 존재한다. 예를 들자면 당신이 휴대폰을 켜둔 채로 두었을 때 통신사는 당신의 위치를 추적할 수 있다. 그러면 리서치 회사는 이 정보를 이용하여 당신과 같은 사람이 어떤 교통수단을 사용하는지 혹은 야구 경기 후 어느 술집에 갈지 예측한다. 당신이 구글에서 독감 증상에 대한 글을 검색하면, 연구원들은 당신의 정보와 다른 사람들의 정보를 종합하여 질병의 지리적 확산을 추적한다. 잘 알려지지 않았으나 정부 기관에게 테러리즘이나 암살에 대한 정보를 제공하는 시장 역시 존재한다.

기업의 예측 시장에 대해 많이 알려지지 않은 이유 중 하나는 예측 시장을 이용하는 기업의 고위 임원진들이 회사의 중요 결정 몇몇이 비서나 기술자들의 참여로 이루어졌음을 수긍하려 하지 않기 때문이다. 마이크로소프트, 야후!, GE, HP, 모토롤라, General Mills나 내부 마켓을 운영하는 다른 60개 대기업의 연례 보고서 혹은 회사 웹 사이트를 확인해 보고, 그들이 예측 시장에 대해 한 마디라도 언급하였는지 찾아보라. 구글과 베스트바이는 언론들로 하여금 그들의 내부 시장에 대해 토론하고 칭찬하게끔 했으나 그들의 연례 보고서나 웹 사이트에서는 그와 관련된 언급을 일체 하지 않는다. 인트레이드의 존 델라니(John Delaney)는 연례 보고서에서 기업 시장의 성공과 시장 사용으로 절약한 금액에 대해 읽을 수 있게 된다면 이는 기업 세계가 그 기술을 당당히 인정 및 수용하고 정당화한다는 신호로 볼 수 있다고 말했다.

우리는 쉽게 다른 형태의 시장 합의를 받아들인다. 뉴욕 증권 거래소의 증권 금액은 한 주의 가격으로 압축된 수많은 투자자들과 뮤추얼 펀드 매니저들의 통합된 지성을 반영한다. 주가는 회사의 비즈니스 전략, 마케팅 능력, 근본적인 기술력, 상품에 대한 미래 수요 등 여러 가지의 예측을 반영한다. 자신보다 펀드 매니저들이 더 나은 예측을 할 수 있다고 생각하는 사람들은 뮤추얼 펀드를 구매한다. 증권의 예상 가격(혹은 뮤추얼 펀드의 주식)은 완벽하지 않지만, 시장은 그 어떠한 예측 기술보다 뛰어나다.

유사하게, 국제 원자재(Commodity market)의 시장 가격은 밀, 옥수수, 오일 혹은 금과 같은 상품들에 대한 미래 수요 예측을 의미한다. 상품 가격들은 기후 변화, 국제 정세, 해적이나 전쟁 발발 위험성, 그리고 중국은행이 금리를 어떻게 설정할지 등 여러 상황 및 그 가능성을 반영한다. 상품 시장의 목적은 소유권 이전이다. 통합 정보를 제공하는 것은 이차적 효과다.

예측 시장은 시장의 부작용을 순기능으로 바꾼다. 새로운 항공기가 제시간에 배송될지 알기 원하는 비행기 제조업체는 직원 및 협력업체들을 대상으로 시장을 열어 "10월 15일까지 시험 비행할 수 있을까?"라는 문제에 대해 투자하게 할 수 있다. 만약 현재 증권 가격이 2불이고 정답을 맞혀 10불을 받을 수 있다면, 20퍼센트 확률로 테스트 비행이 해당 날짜 안에 이뤄질 수 있다고 해석할 수 있다.

원자재 시장의 몇몇 투자자들은 원자재들을 직접 미래에 사용하기 위해 구매한다. 예를 들어, 옥수수는 아침식사용 시리얼로 사용될 수도 있고 혹은 대서양 횡단을 위한 제트 연료로 활용될 수도 있다. 투기자들은 상품 구매를 원하지 않으나, 스스로가 상품 가격에 영향을 줄 수 있는 요인들을 상세히 파악하고 있어 적당한 가격을 잘 알고 있다고 생각한다. 원자재 시장 내에 투기적 참가자들의 생각이 예측 시장에 즉각 반영되는데, 이들은 시장이 본인들이 생각하기에 '알맞은' 가격에 다다를 때까지 계속 투자한다.

마켓이 얼마나 효과적인지 이해하기 위해서는 시장 결과를 이해할 수 있어야 한다. 시장 결과는 실제로 무엇을 의미하는가? 예측 시장이 가장 비판을 많이 받을 때는 어떤 일이 일어날 것이라고 높은 가능성으로 예측했는데 그 일이 발생하지 않았을 때이다. 한 예로 일기 예보를 들 수 있다: "기상캐스터가 90퍼센트 확률로 비가 올 것이라고 했으나 하루 종일 맑았다."

사실 기상캐스터가 90퍼센트 강수확률을 제시한 모든 날들의 90퍼센트 날에만 비가 온다면 그는 정확히 예측한 것이다. 만약 매번 비가 온다면 그 기상캐스터는 좋은 예측가가 아니라는 뜻이다.

이 '기상캐스터에 대한 오해'는 본인들의 판단이 하위 계급의 노동자들의 시장 공동체에 의해 예측된다는 사실에 화가 난 매니저들이 "그럴 줄 알았다(I told you so)"라고 말하기 위해 사용되는 근간이다.

현실에서는 높은 가능성으로 예측되는 몇몇 사건들이 항상 구체화되지 못한다. 그렇지 않으면 개연성이 있다고 예측한 시스템에 문제가 있는 것이다. 다음의 상황을 보자. 미국의 프로농구 리그(National Basketball Association, NBA)는 새로운 선수들을 선발하는 행사를 매년 갖는다. 14개 팀들 가운데 최저 시즌 성적을 보유한 팀이 선발 순서를 정하기 위한 추첨을 시작한다. 리그는 단순하게 우승한 게임 수의 반대 순서로 선발하지 않는다. 만약 그렇게 하면, 플레이오프 진출 불발이 확정됐을 때, 하위권 팀들이 높은 드래프트 픽(Draft pick)을 확보하기 위해 가능한 많은 게임을 일부러 지려고 할 수도 있기 때문이다.

이 대신에 리그 위원회는 추첨 형식을 택했다. 잘 알려진 예로, 2007-2008 시즌에 최악의 시즌 기록을 갖고 있던 프로농구 리그의 마이애미 히트는 첫 번째 드래프트 선택권을 뽑을 확률이 25퍼센트였다. 9번째로 낮은 성적을 갖고 있던 시카고 불스는 1.7퍼센트의 확률을 갖고 있었다. 이 확률들은 대개의 사람들, 특히나 마이애미 농구 팬들로 하여금 히트가 불스보다 먼저 드래프트 픽을 뽑으리라 믿게 만들었다.

2008년 6월, 예상과는 다르게 시카고 팀이 리그 선발권 추첨에서 첫 번째로 당첨되어 1순위 드래프트 픽을 받게 되었다. 불스는 이를 사용해 멤피스의 데릭 로즈를 선발했다. 첫 번째 선발권에 있어서 시카고보다 15배 높은 확률을 지녔던 마이애미는 두 번째로 선발권을 얻었다. 2011년 로즈는 가장 어린 나이에 NBA MVP 상을 받은 선수가 되었다.

이 선발 결과에 대해 어떤 의심스러운 부분이 있다고 생각하는가? 아니다. NBA 드래프트 추첨 백 년 역사에서 최저 성적을 보유한 팀은 25번 드래프트 픽을 뽑을 가능성이 있다. 나머지 13개 팀들 중 하나는 나머지 75번을 뽑을 가능성이 있는 것이다.

너무나 당연하게 보이는 것이 어째서 자주 틀어지는지 이해하기 쉽지 않다. 하지만 만약 우승 후보가 98퍼센트의 확률로 우승할 가능성이 있다면, 50번에 한 번은 패배할 것이다. 90퍼센트의 우승 확률은 10번에 한 번은 지고 80퍼센트의 확률은 5번에 한 번은 진다는 의미다. 이는 예측 시장 및 다른 모든 예측들의 결과가 가끔 틀릴 수밖에 없는 이유다. 예측 시장이 100퍼센트라고 말하지 않는 이상, 어떤 사건이 발생할 것이라는 예측에 확실성은 없다. 100퍼센트라는 수치가 도출되면, 시장을 운영하는 의미가 상실된다.

2008년 뉴햄프셔 주의 대통령 예비 선거를 보자. 투표자들을 설문 조사한 12개의 여론조사 기관들은 67퍼센트 확률로 오바마가 이길 것이라고 예상했으나 힐러리 클린턴이 버락 오바마를 제쳤다. 모든 TV 전문가들은 오바마를 점찍었다. 이후 신문 칼럼니스트들은 여러 날 동안 왜 여론조사와 전문가들이 실패했는지에 대해 기고했다 (정답은 선거일에 예상했던 것보다 많은 투표자, 특히나 노인 투표자들이 많이 참여했기 때문이다).

시장 결과를 이해하는 데 발생하는 다른 문제는 시간과 관련이 있다. 2008년 인트레이드의 상업 예측 시장은 미국 대선에서 존 매케인 후보가 이길 확률이 52퍼센트라고 예측했다. 이는 실수가 아니었다. 이는 확률을 계산한 시장 날짜와 대선 투표일까지 당시의 상태를 그대로 유지할 경우에 해당하는 예측 값이었다. 하지만 선거 시나리오와 인트레이드 시장은 대선 후보의 실수, 부통령 후보 지명, 후보자의 과거 부도덕한 행동 등에 영향을 받아 매일 바뀌었다. 인트레이드 시장의 예측치는 당시 매케인 후보의 우승 확률을 보여주는 숫자이다.

마지막 선거 캠페인이 임박했을 때는 '당시'의 예외가 적용된다. 투자자들이 종종 뒤쳐지고 있는 정당이 남은 시간 안에 선두로 회복할 수 있다고 그 확률을 과대평가하기 때문이다. 통계학자들은 이를 요기 베라 편향(Yogi Berra bias)이라고 부른다. "끝날 때까지 끝난 게 아니다."

그렇다면 선거 시장의 정확도는 우리가 어떻게 판단할 수 있을까? 선거 전일 오후 6시에 확인되는 예측치로 판단한다. 그 때면 시장 투자자들이 가능한 모든 정보를 통합해두었기 때문이다.

예측 시장의 성공을 판가름하려면, 시장이 20퍼센트 확률을 제시했을 때 실제로 20퍼센트의 확률로 사건이 일어나는지 보라. 시카고에 위치한 예측 시장 회사인 (역자 주)Inkling은 2015년 Cultivate

Labs에게 합병되었다.

잉클링(Inkling)은 잉클링의 마켓들이 이 테스트 기준을 얼마나 잘 맞추는지 보여준다. 잉클링의 애널리스트들은 잉클링의 플랫폼을 사용하는 7,000개의 마켓들 가운데 어떤 일이 발생할 확률을 20퍼센트라고 계산한 마켓의 수를 계산한 뒤 확인 결과 실제로 해당 이벤트들이 20퍼센트와 근접한 수치로 발생한 것으로 확인했다.

만약 시장이 75퍼센트를 예측했다면, 사건들의 75퍼센트가 실제로 일어났을 것이다. 잉클링은 이벤트들이 실제로 발생하는 빈도수와 예측된 이벤트 발생 가능성(예측 시장의 주가로 측정)을 그래프로 표현했다. 도표 2-1이 그 비교 결과이다. 도표 내의 직선은 시장의 예측 기록이 완벽했을 때를 의미한다. 다른 선은 실제로 일어난 일을 뜻한다.

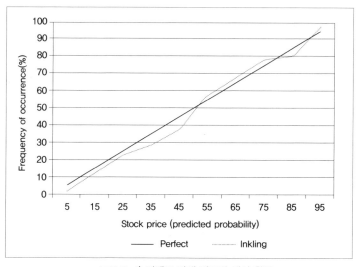

도표 2-1) 이벤트 발생 빈도와 예상 확률
출처: Inkling 공식 블로그 www.inklingmarkets/home/dotheywork.

이제까지 논의된 시장들은 사건 발생을 예측하는 시장들이었다. 다른 형태의 예측 시장은 어떤 것의 수(數)의 결과를 도출한다. 추후 30년 간 미국에서 미 해군 모집소에 얼마나 많은 남자와 여자가 지원할까? 만약 예측 시장이 '12,500명에서 15,000명의 지원자'라는 구간을 선택했고 실제 13,750명이 지원했다면, 그 예측 시장은 완벽하다. 잉클링이 회사 마켓에서 도출한 예상 수치와 실제 수치를 여러 기간에 걸쳐 비교했는데, 결과는 발생할 일을 예측하는 것만큼 좋았다.

도표 2-1에 알 수 있듯이 불확실한 이벤트 발생에 대한 모든 것을 알고 있는 사람은 아무도 없다. 많은 사람들이 매우 조금만 알고 있다. 시장에서의 투자자 매매 행태는 분산된 정보를 통합시킨다. 좋은 정보를 소유하고 있다고 생각하는 투자자는 큰 투자를 하여 주가에 큰 영향을 미치고, 유효한 정보를 적게 갖고 있는 투자자는 적게 투자하는 것이다.

몇 이상치 예측들은 Garbage-in, Garbage-out('쓰레기가 들어가면 쓰레기가 나온다'는 뜻, 줄여서 GIGO)에 대해 질문하는 사람들을 뜻하는 것일지 모른다. 다음은 거의 모든 투자자들이 그 어떤 유용한 정보도 제공할 수 없는 질문들이다.

도널드 트럼프가 3개월 안에 뉴욕 시 시장 선거 출마를 선언할까? 어느 도시가 2026년 축구 월드컵을 개최지로 선정될까? 당신이 만약 이 질문들을 던진다면, 누군가는 이에 대답하려고 할 것이다. 하지만 그 대답은 쓰레기(Garbage-out)일 것이다. 시장은 우연한 일들에 사용하는 마법 도구가 아니다.

논리적으로 보았을 때 잉클링이나 인트레이드 같은 상업 시장은 다른 예측 방법들만큼 좋은 결과를 도출해야 한다. 우수한 방법론을 갖고 있는 이는 그 시장에 투자함으로써 큰 이익을 낼 수 있는 동기를 갖고 있기 때문이다. 만약 더 나은 방법과 정보를 갖고 있는 사람에 의한 매매가 인트레이드 가격을 바꾸지 않는다면, 더 좋은 정보를 갖고 있는 그 사람은 많은 돈을 벌고 계속 투자를 지속할 것이다. 대부분의 경우, 좋은 정보를 갖고 있는 거래자들은 그들의 방법이 제시하는 방향으로 인트레이드의 가격을 움직인다. 결국 인트레이드는 더 좋은 방법을 통해 산출된 예측과 동일한 예측을 하게 된다.

예측 시장이 다른 예측 도구들보다 정확도가 떨어지는 경우에도, 예측 시장은 고유의 다른 가치를 지니고 있다. 예를 들어 어떤 프로젝트가 목표 기한을 맞출지 여부를 예측하는 경우를 보자. 시장은 얼마나 예측에 대한 의견이 강하게 받아들여지는지 보여준다(80퍼센트의 성공 확률은 40퍼센트보다 더 낫다).

단일 예측들은 예측 시장 연속성의 'Blunt end'다. 시장은 "만약 이렇다면 다음은 무엇인가?(If this, then what?)"라는 조건적인 질문들을 바라보는 좋은 방법을 제공한다.

한 예시로 "만약 연합군이 이라크를 침공하면 오일 가격은 어떻게 될까?"라고 물을 수 있다. "만약 이렇다면 다음은 무엇인가?"를 물을 때 보통 상호보완적인 질문들을 수반하는 예측 시장을 동반한다.

"y가 발생했을 때 x는 얼마일까?"와 "y가 발생하지 않았을 때 x의 가격은 얼마일까?"

다음의 예처럼, 당신이 원하는 것으로 x와 y를 대체시켜 보라.

'S&P 500 지수'와 '아프가니스탄에서의 군 철수?' 또는 '휘발유 가격'과 '북극국립야생동물보호구역 시추 승인'

정치 토론에서 이 결과들이 얼마나 가치 있을지 생각해보라. 2007년 두 마켓이 미군이 이라크에서 철수할 경우 S&P 500 지수가 1,700에 도달할 것이고, 철수하지 않을 경우 S&P 500 지수는 1,450일 것이라고 예상했다고 가정해보자. S&P 500 지수의 250 포인트가 미국의 군사 정책과 연관된 주식시장의 금융 결과를 나타내는 것이다. 이러한 연결된 질문들은 우리가 조사할 수 없는 문제들에 대해 탐구하게 한다. 만약 2012년 대선에서 미쉘 바크만이 버락 오바마를 이기면 부동산 시장에는 어떤 일이 일어날까? 물론 이 시장은 쓰레기(Garbage-out)일지 모르지만 조건 시장(Conditional market)의 개념을 보여준다.

대부분 기업들의 예측 시장은 단일 단체 내에 존재한다. 하지만 이는 곧 바뀔지 모른다. 라이트-솔루션스가 고객, 공급업체, 군대/국토 안보 기술 커뮤니티, 본질적으로 회사를 위해 일하지는 않지만 컴퓨터를 이용해 회사와 함께 일할 준비가 된 모든 이들의 인사이트를 얻기 위해 뮤추얼 펀을 자사 기관 밖으로 확대시켰다고 생각해보라. 만약 라이트-솔루션스가 전 세계 군사기구에서 아이디어들을 수집할 수 있다면 그 회사가 무엇을 성취할 수 있을지 생각해보라.

기관 밖으로 시장을 확장시키는 것은 새로운 아이디어는 아니다. 21세기 초 Eli Lilly라는 제약회사에 의해 이미 사용되었다. 내부 예측 시장을 운영한지 몇 년 후, 릴리(Lilly)는 매사추세츠 주의 Andover 시에 위치한 스타트업 기업 Inno-Centive에 투자했다.

릴리에서 수석 연구과학자로 있었던 Alpheus Bingham이 이끄는 Inno-Centive는 회사 바깥에 존재하는 문제 해결사들과 연결되는 것을 목표로 했다.

릴리의 내부 예측 시장은 50명의 제품 담당자, 화학자, 생물학자 등 다양한 그룹으로 구성되어 있었고, 이 시장은 식품의약청의 수백만 달러에 달하는 실험과정으로 보내진 신약 중에서 어떤 약이 결국 승인을 받지 못할지 결과를 예측하는 데 사용되었다. 투자자들은 각 6개 약들의 분자 구성, 실험 절차, 독성 보고서를 들었다. 투자자들은 규제 승인을 받을 확률이 가장 높은 3개의 약을 예측하기 위해 시장에서 증권 매매를 하도록 요청 받았다.

그 시장은 3개의 성공적인 약들과 마지막 실험 단계에서 수천만 달러를 낭비하기 전에 중단되었어야 할 약들을 정확하게 예측했다. 거래 데이터는 다른 예측 방법은 절대 보여주지 못했을 다양한 의견들을 밝혀냈다(80불의 신약 주식은 60불의 약보다 더 큰 자신감을 의미했다).

자신들의 의견을 드러내지 않는 태도는 사내 예측 시장에 있어서 큰 문제였다. 신약을 개발하는 과학자들과 동물 및 인체 실험을 진행하는 연구원들은 개발한 약의 규제 통과 여부를 잘 판단할 수 있는 직감이 있음을 릴리는 알고 있었다. 그러나 과학자들과 연구원들은 다른 누군가에 그들의 의견을 말했을 때 이득은 없고, 그렇지 않았을 때 더 큰 위험을 피할 수 있었다. 그들은 부여 받은 리서치 업무를 수행하고 릴리 사내(社內)의 다음 피라미드 층으로 그 약을 전달할 뿐이었다. 규제 승인을 못 받는 것은 다른 사람의 문제였다.

라이트-솔루션스의 문화 내에서는 결코 일어난 적 없던 릴리의 이러한 문제는 '모순되는 결과를 갖고 어떻게 행동할 것인가'에 대한 것이다. 만약 릴리의 과학적 다층 인허가 절차는 a라고 말하고 내부 시장은 b라고 말한다면, 회사는 어느 쪽을 따라야 할까? 당신이라면 어떻게 다양한 제품 매니저 및 화학자 집단이 더 똑똑하다고 과학자들에게 말하겠는가? 라이트-솔루션스에서는 모두가 시장이 더 똑똑하다고 생각하기 때문에 이 문제가 한 번도 발생하지 않았다.

릴리는 내부 예측 시장에는 조금 부적절한 다른 문제를 갖고 있었는데 이 문제를 Inno-Centive 스타트업 기업으로 가져갔다. 회사는 미국과 다른 나라에서 새로운 암 치료제의 임상 실험 1단계 및 2단계를 더 효율적으로 진행할 수 있는 방법을 찾고 있었다. 제일 좋은 의견은 규제 기관의 승인 절차와 연관된 과학자들에게서 나왔다. 그들은 수많은 좋은 아이디어를 갖고 있었지만 이전에는 이를 표현할 기회가 없었다.

만약 투자자가 다른 투자 시장에서의 위험을 관리하기 위해 예측 시장을 사용하면 어떻게 될까? 2008년 미국 대선에 대한 선거 시장이 그 예를 보여준다. 선거 시장을 운영하는 3개의 상업 시장 인트레이드, IEM, 그리고 벳페어(Betfair)는 힐러리 클린턴이 6월 초 패배하고 오바마가 사실상 민주당 후보가 되자 함께 움직였다. 9월 22일 장의 가격 차이만은 예외였다. 벳페어와 인트레이드는 오바마 승리 가격에서 갑자기 10센트 격차를 보였다(51센트와 61센트). 차액거래자들이 이 차이를 눈치 채고서, 결국 시장 가격이 같아질 때까지 51센트에 사서 61센트에 팔았다. 차액거래자들은 마지막 오바마 승리의 주식이 51센트와 61센트 사이면 아무 위험 부담 없이 돈을 벌 수 있다. 마지막 주식까지 그 사이 숫자였고, 그들은 돈을 벌었다.

인트레이드의 존 델라니가 이를 조사한 결과, 한 투자자가 특정 위험을 관리하기 위해 존 매케인 후보에 시장을 움직일 정도로 큰 투자를 진행한 것을 확인했다. 어떤 위험이었을까? 만약 그 투자자가 오바마가 이긴다는 전제하에 의료보험 주식을 구매했었다면, 그는 매케인 주식을 구입함으로써 그 투자를 보호할 수 있다. 만약 오바마가 이긴다면, 투자자는 의료보험에서 수익을 얻겠지만 예측 시장에서의 매케인 주식 투자는 손실을 보게 된다. 그 반대의 상황에서도 투자자는 의료보험 수익을 잃고 예측 시장에서의 주식 투자는 수익을 얻는 식이다.

이 케이스에서 진짜 위험회피자는 아마 센트리스트 메신저(Centrist Messenger, 이하 '센트리스트')라는 회사일 것이다. 이 회사는 정치 광고를 팔고 패배한 후보를 지지했던 고객들에게 돈을 환불해 주는 회사이다. 센트리스트는 회사의 손실금을 줄이기 위해 인트레이드를 이용한다고 공개적으로 밝혔다. 만약 센트리스트가 맥케인보다 오바마 광고를 더 많이 팔았다면, 회사는 맥케인이 승리할 경우 부담할 리스크가 너무 커진다. 그래서 회사는 인트레이드에서 맥케인 주식을 사고 오바마 주식을 파는 것이다.

대선의 경우처럼, 시장의 결과를 의도적으로 치우치게 하기 위한 투자는 하나의 전략으로 볼 수 있다. 하지만 다른 투자자들은 항상 이를 예상하고 그들이 맞다고 생각되는 가격을 제의함으로써 거의 매번 위험을 보완한다. 2004년 미국 대선에서 한 인트레이드 투자자가 조지 W. 부시 주식을 공매도하기 위해 수만 불을 사용했다. 부시 주식은 54(연임 확률 54퍼센트)에서 10(연임 거의 불가능)으로 8분 만에 하락했다. 가격 폭락은 동일한 사람에 의한 4개의 거대한 매도 주문이 낳은 결과였다. 6분 뒤 부시 주식은 다시 54로 올랐다. 이는 가격을 조정하려는 시도였을까 아니면 부시 대통령 연임에 대해 다른 예측을 갖고 있던 한 부유한 트레이더의 투자였을까? 아마도 답은 전자일 것이나 결과는 두 상황에서 모두 동일하다. 다른 트레이더들이 바로 뛰어들면서 부시 연임에 대한 시장 가격 빠르게 회복되었고 그가 조작자였다면 그는 그의 투자 손실을 봤을 것이다.

동일한 선거 시장에서 실험을 위해 노스캐롤라이나대학 경제학자 Koleman Strumpf와 스탠포드대학 경제학자 Timothy Groseclose는 무작위로 투자했다. Strumpf가 말하길, "시장은 우리가 만든 투자를 금방 원점으로 돌렸다. 사람들은 우리의 이상한 투자에 속지 않았다."

부시와 Strumpf/Groseclose 예들은 예측 시장 관리자가 '한계 트레이더'(Marginal trader)라 일컫는 개념을 보여준다(주가가 잘못되었다고 생각될 때 그 주식을 사고 파며 돈을 버는 감정에 좌우되지 않는 트레이더들). 한계 트레이더들은 각 후보자들의 확률에 관하여 선입견을 더 적게 갖고 있는 선거 시장의 워렌 버핏들이다.

조지메이슨대학교의 로빈 한슨(Robin Hanson)과 다른 연구자들의 흥미로운 연구에 따르면, 시장 조작 시도는 사실 인트레이드와 같은 현금 시장의 정확도를 더 증가시킨다고 한다. 참여자들은 '정확한' 가격에 투자함으로써 많은 돈을 벌 수 있는 것이다. 한슨은 양과 늑대를 비유해 설명한다. 양은 거래에 박식하지 않고 늑대는 그 거래에서 이익을 취한다. 늑대는 양이 많은 시장을 선호한다. 좋은 정보를 갖고 있는 늑대는 그만큼 많이 먹을 수 있다. 이로 인해 조작자들과 다른 양들이 많은 예측 시장이 더 정확하다. 포커를 정말 잘 못하는 사람이 당신 테이블에 앉기를 바라는 것과 마찬가지로 현명한 당신은 멍청하거나 편향된 트레이더들을 원한다.

몇몇 예측 시장 질문은 상당히 혁신적이다. 영화사 임원들은 새로운 영화가 오스카상을 겨루게 될지에 대한 예측에 투자한다. 교육위원회는 6학년 학생들의 읽기 점수를 향상시킬 수 있는 가장 비용효과적인 방법에 관한 정보를 원한다. 정보기관들은 테러리스트 공격의 시간과 장소에 대한 공개적으로 발표된 정보들을 종합한다. 각예시들은 챕터 3, 11, 12에서 설명되어 있다.

사실 성공적인 예측 시장에는 오직 4개의 필수요소가 있다. 가장 중요한 것은 참여자들의 다양한 배경과 다양한 문제해결 방식이다. 투자자들의 의사 결정은 지나친 영향이나 괴롭힘 없이 독립적으로 이루어져야 한다. 투자자 집단의 정보를 통합하는 어떤 방식이 있어야 한다. 그리고 이 일을 진지하게 사람들이 받아들일 수 있게 하는 인센티브가 있어야 한다. 인센티브는 금전적일 수 있지만 꼭 그럴 필요는 없다.

시장에 대해 이야기할 때 나는 'Forecast'라는 말보다 'Predict'라는 말을 쓴다. 이제는 둘 다 같은 뜻을 지니고 있지만 과거엔 달랐다. Forecast라는 단어는 찰스 다윈의 역사적인 1831-1836 세계여행의 지휘관이었던 로버트 피츠로이(Robert FitzRoy) 선장에게서 비롯되었다. 피츠로이는 날씨를 예측할 수 있다는 가능성에 매료되었다. 그러면 해군사무소에서 곧 불어 닥칠 폭풍우를 미리 선박에 경고할 수 있기 때문이다.

당시의 날씨 예보 산업은 점성술사들과 연감 저술가들로 구성되어 있었다. 점성술사는 야외 이벤트를 개최하기 위해 비가 오지 않는 날을 예측했다. 정말로 비가 안 오면 그 점성술사는 돈을 받았다 (만약 비가 내리면 돈을 받지 못했다). 영국의 점성술사는 예측으로 돈을 벌 확률이 30퍼센트가 되었다. 군사적으로 사용될 수 있는 가능성에 자극 받은 영국 정부는 1854년 피츠로이를 위해 'The Met'이라 불리는 일기예보 사무소를 세웠다. 'The Met'은 폭풍의 풍향과 풍속을 알기 위해 새로운 전신 서비스를 사용했다.

영국 왕립 학회의 관리자들은 Met이 심오한 과학보다는 점성술과 더 가까운 'Prediction'이라는 단어를 사용함으로써 과학의 격을 낮춘다며 격노했다. 그래서 피츠로이는 다음 날의 날씨를 설명할 때 쓸 수 있는 'Forecast'(예보)라는 단어를 만들었다. 오늘날 두 단어는 격 없이 통용되지만 예측 시장에 참여하는 사람들은 모두 날씨와 상관없는 단어를 사용한다.

상점 오프닝이나 항공기 인도와 같은 계획의 진척 확인, 판매 예측, 리스크의 정량화, 자금 지원을 받아 마땅한 혁신적인 아이디어와 투자 기회 발견 등 다양한 경우에서 시장을 사용할 수 있는 예들이 책 후반부에 설명되어 있다. 하지만 먼저, 시장이 그룹 내의 지식을 얼마나 잘 종합하고 또 어떻게 종합하는지를 보여주는 유명한 예들을 알아보자.

📈 1-3
스포츠 / 영화 관련 예측 시장들

의사들과 과학자들은 4분 이내에 1마일 주파하는 것은 불가능하
며, 도전하다 죽음을 맞을 것이라 예측했다. 결승선에서 쓰러진
뒤 트랙에서 일어났을 때, 나는 내가 죽은 줄 알았다.

– Roger Bannister, 1952년 1마일 4분 기록을 처음으로 깨트린 후

잊어라. 남북전쟁 영화는 수익이 나지 않는다.

– 역사상 수익을 가장 많이 낸 영화가 된
'바람과 함께 사라지다'의 최초 대본 제안에 대한 MGM 임원들의 평가.

그룹 전체가 그 그룹에 속한 어떤 개인보다 훨씬 잘 예측할 수 있
고, 전문가보다 더 나은 성과를 낼 수 있다는 이 아이디어를 우리는
어디까지 이용하고 개발할 수 있을까? 경마 베팅 초보자가 전문 경
마 핸디캐퍼보다 더 잘 예측할 수 있을까? 미식축구 경기에 내기를
거는 팬들이 라스베이거스 카지노에서 베팅하는 전문가들을 이길
수 있을까? 영화 팬들은 대도시 신문의 엔터테인먼트 분야 기자들보

다 아카데미상 수상자들을 더 정확히 예측할 수 있을까? 상식과 반대되어 보이지만 상위 질문들의 대답은 모두 'Yes'이다. 다양한 상황에서 예측시장을 활용할 수 있다.

토론토 서쪽에 위치한 우드바인(Woodbine) 경마장에서는 개인 베터들이 레이스에서 어떤 말이 1, 2, 3등으로 들어올지에 대해 돈을 건다. 만약 한 경주마가 4:1 배당률을 갖고 출발한다면, 베터들은 그 경주마의 우승확률을 5분의 1로 예상하는 것이다. 50:1 배당률은 경주마가 평균적으로 51번의 레이스 중 한 번 이긴다는 뜻이다. 50:1 확률을 뚫고 정말 그 경주마가 이긴다면, 베터들은 내기금의 51배를 돌려받는다(우승자 예측으로 50배를 받고 추가로 걸었던 판돈을 돌려받아 51배가 되는 것이다).

마권을 산 사람들은 자신들이 옳다고 생각하는 항목에 베팅을 함으로써 배당률을 움직인다. 자신의 예측에 대해 자신이 있어 더 많은 돈을 건다면, 배당률에 더 큰 영향을 미치게 된다. 레이스 출발 60초 전에 마권 판매가 종료되면, 각 경주마에 대한 마지막 배당률을 통해 베터들의 종합적인 판단을 확인할 수 있다.

베팅 구역에 있는 몇 사람들은 더 많은 정보를 알고 있을 수 있다. 대부분의 나 같은 사람들은 어떤 요인이 경주마로 하여금 찰나의 차이를 만들어내는지 잘 알지 못한다. 어떤 이들은 마주복 색에 베팅하고 다른 이들은 여성 기수에만(혹은 여성 기수가 아닌 말에만) 돈을 건다. 만약 전문가 그룹의 베팅만을 계산한다면 배당률을 통해 보다 정확한 예측을 할 수 있을 것이다. 하지만 이들을 어떻게 먼저 확인할 수 있을까? 그들이 자발적으로 신원을 밝힐 의사가 있을까? 만약 그들이 스스로 전문가라고 밝힌다면, 그리고 이후 그들이 우승마를 예측할 수 있는 팁을 팔려고 한다면, 우리는 그들을 믿을 수 있을까?

만약 경마 전문가 군을 확인하기 어렵다면, 경마 베팅 구역 내의 전문가 및 아마추어 혼합 그룹이 만들어낸 시장 결과가 얼마나 좋은지 분석하면 된다. 우드바인 시즌의 실제 경마 결과를 갖고 있는 사람들만 비교하면 되는데, 우리는 우드바인이나 다른 주요 경마에서 베터들이 거의 완벽하게 한 경주마의 이길 확률을 예측하는 것을 발견했다. 3:1 배당률의 말들은 정말로 우드바인 경마 시즌 중 4경기 중 한 번 이겼고 7:1 배당률인 말들은 8번에 한 번 이겼다.

베터들의 예측에는 선호하는 후보를 저평가하는 편향(Favorite-long-shot bias)이라는 작은 흠이 있다. 우승 확률이 높은 말에는 적게 돈을 걸고 승산이 적은 말에는 조금 더 많은 돈을 건다. 결국 양쪽 모두 왜곡된 확률을 보인다. 배당률이 99:1을 넘는 말에 2불을 걸면 68센트를 돌려받는다. 30:1인 경우에는 2불에 68센트를 받고 5:1일 때는 1.64불을 받는다. 2:1의 배당률은 선호 후보 편향을 반영해서 1.74불을 돌려받는다. 선호하는 말에 돈을 베팅하면 돈을 더 천천히 잃는다. 승산이 없는 쪽에 오버베팅하는 경우는 마지막 두 경기에 더 흔하게 나타나는데 예상컨대 베터들이 집에 가기 전 하루 동안 잃은 돈을 만회하려는 심산이 반영된 것으로 보인다.

영국과 라스베이거스에는 전문 경마 핸디캡퍼들과 마권업자들이 합법적으로 존재한다. 미국의 전문 핸디캡퍼 협회(Professional Handicappers Association)에는 수백 명의 멤버가 참여하고 있다. 몇몇 핸디캡퍼들은 자신의 경마 예측을 인터넷에 팔면서 돈을 번다. 이들이 경마의 진정한 전문가라고 할 수 있다. 컴퓨터 모델을 이용하여 각 말들의 이전 경기 기록, 부상, 마지막 경기를 뛴 지 얼마나 됐는지, 기수의 명성, 경주마가 부담하는 무게, 발주고착, 경마장의 상태 (부드러운지 단단한지, 축축한지 건조한지, 흙인지 잔디인지) 등 경기에 영향을 미칠 수 있는 중요한 요소들을 예측에 반영시키는 핸디캡퍼들도 있다. 다른 경마 전문가들은 컴퓨터 모델을 사용하지는 않지만 그들의 경험에 기반을 두고 예측한다. 이들은 몇몇 주요 요소들과 경주마가 경기 전 얼마나 잘 잤는지, 그리고 경기 전 준비운동 중 머리를 치켜 들었는지를 예측 평가에 포함시킨다.

모든 주요 요소들을 고려한다고 해도, 전체 베터 집단이 전문 경마 핸디캡퍼들보다 우승 확률을 조금 더 정확하게 예측한다. 베터들이 핸디캡퍼들보다 큰 차이의 적중률을 보이거나 매일 적중하는 것은 아니지만 시장은 레이싱 시즌 전반에 걸쳐 더 좋은 성적을 보여준다. 뉴욕대학교 교수 Stephen Figlewski의 리서치는 시장의 우수성을 가장 설득력 있게 보여주는 증거다. 그는 수년간의 결과를 분석하여 핸디캡퍼들은 승마를 예측하는 데 28.7퍼센트 정확률을 갖는 것을 확인했다. 배당률을 통해 분석한 결과, 베터들은 29.4퍼센트 정확률로 승마를 골라냈다.

이는 단순히 내부 정보를 갖고 있는 산업 전문가들만 더 정확히 경주 결과를 예측할 수 있다는 사실을 증명하는 결과라고 주장하는 사람들도 있다. 이들은 전문가들이 초보 베터들보다 많은 돈을 경기에 걸어서 최종 배당률을 왜곡한다고 말한다. 이 주장은 그럴듯하지만 사실이 아니다. 판돈의 총 금액은 경마 참가자 수에 비례한다. 만약 토요일 우드바인에 목요일보다 50퍼센트 더 많은 사람들이 방문했다면, 토요일의 총 판돈은 50퍼센트 더 많다.

Michael A. Smith, David Paton, 그리고 Leighton Vaughan Williams의 리서치는 게임 당일 오전에 정해지는 마권업자의 배당률과 경마 전체(Pari-mutual) 배당률을 분석하여 경마 전체 베터들의 확률이 마권업자들보다 더 정확한 경마 결과를 예측하는 것을 확인함으로써, Figlewski의 연구를 뒷받침하였다.

긴 연속적 내기에서 이기는 유일한 방법은 이길 것 같다고 생각되는 말에 걸지 않고 배당률이 실제 우승 확률보다 높은 말에 거는 것이다. 만약 배당률이 20:1이고 당신은 10:1이 되어야 한다고 생각한다면 판돈을 걸어라. 하지만 경마 베터들은 정확하게 배당률과 결과를 예측함으로써 '잘못된 배당률'의 기회를 없앤다. 그리고 또 경마장이 승자에게 배당금을 나눠주기 전 수수료를 제한다. 연속적인 긴 내기 끝에 이기는 사람은 없다.

또 다른 비교는 프로 미식축구 연맹(NFL)의 게임 결과에 대한 베팅 마켓이다. 오즈메이커, 북메이커, 그리고 판돈을 거는 모든 사람들이 이 마켓에 참여한다. 오즈메이커는 각 팀의 퍼포먼스를 연구해 배당률을 만드는 사람이다. 미디어와 북메이커가 이들의 배당률을 이용한다. 신문의 스포츠 페이지에서 보는 배당률이 바로 오즈메이커가 만든 것이다. 오즈메이커는 오직 배당률을 산정하기만 하지 베팅을 받지 않는다. 가장 잘 알려진 오즈메이커 중 하나는 Las Vegas Sports Consultants다. 이들은 라스베이거스 카지노의 Sportsbook(갬블러들이 여러 스포츠 경기에 베팅할 수 있는 곳)에 내기 승률을 판매한다.

Las Vegas Sports Consultants는 팀의 최근 성적, 팀의 강점, 선수 부상 등을 고려하는 컴퓨터 프로그램을 통해 각 NFL팀에 대한 파워 점수를 매긴다. 각 팀은 매주 새로운 파워 점수를 갖는다. The New York Jets가 홈경기를 치른다면 58점을, Buffalo Bills가 원정경기를 치른다면 52점을 받게 될 수 있다. 이 점수는 포인트 스프리드(Point spread: 패배시킬 때 기대되는 점수 차)를 결정짓는다. Buffalo의 뉴욕 원정 게임의 시작 베팅라인은 "Jets가 6점 차 승리"일 것이다. 만약 Jets에 돈을 건다면, 팀이 7점차로 경기를 우승해야 베팅에서 이기게 된다. Bills에 돈을 건다면, 팀이 5점 이하로 패배할 경우 베팅에서 이기게 된다. 6점 차인 경우에는 베팅 상 무승부로 금액을 환불해 준다.

북메이커는 베팅을 받는 사람들이다. Sportsbook은 오즈메이커의 베팅라인으로 시작한다. Sportsbook은 장 초반에 한 팀에만 베팅이 쏠리지 않도록 이치에 맞는 숫자를 게시해야 한다. 처음 판돈이 들어오기 시작하면 베팅 라인은 빠르게 변한다. 우승 포인트 스프리드의 예상 점수 폭은 각 팀에게 동일한 베트(bet)가 걸리기 위해 필요하다고 예상되는 북메이커의 예측 점수 쪽으로 이동한다. "Jets가 5와 1/2"이라고 했을 때 이 숫자는 게임에 돈을 건 수천 명의 사람들의 종합적인 지혜를 통해 산출된다(바로 스포츠 예측 시장인 것이다).

만약 Sportsbook이 각 팀의 판돈의 양을 같게 하기 위해 베팅라인을 움직인다면, Sportsbook은 어떻게 돈을 버는 걸까? 베팅 시스템은 10불을 얻기 위해 11불을 걸게 되어 있다. 이 1불의 차이는

Juice, 혹은 Vigorish라고 불리며, 이 커미션이 바로 Sportsbook 과 북메이커들이 존재하는 이유다. Vigorish는 내기를 주선하고 참여자들의 판돈을 다루는 데 들어가는 수수료다. 만약 Sportsbook이 각 팀의 베트를 조정할 수 있다면 Vigorish를 통해 큰 수익을 얻을 수 있다.

스포츠 면에서 적혀진 베팅라인이나 라디오에서 들리는 베팅라인 은 Sportsbook의 베팅라인과 다르다. 실제 우승 게임 포인트 스프리드를 가장 정확히 예측하는 쪽은 어디라고 생각하는가? 오즈메이커 전문가들일까 아니면 베터(bettor)들이 이끄는 스포츠 시장일까? 그렇다. 스포츠 시장이 전문 오즈메이커보다 10게임 중 8게임에서 더 정확하다. 스포츠 시장은 또한 Side bet 혹은 Prop bet라 불리는 내기에서도 더 정확하다(총 취득 점수 또는 첫 터치다운에 성공하는 팀에 거는 부차적인 베트).

두 예측이 서로 다른 시점에 생성되기 때문에 둘을 비교하는 것이 불공평해 보일 수 있다. 베팅 라인이 신문에 게재되는 때와 게임타임 사이, 선수 부상이나 악천후 예보 등이 Sportsbook의 배당률을 변동시킬 수 있다. 그러나 결국 다 상쇄된다. 몇몇 선수들은 연습 중 부상을 당하고 어떤 선수들은 예상보다 더 빠르게 부상에서 회복한다. 경기 당일 날씨는 일기예보보다 좋을 수도 있고 나쁠 수도 있다.

스포츠 시장은 전문가들보다 더 정확히 예측할 뿐만 아니라 어떤 경우엔 거의 완벽한 결과를 보여준다. 저스틴 울퍼스(Justin Wolfers) 는 1984년에서 2000년까지 열린 3,791개의 NFL 게임을 분석했는데, 라스베가스 베팅 스프리드(게임에 돈을 거는 노름꾼들에 의해 정해짐)가

99.7퍼센트의 결과를 맞춘 것으로 나타났다. NBA 게임의 경우, 베팅 스프리드는 1994년에서 2001년까지의 9,000개의 게임 중에서 97.3퍼센트 정확률을 보였다. NFL과 NBA의 베팅 시장은 가능한 모든 정보를 종합하여 사용하기 때문에 그 어떠한 전문가나 전문가 그룹도 베팅 시장만큼 예측을 향상시킬 수 없다.

아카데미 시상식 수상자와 영화 성공 가능성을 예측하는 다른 시장이 있다. 이곳에서 아마추어와 전문가들이 스스로의 우월함을 다툰다. 워싱턴 주 레드몬드에 사는 토드와 앨리슨 닐센(Tod and Allison Nielsen)은 영화 시장을 아카데미 시상식 파티와 연결 지어 분석해 포춘(Fortune)지의 2004년 3월호에 실렸다. 매년 닐센 부부는 60명의 파티 손님들에게 아카데미 6개 주요 부문 수상자를 예측해 달라고 요청한다.

(그 6개 부문은 다음과 같다: 작품상, 남우주연상, 여우주연상, 남우조연상, 여우조연상, 감독상)

파티 손님들의 나이와 학력은 꽤 다양하다. 대략 절반 정도는 토드가 12년간 몸담은 마이크로소프트에서 근무한다. 토드는 현재 마이크로소프트의 경쟁사인 소프트웨어 회사 VMware를 경영하고 있다.

처음 7번의 파티에서는 6개 부문 수상자를 다 맞춘 사람이 없었다. 하지만 매년 전체 참여자들의 추측은 그 어떤 개인의 추측보다 정확해지기 시작했다. 2004년 이상한 일이 벌어졌다. 12명의 손님들이 전체 여론과 동일하게 6개 부문 수상자를 모두 정확하게 맞춘 것이다. 전체 여론은 다른 개인만큼이나 정확했지만 여전히 그들의 80퍼센트보다 더 나았다.

만약 정장 차림의 파티 손님들이 아카데미 수상자를 점찍을 수 있다면, MBA 학생들도 똑같이 할 수 있을까?

마이클 모부생(Michael Mauboussin)은 투자딜러 레그 메이슨(Legg Mason)과 함께 일하는 월가 전략가이자 2008년 출판된 『More Than You Know: Finding Financial Wisdom in Unconventional Places』의 저자이다. 그의 책은 비즈니스 위크(Business Week)가 선정한 '최고의 경제경영서 100'에 이름을 올렸다. 모부생은 또한 콜롬비아대학교 경영대에서 MBA 수업을 가르치고 있다. 그는 1993년 이래로 매년 학생들에게 아카데미 시상식 일주일 전 양면으로 된 예측서를 준다. 앞면에는 닐센의 파티와 동일한 6개의 오스카 수상 카테고리가 적혀져 있고 뒷면에는 6개의 난해한 카테고리가 적혀 있다 (각색상, 촬영상, 편집상, 다큐멘터리상, 미술상).

소수의 학생들은 영화를 많이 봐서 이 카테고리에 대해 조금 알 수도 있다. 대부분의 학생들은 전문 프로그램이 요구하는 공부량과 이에 요구되는 시간을 고려했을 때 영화를 그렇게 많이 보지는 않을 것이다. 각 학생은 1불을 내고 참여하며 우승자가 판돈을 모두 갖는다. 이 게임의 목표는 개인적으로 좋아하는 작품을 지지하지 않고 최대한 많은 오스카 수상자를 예측하여 돈을 갖는 것이다.

이 바쁜 학생들의 추측 결과는 어떨까? 보통 한 그룹은 12개 카테고리 중 9개나 10개를 맞추고 한 학생 개인은 최대 5개에서 7개를 맞춘다. 수상 카테고리에 대한 그룹 전체의 의견은 언제나 개인 참가자의 예측보다 뛰어나다.

예측 게임에서 이긴 학생은 한 움큼의 달러 지폐와 교수의 칭찬 및 인정을 받게 된다.

모부생은 그의 영화 마켓의 높은 정확도에 관해 모범적인 대답을 내놓는다.

"우리는 모두 약간의 정보와 상당한 오류를 갖고 있다. 우리가 우리 각각의 정보를 모두 종합하면 오류는 서로 상쇄되고 여기서 추출된 순수 정보만 남는다."

닐센의 파티 손님들과 모부생의 학생들은 대중 잡지에 게재되는 영화 팬들의 아카데미 시상식 수상자 여론조사 결과보다 거의 매년 더 정확하다. 이에 대한 이유는 모부생의 설명만큼이나 간단하다. 사람들은 영화 잡지 여론조사에 참여해달라고 전화나 면대면으로 부탁받으면 무례하지 않게 최대한 빨리 질문에 응답하고 원래 본인이 하던 일로 돌아간다. 디너 파티의 손님들이나 수업 내 학생들은 프로세스의 경합성에 몰입되고 그들의 선택에 대해 훨씬 길게 생각한다.

이 '시장 경합성(Competitiveness of the market)' 설명은 공공 예측 시장 사이트인 뉴스퓨처스(NewsFutures)의 실험을 통해 재확인된다. 뉴스퓨처스는 여론조사와 시장에 의한 아카데미상 수상자 예측 결과를 비교했다. 여론조사는 50퍼센트 정확성을 보인 반면 시장은 75퍼센트 정확성을 보였다. 이 결과가 더 흥미로운 이유는 동일한 200명의 참여자가 여론조사와 시장에 모두 참여했다는 것이다.

아이오와대학(University of Iowa)의 티피경영대(Tippie College of Business) 마케팅 교수인 톰 그루카(Tom Gruca)는 그의 MBA 수업에 영화 마켓을 사용한다. 티피대가 운영하는 이 마켓은 Iowa Electronic

Markets(IEM)로 불리며 세계에서 가장 유명한 예측 시장 중 하나이다. IEM에 대한 더 자세한 내용은 본 책의 4장에 나온다.

그루카는 아카데미 수상자 예측보다 더 어려운 도전을 제시한다. 그는 학생들에게 첫 4주 내 개봉한 영화의 미국 내 박스오피스 수익을 예측하라고 한다. 학생들이 얼마나 투자를 잘했는지가 성적에도 반영된다. 각 학생은 10달러의 트레이딩 계좌를 보유하게 되며 500달러까지 자신의 돈을 더 충전할 수 있다.

아이오와 내에는 할리우드 영화에 대해 직접 얻을 수 있는 정보가 많지 않다. 마이클 무보생의 학생들처럼 그루카의 MBA 학생들도 영화를 볼 시간이 많지는 않을 것이다. 미디어와 인터넷에 많은 정보가 있다. 각 학생들이 해야 할 일은 어떤 자료에 더 의존해야 할지 결정하는 것이다.

2006년 그루카는 영화 해피 피트(Happy Feet)를 사용했다. 이 영화에는 노래하고 춤추는 만화 펭귄들이 나온다. 학생들은 이와 유사한 영화들이 보통 얼마만큼의 수익을 올리는지 먼저 조사하는 것으로 시작했다. 또한 영화 웹 사이트를 방문하고 예고편을 다운받아 친구 및 가족에게 의견을 물어보고 영화 잡지 비평을 참고했다. 학생들은 한 해 전 개봉한 '펭귄 - 위대한 모험'(The March of the Penguins)이 박스오피스에서 좋은 성적을 거둔 것을 확인했다.

학생들은 해피 피트에 대한 대중 영화 팬들의 별점이나 감독이 누구인지에 대해 걱정할 필요가 없었다. 대신 학생들은 같은 주에 개봉하는 다른 영화들, 각 A리스트 참여 연기자의 박스오피스 기록, 개봉 시기(5월은 영화 개봉에 좋지 않은 달이다), 그리고 개봉 전 소문 등에 대해 확인해야 했다. 전체 학생들의 예측은 실제 박스오피스 수익의 15퍼센트 내였다.

IEM의 영화 시장은 박스오피스 수익을 예측하는 게 얼마나 어려운지 보여준다. 투자자들은 아카데미 시상식을 예측하는 것보다 적은 정보를 갖고 있다. IEM의 4주치 박스오피스 예측은 평균 24퍼센트 빗나갔다. 듣기에 형편없는 결과인 것 같지만 다른 박스오피스 예측치들은 더 엉망이다. IEM의 첫 4주 박스오피스 성적에 대한 예측치는 할리우드 출판물들이나 전문 뉴스레터, 또는 영화사에 고용된 전문가들 보다 더 정확했다. 물론 뉴스레터나 영화사 전문가들은 영화사 임원들이 듣고 싶어 하는 말을 하는 쪽으로 편향되어 있을 수 있다.

토드와 앨리슨 닐슨의 디너 파티나 MBA 수업들은 좋은 예측의 요구 조건들을 보여준다. 그 요구 조건들은 각각 다른 정보를 프로세스에 가져오는 사람들이 있는 다양한 그룹이다. 의견은 독립적이다. 투자자들은 선호 대상에 대한 논리에 대해 얘기할 수 있고 탄성을 지르거나 박수 치거나 샴페인 잔을 들어 올리면서 그들의 의견을 표현할 수 있다. 하지만 그들은 다른 사람들이 표를 바꾸도록 압력을 가할 수 없다.

사람들은 이 '영향력 금지'(No influencing) 조건이 반직관적이라며 의아해한다. 당신은 자신의 오스카 후보에 대해 확신이 넘치는 사람들이 다른 이들을 그 후보 쪽으로 설득하는 게 괜찮다고 생각할 수 있다. 하지만 이 상황이 실제 발생한다면 가장 설득력 있고 끈질긴 투자자가 덜 확신에 찬 사람들을 압도할 수 있다. 그러면 전체 그룹의 예측은 전문가의 의견이나 그룹 공동의 무지(無知)가 되어 버린다.

"다양하나 전문지식 무 필요"라는 아이디어 역시 반직관적이다. 닐센의 손님들이나 모부생과 그루카의 MBA 학생들이 영화를 많이 보거나 영화 관련 전문 지식이 많을 것이라는 기대는 어디에도 없다(최고의 시네마토그래피에 대해 아는 파티 손님이나 MBA 학생이 얼마나 되겠는가?). 예측 프로세스에 많은 수의 참가자가 필요한 것도 아니다. 응답자가 많을수록 좋은 설문조사와는 다르게 45명의 학생이나 65명의 파티 참석자 정도면 좋은 예측 결과를 만들 수 있다.

영화의 성공을 가늠하는 다른 예측 시장이 있다. 바로 Hollywood Stock Exchange(HSX)이다. HSX는 세계에서 가장 큰 상업 예측 시장으로 캔터 피츠제럴드(Cantor Fitzgerald, 이하 '캔터')라는 회사가 운영한다. 캔터는 뉴욕에 위치한 투자 은행과 채권 거래를 주요 업무로 하는 회사다(사명이 익숙하게 들릴 수도 있는데 이 회사는 바로 9.11 테러 사건이 일어난 세계무역센터 안에 사무실을 두었었으며 당시 많은 직원을 잃었다).

캔터의 HSX는 가상 게임머니로 베팅하는 영화 시장이다. 이곳에서 영화사, 배우, 감독, 그리고 일반 대중들은 영화의 미래를 예측하는 데 투자한다. HSX가 존재하는 이유는 영화제작이 화려해 보여도 사실 전반적으로 부패하고 수익이 잘 나지 않는 산업이기 때문이다. 수천 편의 영화가 매년 만들어진다. 이 중 많은 스크린 크레딧에 자신의 이름을 올리고 배우들과 어울리는 것을 원하는 영화 산업 밖에 순진한 투자자들이 출자한 돈으로 제작된다.

매년 대형 영화사 및 독립 영화사가 제작한 100편도 되지 않는 영화가 전국 개봉을 확정 짓는다. 한 극단적인 예로 블록버스터지만 저예산 영화인 클린트 이스트우드의 '그랜 토리노'(Gran Torino)가 개봉 첫 2주 내 9,700만 불을, 첫 4주 내 1억3천만 불을 벌어들였다. '그랜 토리노'처럼 성공한 영화의 경우, 전체 수익의 3분의 1은 미국 내 영화관 박스오피스에서, 3분의 2는 외국 개봉, TV 판권, DVD, 영화 브랜드 옷, 장난감 등의 수익에서 온다. 괜찮은 수익을 올리는 흥행 영화의 경우, 절반의 수익은 미국 내 박스오피스로, 나머지 절반은 해외 및 TV 판권 및 DVD 판매로 이루어진다.

다른 극단적인 예이자 더 자주 볼 수 있는 결과는 바로 리즈 위더스푼이 전직 소프트볼 선수로 분한 소니픽쳐스의 'How Do You Know?'라는 코미디 영화다. 제작비로만 1억2천만 불, 추가 마케팅 비용으로 1,800만 불이 투입되었다. 황금 기간인 2010년 12월 크리스마스 시즌 전에 개봉했는데 비평가들로부터 혹평을 받고 미국 내 박스오피스에서 4,900만 불을 벌어들이는 데 그쳤다. 소프트볼선수 인형, 영화 브랜드 옷 판매 같은 부수적인 수입도 없었고 DVD판매도 저조했다.

블록버스터 영화나 B급 영화 모두 미국 내 박스오피스 수익의 85퍼센트가 개봉 첫 4주 내에 형성된다. 영화사는 약 50퍼센트의 박스오피스 수익을 갖는다. 실패작은 4주차까지 상영하지 못한다. 끔찍한 개봉 첫 주말 박스오피스 성적은 영화관에서 빠르게 사라진다는 것을 의미한다. 개봉 첫 4주치의 박스 오피스 수익에 대한 예상치는 전체 영화 수익을 예측해볼 수 있는 가늠자이자 흥행 소문의 원천지이다. 높은 수치의 예측은 더 많은 마케팅과 영화 상영관으로 이어질 수 있다. 예측된 성공은 스스로 충족되는 예언이 될 수 있다.

캔터는 HSX의 영화 시장 데이터를 금융 회사와 영화사에 판매한다. 그들은 이 자료를 자사 보유 정보들과 통합해 어떤 영화에 투자할지, 어떤 영화를 개봉시킬지, 개봉 영화 홍보에 얼만큼 투자할지, 미래에 어떤 원고를 주시할지 등을 결정하는 데 사용한다.

HSX에 로그인해서 공짜로 자료를 확인할 수 있는데 왜 영화사들은 HSX의 데이터를 돈 주고 사는 걸까? 캔터는 시장 투자자들의 통계 정보를 갖고 있기 때문이다. 캔터는 영화 콘셉트를 좋아하거나 싫어하는 사람들의 성별과 나이, 콘셉트를 좋아하는 사람들이 자주 영화를 보러 가는 사람들인지, 많이 소비하는 사람들인지, 아니면 다른 엔터테인먼트 상품들의 얼리어답터인지 영화사에 알려줄 수 있다. 또한 캔터는 영화에 대한 지지가 소규모의 열렬 투자자 그룹으로부터 오는 것인지 아니면 더 넓게 분포되어 있는지도 확인할 수 있다.

HSX에는 등록된 투자자만 180만 명에 이른다. 각 투자자들은 2백만 불의 '할리우드 달러'로 시작한다. 약 70만 명은 일 년에 적어도 두 번 이상 거래한다. 하루 평균 22,000번의 로그인과 3,200편의 영화에 대한 40,000번의 거래가 발생한다. 총 투자자의 3분의 1은 해외 투자자들이다. HSX는 IEM보다 평균 6포인트 더 정확한 예측을 도출한다.

HSX에는 실력이 좋은 투자자들이 몇몇 있다. 33살의 뉴욕 브루클린의 기업 및 엔터테인먼트 변호사, 마이클 포스터(Michael Poster)는 HSX의 최상위 트레이더다. 포스터의 포트폴리오는 1998년 2백만 달러에서 2011년 17억5천만 불로 성장했다. 그의 투자 전략 중 하나는 '로드 투 퍼디션'(Road to Perdition)이나 '타이탄 AE'(Titan AE) 같은 기대에 미치지 못할 것 같은 대작 영화 콘셉트를 공매하는 것이다. 그는 또한 그가 생각하기에 나중에 A-리스트 배우들이 출연하게 될 것 같은 블록버스터 영화들의 개발 단계에 투자하기도 한다.

HSX는 프로젝트가 공고되면 그에 대한 영화 시장을 마련한다. 그 이후 투자자들은 주식을 사고 팔고 공매할 수 있다. 한 투자자가 2010년 해리포터 영화가 개봉 첫 주말 1억2,500만 불을 벌어들일 것이라 예상했고, 만약 현재 시장가가 영화 수익을 1억1,500만 불로 제시하고 있다면 그는 115불에 주식을 구매한다. 만약 그 영화가 실제 1억2,500만 불을 번다면, 그는 10불을 번다. 만약 영화 수익이 1억3백만 불이라면, 그는 12불을 손해 보게 된다.

공매는 투자자가 시장 가격이 너무 비싸게 매겨져 있다고 생각할 때 발생한다. 뉴욕증권거래소와 마찬가지로 공매의 경우, 주식을 먼저 팔고 나중에 다시 되산다. 예를 들어 한 투자자가 먼저 115불에 주식을 팔고 이후 103불에 되사는 것이다. 만약 해리포터가 1억1,500만 불 기대치에 못 미치면 그 투자자는 12불의 수익을 얻게 된다.

만약 투자자가 니콜 키드먼의 영화 '탄생'(Birth)이 망할 거라고 예상했다면, 그는 영화 '탄생'이 개봉 첫 주 1,250만 불을 벌 것이라는 가정 하에 시장이 열린 날의 시가였던 12.5불에 주식을 팔 것이다. 이후 실제 박스 오피스 성적이 5백만 불에 그치면 5불에 다시 재구매할 것이다.

승자를 예측하는 것 외에도 영화 시장은 할 수 있는 것이 다양하다. HSX는 임원진들에게 다른 영화 마케팅 전략의 효과를 확인할 수 있는 기회를 제공한다. 개봉예정작이 HSX에 상장된 순간부터 영화사는 주가의 움직임을 통해 영화 예고편 발표, 새로운 TV 광고, 입소문을 퍼뜨리는 온라인 캠페인, 영화 상세 줄거리 유출 등의 다양한 마케팅 전략을 테스트하는 데 사용할 수 있다. 전략 실행 후 HSX의 박스오피스 성적 예측을 모니터하는 것이다. 톰 크루즈가 영화 '콜드 마운틴'(Cold Mountain)에서 하차한다는 언론 보도나 다른 배우가 그를 대체할 것이라는 소식은 각 배우에 대한 박스오피스 가치를 측정할 수 있게 한다. 영화 시장의 몇몇 투자자들을 모니터링하는 것만으로도 많은 정보를 얻을 수 있다. 영화라는 개념을 편하게 생각하는 사람들만 투자하기 때문이다. 작은 수의 투자자는 낮은 인지도와 불편을 뜻한다.

하버드의 마케팅 교수 애니타 엘버스(Anita Elberse)는 이와 유사한 많은 사건들을 조사해왔다. 연구해본 결과, 많은 돈을 홍보에 투자하는 것은 실제로 개봉 첫 주와 4주 박스오피스 예측 시장을 움직이는 것으로 나타났으나 종종 추가 홍보 비용을 모두 커버할 수 없을 정도인 것으로 확인됐다. 2009년 9월에 개봉한 영화 '바스터즈: 거친 녀석들'(Inglourious Basterds)은 제작비로 6,500만 불이 사용됐고 개봉 전 홍보에 2,400만 불을 책정했다. HSX가 첫 주 수익으로 별로 높지 않은 2,700만 불을 예측했을 때, 영화사는 홍보 예산을 빠르게 3,500만 불로 상향 조정했다. 실제 첫 주에 박스오피스 수익은 3,760만 불이었다. 약 530만 불의 추가 박스오피스 수익이 두 경영자인 웨인스타인 컴퍼니(Weinstein Company)와 유니버설 픽쳐스(Universal Pictures)로 돌아갔다. 1,100만 불의 추가 홍보비용을 갚기에 훨씬 모자란 금액이다.

A급 스타의 높은 출연료를 고려했을 때 이들을 기용하는 것이 그 값어치를 할까? 앨버스가 캐스팅 소식을 모니터한 결과, 톰 행크스나 톰 크루즈, 멜 깁슨의 경우 HSX의 가격 변동을 일으켰지만 예상된 박스오피스 증가액은 종종 스타의 출연료를 커버할 만큼은 아닌 것으로 나타났다. 그녀는 영화사 임원들이 스타 기용을 원하는 이유는 그들이 이윤보다 총수입에 더 초점을 두기 때문이라고 말한다. A급 스타는 투자를 증가시키고 국내외 영화 배급에 도움이 될 수 있기 때문이라고 보는 사람도 있다. 영화사들은 더 나아가 직접 자신들의 예측 시장을 운영하며 실험을 진행할 수도 있다. 두 그룹의 투자자 중 한 그룹에게만 영화 광고를 보여주고 두 그룹의 박스오피스 성적예측표의 차이를 비교하는 것이다.

HSX는 매년 아카데미상 수상자를 예측하는 굉장히 유명한 시장을 운영한다. 2011년에 HSX는 8개의 탑 카테고리 수상자 중 7개를 정확히 맞췄다. HSX가 놓친 분야는 감독상으로 당시 '킹스 스피치'(The King's Speech)의 톰 후퍼(Tom Hooper)가 '소셜 네트워크'(The Social Network)의 데이비드 핀처(David Fincher)를 누르고 감독상을 수상했다. 2010년에도 HSX는 8개 중 7개 수상을 맞추었고 2009년에는 8개 중 6개를 맞췄다. 3년간의 HSX는 누적 평균은 83퍼센트다. 이는 그 어떤 할리우드 업계 신문보다도 나은 점수다. 닐센의 파티 손님들보다는 좋지 않은 성적이지만 그들은 연례 디너파티에 참여할 것이라는 걸 알고 경쟁작들에 대해 고민하는 데 더 많은 시간을 할애한다.

2010년 아카데미상은 후보 선정 방식과 투표 방식을 결선 투표 시스템으로 바꿨다. 작품상 후보는 5편에서 10편까지 늘어났다. 더 중요한 점은 표를 결산하는 방식을 아카데미가 바꿨다는 점이다. 필자는 이러한 변화가 예측 시장 결과에 어떤 영향을 가져올지 궁금했다.

기존 방식은 미국 대선과 동일한 단순다수득표제(First-past-the-post)였다. 최다득표자가 이기는 방식이다. 이 시스템은 투표자에게 선호 후보에게 투표하지 않을 인센티브를 준다. 예를 들어 2008년 대선에서 당신이 제3당 후보인 랠프 네이더(Ralph Nader)를 지지했다 하더라도 당신은 여전히 버락 오바마에게 투표할 가능성이 높다. 네이더가 이기지 못할 것이라는 걸 알기 때문이다. 오바마에게 투표함으로써 당신의 표가 가치 있게 여겨질 것임을 확신할 수 있다. 단순다수득표제의 결과는 예측하기가 더 쉽다. 유망 주자들만 예측하면 된다.

2010년 아카데미의 새로운 결산방식과 함께 투표자들은 작품상 10개 후보에 1에서 10까지 각각 순위를 매겼다. 10위 영화는 제외되고 다시 표를 계산한다. 다시 9위는 제외시키고 다시 표를 세는 방식이다. 이런 시스템에서는 투표자의 모든 표가 중요하게 집계되어 투표자들은 정말로 선호하는 영화에 투표함으로써 인센티브를 갖는다.

이렇게 복잡한 결산방식에서도 예측 시장이 승자를 골라낼 수 있었을까? 시장은 작품상 수상작으로 아바타(Avatar) 대신 허트 로커(Hurt Locker)를, 여우주연상에 산드라 블록(Sandra Bullock), 남우주연상에 제프 브리지스(Jeff Bridges), 여우조연상에 모니크(Mo'Nique), 남우조연상에 크리스토퍼 왈츠(Christoph Waltz), 감독상에 '아바타' 감독이자 전남편인 제임스 카메론을 누르고 허트 로커의 캐스린 비글로(Kathryn Bigelow)가 수상할 것이라 예측했다. 그리고 시장은 모든 분야에서 수상자를 정확히 맞췄다. 이는 투자자들이 영화 칼럼니스트로부터 정보를 차익 거래하는 데서 발생한 부산적인 결과일까? 로스앤젤레스 내의 모든 대형 미디어 예측치들은 적어도 한 카테고리는 틀렸고 대부분 2개나 3개는 맞추지 못했다.

HSX는 영화 시장이 경제 토픽에 대해 어떻게 생각하는지에 대해 흥미로운 인사이트를 제공한다. 2007년에 알렉스 기브니(Alex Gibney) 감독이 스티븐 레빗(Steven Levitt)과 스티븐 더브너(Stephen Dubner)의 책 『괴짜경제학(Freakonomics)』을 바탕으로 다큐멘터리 영화를 제작할 예정이라는 발표가 있었다. 기브니 감독은 이후 2008년 'Taxi to the Dark Side' 작품으로 아카데미 다큐멘터리상을 수상한 감독이며, 책 『괴짜경제학』은 400만 부 이상이 팔린 최고의 경제 베스트셀러다.

HSX 주식은 4주 박스오피스 결과를 700만 불로 예상하며 개장했다. 투자자들은 즉시 괴짜경제학을 공매했고 엔론(Enron)처럼 가격은 빠르게 추락하기 시작했다. 6개월 만에 주식은 85퍼센트, 약 100만 불 가량 하락했다. 3개월 뒤 주가는 80만 불이었다. 전반적인 매스컴의 무관심을 포함해 이 슬럼프를 설명할 수 있는 다른 몇 가지 가설이 있다. 가장 설득력 있는 설은 열의 부족이다. 경제 영화 관람에 대해 관람객들이 얼마나 큰 기대감을 가질지 길게 생각할수록, 투자자들은 더 공매하고 싶어 했다.

영화 '괴짜경제학'(Freakonomics! The Movie)은 2010년 10월 소수의 개봉관에서만 개봉했다. 보통의 리뷰를 받았고 짧은 기간 동안 상영되었으며 미국 내 84만 불 박스오피스를 기록했다. 시장은 맞았다. 그런 의미에서 MGM의 사자가 으르렁거리며 시작하는 본 책의 영화버전을 당신이 볼 기회는 아주 적다.

선거 관련 예측 시장들

여론조사 기관에 거짓말할 이유는 수도 없이 많지만 돈 잃는 내
기에 거짓말할 이유는 없다.

— 팀 하포드(Tim Harford), 경제학자

미국 진보주의자들이 얼마나 인트레이드에 집요하게 로그인하
며 선거구를 계속 체크하는지에 대해 누군가 연구해야 한다. 이
들의 불안감 치료를 위해 의사들이 Xanax(신경안정제) 대신 인
트레이드를 처방한다고 한다.

— 채드 리게티(Chad Rigetti), 인트레이드의 부사장,
2008년 대선에서 그의 친구의 말을 인용

만약 시장이 영화의 성공을 예측할 수 있다면, 정치적 성공도 예
측할 수 있을까? 차기 대통령뿐만 아니라 네브래스카의 초선 상원의
원이나 다음 선거 후 어느 정당이 국회를 거머쥐게 될시 예측할 수
있을까?

선거 시장은 굉장히 긴 역사를 갖고 있다. 처음 선거 시장이 나타난 건 천주교 추기경 임명을 두고서다. 역사학자 폴 로드(Paul Rhode)와 콜맨 스트럼프(Koleman Strumpf)에 따르면 교황 승계에 대한 내기는 이미 1503년에 나타났으며, 당시 이와 같은 내기는 이미 "오래된 관습"으로 불렸다고 보고했다. 비밀회의에 참석한 시중 드는 사람들부터 추기경들까지 내기꾼들과 짝을 이루었던 것으로 알려져 있다. 1591년 교황 그레고리 14세는 새 교황, 추기경, 교황 재임기간 등에 대한 내기를 전면 금지했고 이를 어길 시 파문될 것이라고 알렸다.

미국 대선에 대한 공공 베팅 시장은 미국 내에서 1880년부터 세계2차 대전까지 존재했다. 20세기 초반 New York Curb Exchange에서는 정치에 대한 내기 규모가 채권 및 주식 거래량을 뛰어넘은 적도 있었다. 이에 대한 배당률은 공정하며 정확했다. 1904년 10월 뉴욕타임즈가 자산가 앤드류 카네기(Andrew Carnegie)의 기자회견 발표를 인용했다("베팅에서 내가 보는 것은… 루즈벨트는 내 표를 필요로 하지 않는다는 것이다. 그가 승리할 것이라고 확신한다.").

비싼 내기 금액을 감당할 여유가 없는 사람들은 진 사람을 공개적으로 망신을 주는 등의 창의적인 내기거리로 선거 결과에 대한 자신의 선택을 밀고 나갔다. 당시 흔했던 부차적인 내기(side bet)에서 진 사람은 돈도 잃지만 마을의 큰 거리에서 이쑤시개를 이용해 땅콩을 굴려야 했다. 아니면 내기에서 진 사람은 공공장소에서 까마귀를 먹음으로써 내기 빚을 갚았다. 다행히 21세기 선거 시장은 실패한 투자자들을 더 젠틀하게 다룬다.

과학적으로 미국 대선 결과를 예측하는 것은 두 여론조사 기관들에 의해 1930년 중반에 시작되었다. 하나는 조지 갤럽(George Gallup)이 운영하는 기관이고 다른 하나는 엘모 로퍼(Elmo Roper)다. 이런 여론조사는 언론에 결과가 발표되기 전 미리 조사 결과를 알고 있는 '내부자'를 만들었다. 이런 내부자가 존재한다는 사실에 몇몇 베터들은 선거 시장에 참여하는 것을 꺼렸다. 대선 베팅 시장은 세계 2차 대전의 시작과 함께 사라졌다.

오늘날, 아이오와주립대학 경영대가 운영하는 예측 시장 IEM과 아일랜드에 위치한 예측 시장 인트레이드가 대선이나 다른 미국 선거에 대해 여론조사보다 더 정확한 예측치를 제공한다. 시장 결과는 '최고의 TV 정치 해설자'들이나 CNN의 매시간 반복되는 2008 대선 보고 방송보다 더 나은 결과를 보여준다. 2008년의 선거 예측 시장은 이전에 다른 선거에서도 그랬듯이 여론조사나 TV 전문가들 보다 훨씬 정확히 대선 결과를 예측해냈다.

왜 시장이 더 높은 정확성을 보여주었는지를 이해하려면, 선거 시장과 갤럽 여론조사를 비교해보자. 여론조사 기관들은 임의로 선정된 응답자에게 질문하려고 한다. 이 경우 몇 사람은 연락이 안 되고 참여를 원치 않는 사람도 있고 여론조사 기관을 빨리 떼어내려고 제일 빠르고 쉬운 응답을 제출하는 사람도 있다. 응답자가 정말로 투표할 의도가 있는지에 대한 정보는 없다(물어보면 대부분 투표할 거라고 대답하긴 한다). 하지만 투표 의도의 유무를 모르는 상태에서 여론조사 기관들은 민주당을 지지하되 투표를 안 할 수 있는 사람과 공화당을 지지하되 정말 투표하는 사람에게 모두 동일한 비중을 둔다. 45세 이상의 공화당 지지자가 투표할 확률은 60퍼센트며 나이가 증가함에 따라 투표율도 올라간다. 20~30세의 민주당 지지 유권자들은 투표할 확률이 40퍼센트 이하다. 2008년에는 버락 오바마의 2008 대선 캠페인과 함께 이들의 투표율이 조금 상승했으나 여전히 모든 주를 막론하고 45퍼센트 투표율을 넘는 곳이 없었다.

이에 반해서 선거 시장 투자자들은 스스로 선택한다. 그들의 돈과 자신감이 걸려 있기 때문이다. 선택에 대해 더 자신 있을수록 더 많은 돈을 투자한다. 정확한 정치 예측을 한 사람들은 돈을 번다. 자신이 좋은 예측을 할 수 있다고 생각했으나 실패한 사람들은 돈을 잃고 시장에서 손을 뗀다. 정치에 관심이 없거나 정치에 대해 잘 모르는 사람들은 선거 시장에 참여하지 않는다.

미국 대선 시장의 현대 역사는 1988년 3월 아이오와 주의 아이오와 시티(Iowa City)에서 시작됐다. 아이오와주립대학의 세 경제학자들이 수업을 마친 후 아이오와 시티에 있는 피자 가게이자 스포츠 바인 Airliner에서 맥주를 마시며 여론조사 결과가 얼마나 부정확한지에 대해 이야기하고 있었다. 그 전날 미시간 주 민주당 대선 예비선거에서 민권 운동가인 제스 잭슨(Jess Jackson)이 예상을 뒤엎고 우승했었다. 모든 여론조사가 잭슨 목사는 5~10퍼센트 득표에 그칠 것이라 예상했는데 잭슨 목사가 마이클 두카키스(Michael Dukakis)를 이긴 것이다.

조지 뉴먼(George Neumann), 로버트 포사이드(Robert Forsythe), 포레스트 넬슨(Forrest Nelson)은 그 어떤 여론조사나 정치 해설자들도 잭슨의 우승을 예측하지 못한 것에 크게 놀라워했다. 이들은 모두 단체의 행동을 분석함으로써 경제 이론을 실험하는 실험 경제학에 대한 관심이 있었다. 넬슨이 반 농담으로 차기 대선 결과를 예측할 수 있는 시장을 만들자고 제안했다. 그들은 함께 여러 아이디어를 쏟아냈고 냅킨에 도표를 그렸다.

주립대학 내에서 선거 시장을 만들려면 숨겨져 있는 부비트랩을 피해야 한다. 우선 아이오와대 학부생들을 이용해 전국적인 행동을 예측한다는 것은 반직관적이라고 모두 생각했다. 이후 실제 돈을 사용하는, 처음 보기에 구조화된 도박장과 많은 유사성을 지닌 선거 시장 아이디어가 떠올랐다. 그래서 뉴먼, 포사이드, 넬슨은 경영대학장과 경제학과장에게 도움을 청하기로 했다. 실험 경제학의 팬인 경영대학장은 굉장히 좋은 제안이라고 생각했다. 경제학과장은 멍청한 아이디어라고 했다. 그 셋은 전체 2표 중 1표만 호의적이면 '그린라이트'라고 결론지었다.

선거 마켓 이니셔티브는 티피경영대 안에 상점을 차렸다. 이를 추진한 세 연구원들은 도박과 관련된 문제를 해소하기 위해 이 선거시장은 사무실 베팅 풀(Office betting pool)의 한 종류이기 때문에 아이오와주 법에 따라 합법이라는 점에 대해 아이오와 검찰총장으로부터 동의를 받았다.

이후 1988년 6월 1일 아이오와 정치 증권 거래소(Iowa Political Stock Market)가 태어났다. 이 이름은 이후 아이오와 전자 시장(Iowa Electronic Markets; IEM)으로 변경되었다. 정치 시장의 최초 디자인은 아이오와 돼지고기 시장에서 빌려왔다. 1988년 정치 시장은 돼지고기 대신에 조지 H. W. 부시(George H. W. Bush; 공화당), 마이클 두카키스(Michael Dukakis; 민주당), 론 폴(Ron Paul; 자유당), 그리고 레노라 풀라니(Lenora

Fulani; 신동맹당)을 두고 대선 주식계약서를 거래했다. 폴은 1988년 결선투표의 0.5퍼센트에 그쳤지만 2008년 대선 후보로 다시 부상했다. 폴라니는 0.2퍼센트에 그쳤고 다시 대선에 도전하지 않았다. 시장은 인터넷시대 이전이었기 때문에 모든 거래는 종이로 진행됐다.

IEM에 대한 첫 투자는 득표율 시장(Vote share market)으로 이어진다. 이 시장에서는 후보의 결선투표 득표율에 기반해 후보자에 대한 금액을 지불한다. 한 투자자가 두카키스 주식을 당시 43센트에 구매했다고 가정해보자. 만약 두카키스가 선거일에 46퍼센트를 득표하면 투자자는 3센트의 수익을 얻는다. 두카키스가 선거에서 패했어도 말이다.

이후 IEM은 승자독점 매매 방식을 선보였다. 예를 들면 2008년 오바마 주식을 49센트에 샀을 때 만약 오바마가 승리하면 1불을 받지만 패하면 아무것도 받지 못한다. 49센트에 구매한 투자자는 그 주식을 선거일 전에 팔 수도 있는데, 가령 56센트에 팔게 된다면 7센트의 수익을 올리는 것이다.

여러 번의 선거에서 득표율 시장이 승자독점 시장보다 조금 더 정확한 예측치를 보여주었다. 이는 아마 투자자들이 승자보다 득표율을 예측하는 데 더 많이 고민하기 때문일 것이다.

첫 1988년 아이오와 시장은 800명의 투자자들과 8,100불의 금액을 유치했다. 참가자들은 시골의 젊은(대부분 23살 이하) 백인 남성들이었고 대부분(약 80%) 아이오와 출신이었다. 이 그룹은 미국 전체 사회를 대표하는 것과는 거리가 한참 멀었다.

1988년 대선 선거일 저녁, 아이오와 시장에 고도의 긴장감이 감돌았다. 부시와 두카키스 주식의 최종 가격이 갤럽, 해리스, CBS/뉴욕타임즈 여론조사가 정확히 맞춘 것처럼 실제 득표율을 맞출 수 있을까? 실제로 갤럽, 해리스, CBS/뉴욕타임즈는 부시의 승리를 정확히 예측했다. 이 셋의 평균 오차는 1.9퍼센트였다. 아이오와 정치 주식 거래소는 부시의 우승을 예측했다. 이들의 오차는 0.1퍼센트였다. 뉴먼과 그의 동료는 엄청난 것을 시작했음을 직감했다.

IEM은 1992년 대선 캠페인을 전세계 투자자들에게 모두 오픈하고 각 개인에게 최대 500불의 투자금을 받았다. 이 때문에 더 이상 오피스 베팅 풀로 명시될 수 없었다. 대학 관계자들은 경영대 밀실에서 일어나고 있는 일을 둘러싸고 적법성과 도덕성 문제로 초조해했다.

1993년 IEM은 도박 문제를 해결할 반영구적인 해답을 찾았다. 미국 상품선물거래위원회의 거래 및 시장 부문 관리자인 안드레아 M. 코코란(Andrea M. Corcoran)으로부터 '노 액션'(No-action)으로 불리는 편지를 확보한 것이다. 그 편지는 IEM가 학문 용도로 사용되고, 광고하지 않고, 학교 관리자들이 IEM를 이용해 이득을 취하지 않는다면, 위원회는 경영대를 기소하지 않을 것임을 약속하는 내용이었다. 아이오와 주의 도박 법규 아래 기소될 수 있다는 위험이 완전히 사라지지는 않았지만 IEM를 운영하던 학자들은 이제 법원에게 정부기관이 자신들의 선거 시장을 상품 거래소로 분류했다고 설득할 수 있다고 생각했다.

1988년부터 2004년까지 5번의 대선 동안 964번의 여론조사가 이루어졌다. IEM은 10번에 7.4번꼴로 여론조사 결과보다 정확한 예측을 보였다. 1988년에서 2000년 사이 치러진 4번의 대선 투표 1주일 전, IEM은 평균 1.4퍼센트 오류를 보인 반면 갤럽 여론조사는 2.1퍼센트였다.

2004년 IEM에서 지속적으로 조지 W. 부시가 앞서나가는 모습을 보였다. 선거 이전 대부분의 여론조사 결과가 민주당 존 케리 후보가 많게는 7퍼센트 더 우세한 것으로 나타난 것과는 다른 결과였다. 대선 전날 IEM은 부시 득표율은 50.45%로, 케리 득표율로는 49.55%를 보였다. 실제 부시의 득표율은 51.56%였고 케리는 48.44%였다.

IEM도 다른 예측 시장이나 여론조사에서 보여주는 작은 결함들을 갖고 있다. 선거일에 투자자들은 투표 막판이나 투표 시작 첫 몇 시간에 확인된 정보에 과하게 의존한다. 그래서 더 정확한 척도는 선거 전날의 시장 결과인 것이다. 다른 문제점은 선거 시장이 발생할 확률이 매우 적은 사건을 다룰 때 발생한다. 이를 '승산 없는 후보를 더 지지하는 정치 편향(Political long-shot bias)이라고 한다. 선거 시장 거래자들은 경마장 내기 꾼들처럼 승산이 적은 후보의 승리에 너무 많은 무게를 둔다. 경마장 시장에서 우승 확률이 10퍼센트 이하로 내려갔을 때 경주마가 이기는 경우는 거의 없다. 레노라 풀라니와 랄프 네이더도 마찬가지였다.

2004년 대선 시장의 시작과 함께, 경선 레이스의 추이를 나타내기 위해서 TV나 신문 저널리스트들이 여론조사 결과 옆에 IEM의 결과를 나란히 인용하기 시작했다. 여론조사 결과는 제쳐두고 IEM의 결과만 인용해 보여준 경우도 있었다.

IEM에 투자하는 사람들은 여전히 미국 전체 인구를 대표하기에
는 많이 부족하다. 가장 최근에 이뤄진 한 조사에 따르면 전체 트레
이더들의 90퍼센트가 남성이고 90퍼센트가 백인이며 89퍼센트가
대학 재학 중이거나 졸업했고 70퍼센트가 공화당에 등록되어 있고
60퍼센트의 가계소득은 75,000불을 넘는 것으로 확인됐고 대부분
아이오와에서 자란 사람들이었다. 95퍼센트가 투표할 계획이라고
밝혔다. 투자자들은 또한 다른 사람들보다 자신의 정치 통찰력에 대
해 월등히 높은 자신감을 보였다. 대학 통계학 수업을 듣는 학생 중
에 이 트레이더 표본을 실험을 진행하기 좋은 표본이라고 얘기해 F
학점을 받고자 하는 사람은 없을 것이다.

선거 시장 결과와 여론조사 결과를 비교하는 데는 약간의 오해의
소지가 있다는 사실을 비평가들은 정확히 집어냈다. 선거 시장과 여
론조사는 본질적으로 완전히 다르다. 여론조사는 사람들에게 선거
일에 누구에게 투표할 것인지 묻지만, IEM과 다른 시장들은 실제
선거일에 누가 이길 거라 예측하는지 묻는다. 2004년 당신은 조지
W. 부시보다 존 케리를 더 선호했다고 가정해보자. 만약 여론조사
기관이 묻는다면 당신은 케리가 확실히 이길 것이라고 응답할 것이
다. 하지만 선거 시장의 투자에 관한다면 당신은 조지 W. 부시 주식
을 살 것이다. 2004년 IEM에게 스스로 민주당이라고 밝힌 68퍼센
트 민주당 지지자들이 케리를 뽑을 것이라고 답했다. 이들 중 적어
도 절반은 부시에 투자한 것으로 나타났다.

IEM 내의 몇 투자자들은 '봇'(Bot)이라 불리는 로봇자동화 트레이
더를 통해 거래한다. 봇들은 투자자가 괜찮다고 여기는 가격보다 더

낮아지거나 높아졌을 때, 또는 한 선거 시장의 가격이 다른 시장보다 낮을 때 증권을 자동으로 사거나 판다. 이 프로그램은 다른 주요 증권거래소에서 거래할 때 사용하는 것과 동일하다. IEM 투자자 중 대략 20퍼센트가 봇을 이용하고 있다.

봇은 투자자로 하여금 시간에 관계없이 거래를 하게 해준다. 새벽 3시에 로그인한 투자자에게 주식을 매매하고자 하는 봇이 있는 것이다. 봇 트레이더들은 가격을 크게 변동시킬 수 있는 대량 거래들을 상쇄시켜 각 시장의 균형을 맞춘다.

2008년 미국 대선은 선거 시장을 봐도 여론조사를 봐도 지루한 동일한 결과를 보였다. 캠페인 시작 후 6주 연속 모든 선거 시장과 여론조사가 버락 오바마의 우승을 점쳤다. 하지만 이 와중에 선거 시장이 정치과정에 대한 흥미로운 인사이트를 제공했다. 캠페인 초기 IEM과 인트레이드 조사는 국민 투표자들이 1월 3일에 열린 아이오와 전당대회의 결과에 영향을 받는 것으로 확인되어 아이오와 전당대회의 중요성을 보여주었다. 전당대회 개최 전에 버락 오바마의 전당대회 우승 확률은 32퍼센트였다. 아이오와를 이긴 후, 오바마의 우승 확률은 64퍼센트로 올랐다. 힐러리 클린턴은 큰 차이로 2위에 머물게 되었고 존 에드워즈(John Edwards)는 아이오와에서 2위를 했음에도 불구하고 6퍼센트에서 2퍼센트로 하락했다.

아이오와 공화당 전당대회에서 마이크 허커비(Mike Huckabee)의 깜짝 우승은 그의 위치를 조금 올려놓는 데 그쳤으나 전 매사추세츠 주지사 미트 롬니(Mitt Romney)는 낮은 득표율로 인해 IEM 내에서 25프로에서 12프로로 추락했다. 그리고 존 맥케인은 지속해서 우승세를 이어갔다. 아이오와에서 선거 유세를 하지 않았던 루디 줄리아니 (Rudy Giuliani)는 전당대회에서도 처참한 성적을 받았고 IEM에서 극적으로 추락하여 영영 회복하지 못했다. 사람들은 당시 이런 시장 확률의 변화들은 단기 작용이라고 여겼다. 며칠 뒤면 아이오와 전당대회 이전의 수치로 회복할 것이라고 기대한 것이다. 하지만 그런 수치는 결코 회복되지 않았다.

2008년 부통령 지명 절차는 정보가 사방에 흩어져 있을 때에도 선거 시장이 얼마나 잘 작동하는지 보여준다. 오바마가 부통령 지명을 앞둔 일주일 전 에반 베이(Eván Bayh)가 가장 강력한 후보로 점쳐졌다. 2위는 팀 케인(Tim Kaine)이었고 조 바이든(Joe Biden)은 7퍼센트 지지율로 3위, 그리고 이 뒤를 바짝 쫓는 후보는 4위 캔자스 주지사 캐슬린 시벨리우스(Kathleen Sebelius)였다. 각 후보에 대한 정보가 흘러나오면서 바이든 주식이 1위로 올라갔다. 당시는 그 어떤 CNN 정치 해설가도 바이든을 탑 4위에 거론하지도 않던 때였다. 바이든이 지명되기 몇 시간 전, 그는 지명 후보 80퍼센트로 거래되고 있었다.

맥케인이 러닝 메이트로 알래스카 주지사 사라 페일린(Sarah Palin)을 지명할 줄은 그 어떤 선거 시장도 여론조사도 CNN 전문가들도 몰랐다. 선거 시장에서는 우승 후보로 미네소타 주지사 팀 폴린티(Tim Pawlenty)와 미트 롬니를 오가고 있었고 전 국토안보부 장관이었던 톰 리지(Tom Ridge)를 3위로, 페일린은 4위로 보고 있었다. CNN에서는 지명 전날까지도 페일린을 러닝 메이트 후보로 언급조차 하지 않았다.

발표 전날 앵커리지 공항을 출처로, 한 블로거가 페일린과 그녀의 가족들이 오하이오로 향하는 비행기를 빌렸고 이 비행기는 맥케인의 러닝 메이트 공표 기자회견 전에 도착할 예정이라는 사실을 알렸다. 인트레이드는 페일린 종목을 신설했고 다른 투자자들은 정보를 습득하고 바로 구매했다. CNN에 페일린의 이름이 처음 거론되기 3시간 전, 인트레이드 내의 페일린 매매량은 그녀가 82퍼센트 확률로 지명될 것임을 보여줬다.

인트레이드는 10월 2일 있었던 부통령 토론이 얼마나 성공적이었는지 확인하기 위해 종목을 신설했다. 만약 토론 후 오바마 주가가 올라가면 (따라서 맥케인이 내려가면) 시장은 바이든이 토론에서 이겼다고 말하는 것과 같다. 토론이 진행되는 내내 실시간으로 대통령 후보 주가의 움직임을 보는 것이 가능했다. 페일린의 발표 중 맥케인 가격이 2포인트 내로 올라갔는데 이는 페일린이 시청자들의 기대를 상회했다는 것을 뜻했다. 바이든의 발표 중에는 오바마 가격이 1.5포인트 상승했다.

인트레이드 시장은 후보의 당선 확률을 예측할 때 어느 정당이 '홈팀 편향'(Home-team bias)을 갖고 있는지, 그리고 시장이 이를 어떻게 극복하는지 보여줬다. 실시간으로 생중계된 부통령 토론을 본 공화당원 중에서 65퍼센트는 사라 페일린이 이겼다고 여론조사 기관에 답했고, 민주당원의 61퍼센트는 조 바이든이 이겼다고 응답했다. 투자자들은 52:48로 페일린의 승리를 점쳤다. 공화당원과 민주당원 모두에게 투자 금액을 올리라고 요청하자, 그들은 기존 투자 결정을 재고하거나 의견을 수정하였다. 그 결과, 그들은 처음 여론조사에 답했던 것보다 13퍼센트 더 낮게 그들의 지지자들이 이겼다고 응답했다.

경선 레이스의 마지막 6개월은 전 세계 자본 시장의 폭발로 평행선을 달렸다. 과거에는 시장 변동이 선거 결과에 좋은 전조라고 여겨졌다. 1928년부터 2014년까지 20번의 대선 중에서 투표 3개월 전 14번 시장 가격이 올랐고 6번 하락했다. 상승했던 14번 중에서 집권당 후보는 11번 재 당선되었다. 하락한 6번의 선거 중 5번 상대당의 후보가 승리했다. 주식 시장 변동을 예측변수로 보면 80퍼센트의 성공률을 갖는다.

주식 시장이 5월과 6월에 하락세를 보이기 전까지 IEM과 인트레이드 시장에서 맥케인과 오바마는 비등비등했다. 2008년 7월 15일 S&P 500지수는 바닥을 쳤고 맥케인의 주식도 마찬가지였다. 이후 주식 시장이 조금 상승하자 맥케인의 주식도 그랬다. 둘 모두 9월에 정점을 찍었다. 10월 중순에 승자독점제 시장에서 맥케인은 백악관 입성 확률을 47퍼센트로 보였다. 선거 2일 전, 리만 브라더스(Lehman Brothers)의 실패와 우울한 금융 신문 헤드라인과 함께 그 수치는 17퍼센트로 떨어졌다.

경제가 대선 결과에 영향을 미친다는 관습적 믿음에 대해 예측 시장은 무엇을 말해주는가? 정치에 계속 관심이 있어온 사람이라면 1992년 선거에 대해 제임스 카빌(James Carville)의 멸시적인 코멘트를 기억할 것이다("바보야, 문제는 경제야."(It's the economy, stupid)).

2008년 예측 시장은 그 아이디어대로 흘러가는 듯 했다. 하지만 주식 시장의 평행 흐름과 대선 운이 인과관계를 증명하지 않는다. 침체된 경제가 주식과 여당을 함께 붕괴시킨다고 얘기할 수도 있기

전 과제는 정답을 맞히는 것이다. 이 시장을 지칭하는 많은 이름들이 있지만 여기서는 추정 시장(Estimation market)이라고 부르자. TV쇼 'Laugh-In'에 출연한 미국 대통령은 누구인가? 다음 주 화요일 정오의 온도는 몇 도일까? 유리병 안에 든 젤리빈의 개수는? 추정 시장은 예측 시장이 어떻게 움직이는지에 대해 많은 것을 알려준다.

"런던의 이층 버스에는 몇 개의 창문이 있는가?" 임의로 선정된 한 사람에게 이 재미있는 질문을 던져보라. 아마 그 사람에게서 정답을 듣기는 힘들 것이다. 3명에게 이 질문을 하면 3개의 다른 대답을 들을 것이다.

그렇다면 50명이 있는 방의 각 사람들에게 이 질문의 답을 추측시켜보라. 그들 중 런던에 가봤거나 버스를 타봤거나 적어도 버스를 연상시킬 수 있는, 이층 버스에 대한 관련 지식을 갖고 있는 사람은 정답 맞추기에 참여할 것이다. 버스를 연상조차 할 수 없는 사람은 참여하지 않을 것이다. 참여자들의 평균 계산 값은 그룹 내의 그어떤 개인보다 나은, 꽤 정확한 답을 제공할 것이다(정답은 짝수가 아니다. 전통적인 빨간 Routemaster 이층버스는 23개 창문을 갖고 있다. 양쪽에 10개. 맨 앞에 1개, 맨 뒤에 2개. 사람들이 잘 모르는 긴 RML Routemaster는 27개 창문을 갖고 있다. 양쪽에 12개, 맨 앞에 1개, 맨 뒤에 2개.).

잭 트레이너(Jack Treynor)는 예일 경영대(Yale's School of Management)에서 파이낸스를 가르친다. 개인 투자자들이 나스닥에서 어떻게 주가를 형성하는지 설명하기 위해서 그는 학생들에게 병 안에 든 젤리빈의 개수를 추측하게 시켰다. 병 안에는 850개의 젤리빈이 있었다. 평균 추측은 정답에서 25개 젤리빈 내외, 혹은 3퍼센트 오류를 보였다.

많은 대학 강사들은 다양한 경제 개념을 설명하기 위해 젤리빈 개수 추측하기를 사용한다. 펜실베니아대학의 와튼스쿨(Wharton School) 파이낸스 학생들은 미래 주식 시장 레벨을 추측하기 위해 젤리빈 실험을 이용한다. 이들은 이 실험에 굉장히 진지하게 참여하였고 몇몇 학생들은 취업 관련 보상을 받길 희망하며 자신의 젤리빈 등수를 이력서(Resume)에 적어내기도 한다.

필자는 예측 시장 개념 소개와 전문가들의 역할에 대해 설명하기 위해 필자의 MBA 학생들에게 유리병 안의 젤리빈 개수를 어림잡아 보라고 시킨다. 학생들 중 유리병의 부피나 쌓여있는 젤리빈의 밀도에 대해 아는 사람은 없지만, 40명 학생 그룹의 집단 추측치는 항상 작은 오차만 보여준다. 트레이너의 수업처럼 그룹 추정치는 항상 개인보다 정확하다. 하지만 가끔 한 두 명의 추정치가 다른 참가자보다 더 정확한 경우는 있다. 개인 추측 값의 범위는 60퍼센트 더 낮은 것부터 50퍼센트 더 높은 것까지 사방에 흩어져 있다.

만약 동일한 학생들을 대상으로 다른 모양의 유리병과 젤리빈을 사용해 같은 실험을 계속 한다면 한두 명은 집단 추측치를 뛰어넘을지도 모른다. 하지만 다른 학생 그룹에 각 실험을 진행했다.

실험 후 학생들에게 왜 이런 현상이 나타나는지 묻는다. 한 학생이 다음과 유사한 답을 한다.

"전문 지식을 갖고 그에 근거해 결정을 내리는 사람은 소수이기 때문입니다. 여기 대부분은 특정 전문 지식이 없어 너무 낮거나 너무 높게 추측한 학생들이 많습니다. 고점과 저점은 결국 평균이 되고 전문가들의 추측만 남게 됩니다. 그냥 전문가들 대상으로만 했어도 같은 점수가 나올 겁니다."

"논리적인 설명이구나," 필자가 대답한다. "자 그럼 여기서 누가 젤리빈 전문가인지 말해줄래? 그 전문가들만 대상으로 다시 이 실험을 해보자." 학생들은 모두 부끄러운 듯 웃기만 하고 아무도 용기 내 지명하지 않는다. 이러고서는 전문가 감별이라니.

"좋다, 그러면 스스로 젤리빈 추측 전문가라고 생각하는 사람은 손 들어봐." 이 때 손드는 사람은 거의 없다. 때때로 과하게 자신감 넘치는 학생이 자원하고 이후 한두 명이 더 손을 들기도 한다. 이들은 자신의 수학이나 공학을 공부한 배경을 근거로 자신의 전문성을 주장한다.

경마 베팅 예상업자들에게도 동일한 질문이 적용된다. 스스로 전문가라 지칭하는 사람들은 그렇지 않은 사람들보다 정말 더 나은가? 젤리빈 추정 게임에서는 각 학생들이 제출한 추정치를 필자가 몇 분 일찍 확인할 수 있다는 것을 기억하라. 추정치 적는 종이에 이름도 써야 하기 때문에 누가 우승하게 될지 알 수 있다. 과연 자칭 전문가들이 최고의 개인 추정치를 제출했을까? 거의 그런 일은 발생한 적이 없다. 이 실험에 참가한 사람들이 모두 느낀 것은 그룹은 전문가를 확인하지 못하고 전문가들 역시 스스로 전문가라고 밝히지 못한다는 것이다.

아무도 관심 없는 젤리빈 대회를 치르고 난 후(승자는 항상 수업 종료 후 쉬는 시간에 반 학생들과 나눠 먹는다), 필자는 두 번째 추정 라운드에 5불을 걸고 참여할 사람은 없는지 묻는다. 승자는 내기금을 갖게 된다.

약 수업의 절반 정도가 참여하겠다고 한다. 이후 신기한 일이 벌어진다. 약 100불이 걸린 2라운드에서 첫 라운드보다 훨씬 정확한 평균 추정치가 나오는 것이다. 학생들은 확실히 더 많은 시간과 생각을 쏟아 추측한다. 이들은 여전히 동일한 기본적인 정보만 갖고 있다. 유리병 바닥에 젤리빈이 대략 몇 개가 깔릴지, 병 높이만큼의 젤리빈은 몇 개일지, 유리병 입구 쪽 좁아지는 부분에는 젤리빈이 몇 개가 들어갈지에 대한 추정치. 학생들은 숫자를 곱하고 압축된 부분을 위해 몇 퍼센트 더 더하고 자신들의 추측을 적어낸다.

이제 극단적인 추정 값은 별로 없다. 범위가 30퍼센트 더 낮거나, 25퍼센트 더 높은 걸로 줄어든다. 2라운드에 참가하지 않은 학생들은 5불 때문에 불참한 게 아니다. 그들은 스스로 이 게임에 대한 정보가 많지 않다는 것을 알고 있는 학생들이다. 불참자들의 1라운드 평균은 2라운드에 참가한 학생들에 비해 3배 높은 오류 퍼센티지를 보였다.

5불 참가비에 대해 조금 더 얘기해보자면, 이 게임 참가자들은 중간 값 연령이 29살인 대학원생들이며 대부분 풀타임 직업을 갖고 있는 파트타임 학생들이다. 수업 후에 참가비만큼 혹은 더 많은 돈을 스타박스 커피나 빵 아니면 맥주에 소비할 것이다. 5불 내기금은 이들에게 장해물이 되지 않아 보인다. 5불을 건 2라운드 결과가 보여주는 것은 게임 머니나 작은 경품이 실제 돈을 상금으로 주는 것과 동일한 결과를 가져올 것이라는 믿음은 항상 옳지 않을 수 있다는 것이다. 적어도 이 실험에서는 현금이 젤리빈을 이겼다.

필자는 몇 차례 세 번째 예측 라운드를 진행한 적이 있다. 3라운드에서는 높은 판돈이 여전히 더 나은 예측을 만드는지 확인하기 위해 20불을 걸게 된다. 내기금이 20불이 되면 약 3~4명 정도 참여한다. 그러면 결과는 설득력을 잃게 되어 3라운드는 취소된다.

고전적인 그룹–추정 이야기에는 프란시스 갈튼(Francis Galton)과 곧 도살당할 황소가 나온다. 갈튼은 19세기 유명한 영국 수학자이자 시사 해설자였고 찰스 다윈의 조카이자 요새 널리 사용되는 기술인 통계적 회귀의 창시자였다(그의 다른 업적은 최초의 지문 구분 스탬, 최초의 신문 일기도, 그리고 차를 잘 끓이는 방법을 자세히 기술한 여러 출판물들 등이 있다).

갈튼은 또한 우생학(Eugenics)을 창시하였다. 우생학이라는 말은 그리스어 Eugenes에서 파생했다. 이는 '좋은 유전 형질'이라는 뜻이다. 그는 좋은 건강과 두뇌가 뛰어난 사람들을 선택적으로 번식시켜야 한다는 그의 주장의 일부로써 우생학을 발전시켰다.

1906년 갈튼이 플리머스 지역에서 열린 '영국 서부지역 가축 박람회'(The West of England Fat Stock and Poultry Exhibition)에 방문했을 때 박람회 참가자들이 6페니짜리 복권을 사는 것을 보았다. 복권을 지닌 사람은 죽은 황소의 무게를 한 번 추정할 수 있다. 가장 정답과 가까운 수를 부른 사람이 소를 상품으로 가져가는 방식이다. 갈튼은 복권 방식이 기발하다고 생각했다. 박람회 참여자들은 즐거운 시간을 보내고 소 주인은 소고기를 그냥 팔 때 벌 수 있는 것보다 훨씬 많은 돈을 예측 기회를 주면서 벌고 있었다.

복권 행사 이후 즉흥적으로 갈튼은 소 무게 예측치가 적혀있는 복권에 당첨되지 않은 티켓들을 달라고 요청했다. 집에 돌아와 추정치들의 품질을 체크했다. 보통 인간의 지능에 대해 냉소적인 의견을 갖고 있는 그는 추정치들이 별로 안 좋을 것이라고 생각했다. 몇 예측은 괜찮을 수 있지만 참가들 가운데 목축업자와 정육점 주인들도 있었다. 대부분의 추측은 얕은 지식을 반영할 것이다. 비록 몇 개는 순수한 운으로 정답에 가까울 수 있지만 말이다. 어쩌면 복권을 맞춘 행운의 당첨자 중 하나는 양복점 주인일지도 모른다.

갈튼이 받아온 787개의 티켓의 중간 값은 1,189파운드였고 평균값은 1,197파운드였다. 실제 도살된 황소의 무게는 1,198파운드였다. 당첨 예측치는 1,170파운드였다. 전체의 중간 값이나 평균값만큼 실제 답과 가깝게 예측한 개인은 없었다. 갈튼은 그 순간, 다뤄지는 주제에 대해 잘 알고 있는 사람이 적거나 대부분이 잘 모를 때에도, 그룹이 개인보다 더 나은 예측치를 만든다는 깨달음을 얻게 된다.

갈튼은 이후 저학력에 부유하지 않은 보통 사람들에 대한 그의 부정적인 관점을 뒤집고 "군중은 사실 똑똑하다."는 결론을 내렸다. 그는 또한 모든 사람에게 투표권을 주는 민주주의가 고학력이나 부자들만 투표할 수 있는 시스템보다 훨씬 더 나은 결과를 도출할 것이라고 말했다. 그의 "모든 이가 참여해야 한다."는 아이디어는 'Vox populi,' '군중의 목소리'의 시초가 되었다.

캘리포니아공과대학(Caltech) 교수 스콧 E. 페이지(Scott E. Page)의 10년 연구 프로젝트는 어떻게 다양성이 재능을 능가하는지를 보여주는 최신 자료를 제시한다. 페이지는 1995년 실험실 실험 대상들이 문제 해결을 위해 어떻게 소통하는지를 보기 위해 컴퓨터 시뮬레이션을 돌리던 중 다양성의 가치에 흥미를 갖게 되었다. 프로그램 중 하나는 석사학위를 갖고 있는 사람들의 행동을 대표했고, 두 번째 프로그램은 다양한 배경과 경험을 가진 사람들의 그룹을 나타냈다.

두 번째 그룹의 조합은 매달 1일에 태어난 사람들만 골라서 의사 결정자로 선택하는 것과 같은 방식이었다.

페이지가 프로그램을 돌렸을 때, 비행기를 운전하는 가장 효율적인 방법이나 전등 바꾸는 방법 같은 단순한 문제가 아닌 정확한 답이 없는 복잡한 문제 해결에 있어서 다양한 배경을 가진 그룹이 석사 학위 소유자들보다 더 나은 결정을 내리는 것을 발견했다. 페이지는 프로그램을 다시 설정해 다른 방식으로 접근해 보았다. 의사 결정자들의 소통하는 방법과 결과가 판정되는 방식을 바꾼 것이다. 하지만 여전히 다양한 배경의 그룹이 더 나은 문제 해결력을 보였다.

페이지의 연구 결과는 2007년 출판된 그의 책 『The Difference』에 실려 있다. 그는 이 책에서 우수한 능력을 지닌 사람들은 대체로 비슷한 관점을 갖고 있으며 동일한 문제 해결 방식을 사용한다고 설명한다. 이런 전문가들은 좁은 분야에 한정된 능력을 요구하는 문제에서만 다양성 그룹보다 더 나은 결과를 보였다. 다양성 그룹은 철교 설계를 당연히 잘 하지 못한다. 하지만 그 그룹은 다양한 도구들을 이용해, '두 도시 간 이동에 얼마나 많은 사람들이 비행기보다 기차를 선택할 것인가'라는 질문에 전문가 그룹보다 훨씬 더 나은 예측 결과를 도출한다. 페이지가 말하길, "이 법칙은 단순한 메타포나 10년 뒤 여전히 사실일지 아닐지 모를 귀여운 경험담이 아니다. 이것은 논리적 사실이다."

페이지가 말하고자 하는 것은 사회적 정체성의 다양성을 구분 짓는 성별, 나이, 인종, 종교가 아니다. 그가 발견한 중대 사실은 경험, 살아온 배경, 교육 등을 포함하는 인지적 다양성(Cognitive diversity)다.

사회 정체성의 다양성은 개인들이 토론에 어떻게 기여하는지, 어떻게 어울리는지에 관한 것이라면, 인지적 다양성은 사람들이 '황소 무게 추측' 같은 문제들을 어떤 방식으로 해결하는지, 결국 어떻게 생각하는 지와 관련 있다. 사회 정체성의 다양성은 때때로 인지적 다양성과 일치하게 사용되는 경우도 있으나 사실 동일한 말은 아니다.

다양성이 부족한 그룹은 안 좋은 결과를 만들어낼 수 있다. 당시 하버드 로스쿨 교수였던 캐스 선스타인(Cass Sunstein)의 2008년 책 『우리는 왜 극단에 끌리는가(Going to Extremes)』에 따르면 동일한 관점을 지닌 사람들은 비슷한 믿음을 지닌 사람들을 찾는다고 한다. 이런 그룹 짓기는 그룹의 관점을 더 극단적으로 만든다. 선스타인이 진행한 실험에서 그는 정치인들을 진보 민주당과 보수 공화당, 두 그룹으로 나눴다. 그리고 동성 결혼과 같은 논쟁적 이슈에 대해 곰곰이 생각해보라고 시켰다. 실험 전에 진행된 인터뷰에서 각 멤버들은 이슈에 대한 자신들의 관점을 표현했다. 다양성이 없는 상태의 그룹은 정당 사람들이 골고루 모여 있는 그룹보다 더 극단적인 결과에 합의했다.

선스타인은 다양하지 않은 그룹의 양극화는 이슬람 테러리즘이나 엔론의 몰락, 그리고 그룹의 양극화를 크게 조장했던 조지 W. 부시 대통령의 임기 중 발생한 많은 실패들의 설명에 도움을 준다고 말한다.

페이지와 선스타인의 연구의 요점은 몇 사람만 투자를 하던지 안 하던지 시장은 합리적일 수 있다는 것이다. 갈튼의 박람회 참가자들이나 필자의 MBA 학생들에서 보았던 것처럼, 투자자의 다양성은 오류를 상쇄시키고 시장은 적정 예측치에 도달하게 된다. 문제는 투자자들이 비이성적이거나 무식한 지가 아니라, 그들이 같은 방식으로 비이성적이고 무식한 지이다. 만약 그들이 다르다면, 오류는 상쇄되고 현명한 집단의 역학이 이기게 된다. 페이지의 연구는 예측 시장이 어떻게 작동하는지, 그리고 왜 예측 시장이 전문가들보다 더 나은 결과를 도출하는지에 관한 아직 입증되지 않은 증거에 이론상 근거를 제시해 뒷받침한다.

장기 방영된 TV쇼, '누가 백만장자가 되고 싶은가?'(Who Wants to Be a Millionaire?)는 1998년 영국에서 처음 제작되었다. 이후 82개국에서 나라별로 리메이크하여 러시아, 마케도니아, 일본, 베트남, 아프가니스탄 등에서 방영되고 있다. 이 쇼의 영어 제목은 1956년 영화 '상류사회'(High Society)에 삽입된 콜 포터(Cole Porter)의 노래에서 유래했다. 하지만 사실 이 노래의 가사는 다음과 같다: "누가 백만장자가 되고 싶은가? 난 아니야, 왜냐면 난 당신만 있으면 되니까!"

TV쇼 '누가 백만장자가 되고 싶은가?'는 다양한 사람들로 이루어진 그룹이 어떻게 전문가를 능가해 정답을 맞히는지 보여준다. 프로그램 내에서 참가자는 12개에서 15개의 굉장히 어려운 질문에 답해야 한다. 낮은 상금에서 시작해서 정답을 맞힐 때마다 금액은 커지며 최대 금액은 경기가 펼쳐지는 나라의 화폐 단위로 100만이다. 각 문제는 객관식이며 4개의 보기가 주어진다. 정답에 확신이 없는 참가자는 이미 확보한 금액을 갖고 집으로 갈 수도 있고 생명줄 찬스를 사용할 수도 있다.

3가지 종류의 생명줄 찬스가 있는데 하나는 TV쇼의 컴퓨터가 임의로 4개 중 2개의 보기를 지워주는 것이다. 두 번째 옵션은 스튜디오 내 방청객들을 대상으로 한 여론조사다. '방청객에게 물어보세요' 옵션이 진행되면 방청객들은 자리에 부착된 A-B-C-D 버튼 중 옳다고 생각되는 답의 버튼을 누르면 된다. 이후 결과는 화면에 나타나 참가자, 호스트, 관객들이 직접 확인하게 된다. 다른 방식은 AOL 메신저 사용자들이 참여하는 방식이다. 스튜디오 스크린에 방청객의 응답을 먼저 보여준 후, AOL 유저들의 선택을 보여준다.

세 번째 옵션은 참가자가 친구나 가족 혹은 똑똑한 아무개에게 전화를 걸어 도움을 청하는 방법이다. 참가자들은 본인보다 질문에 대해 전문 지식을 갖고 있다고 생각할 때 이 옵션을 선택해 특정인에게 도움을 부탁한다.

쇼의 프로듀서가 예상했던 것과는 반대로, 2개 나라 버전을 제외한 모든 나라별 '백만장자'에서 '방청객에게 물어보세요' 옵션이 '전문가에게 물어보세요' 옵션보다 훨씬 더 정확한 정답을 제공한다. 이 쇼의 방청객은 무작위로 선정된 다양한 그룹이다. 이들은 촬영일 제일 앞줄에 앉는다. 이들의 유일한 공통점이라면 평일 오후에 딱히 할 일이 없었다는 것일 거다.

쇼의 미국 버전에서는 92퍼센트 확률로 방청객이 맞췄고 전문가 친구들은 65퍼센트 확률로 맞췄다. 영국 버전은 방청객 87퍼센트, 전문가 55퍼센트였으며, 독일선 각각 90퍼센트, 58퍼센트였다. 더 쉬운 대중문화에 관한 문제들은 관객들에게 묻고 더 어려운 전문적인 질문은 친구들에게 한다고 주장할 수도 있을 것이다. 하지만 동일한 현상이 일본과 아프가니스탄에서도 나타나는 것이 가능할까? 이 현상은 젤리빈 예시와 동일하다는 게 더 그럴듯한 답일 것이다. 만약 방청객 중 소수만 정답을 알고 있고 다른 이들은 무작위로 추측한다면 그 그룹의 예측은 정확할 것이다.

이번 장의 초입부에 쇼 호스트 레지스 필빈(Regis Philbin)이 물은 백만 불짜리 질문을 인용했었다: "TV시리즈 'Laugh-In'에 출연한 미국 대통령은 누구일까요?" 가능한 답은 린든 존슨, 리차드 닉슨, 지미 카터, 그리고 제럴드 포드다. 예를 들어 관객들의 12퍼센트만(150명 중 18명) 실제로 'Laugh-In'의 해당 에피소드를 시청했던 것을 기억한다고 가정해보자. 이 말은 88퍼센트의 관객은 너무 어리거나 질문에 대해 읽은 적이 없다는 뜻이다. 아는 정보가 없지만 여전히 그들은 투표한다.

약 22퍼센트는 4개의 보기 중 임의로 하나를 선택할 것이다. 그렇다면 방청단의 34퍼센트(12퍼센트+22퍼센트)가 정답인 리차드 닉슨을 선택한다는 뜻이다. 그러면 22퍼센트는 각각 존슨, 카터, 포드를 선택한다. 문제의 답을 잘 모르는 사람들의 수를 더 더해도 결과는 변하지 않는다는 점을 명심하라. 질문에 무지한 50명을 더 추가해도 닉슨을 뽑은 사람들의 퍼센티지는 낮아지겠지만 그는 여전히 선택될 것이다. 아주 작은 비중이지만 정답을 제공할 수 있다. 투자자들이 다양하고 그들의 예측치가 무작위라면 집단 예측치는 맞을 것이다.

프린스턴대학의 정치학 교수 아담 마이로위츠(Adam Meirowitz)는 진짜 예측 시장이 어떻게 '백만장자' 쇼에 사용될 수 있는지 얘기했다. 레지스 필빈이 백만 불 질문으로 오로지 숙련된 수학자만 풀 수 있는 문제를 제시했다고 가정해보자. 쇼 참가자가 실제 정답을 알거나 수학자에게 전화를 해야만 정답을 고를 수 있다. 방청객 중 5명만 이 수학자인데 참가자가 만약 방청석 여론조사를 선택한다면, 비수학자들의 무작위 응답이 5명 전문가의 답을 압도할 수 있다. 방청객 여론조사 결과가 정확할 수는 있으나 정답 퍼센티지도 낮을 것이며 항상 맞출 수 있는 것도 아니다.

하지만 만약 방청객에게 묻는 옵션 대신, 참가자가 방청객 대상 예측 시장을 만들어 매매 활동을 지켜볼 수 있는 생명 줄을 선택할 수 있다면 정답은 바로 나타날 것이다. 숙련된 수학자들은 그들의 정답에 대한 자신감이 시장 가격에 반영될 때까지 투자를 계속할 것이기 때문이다. 하지만 실제 이런 옵션이 사용된다면 그 쇼는 별로 재미있지 않을 것이다.

'백만장자' 시장 아이디어는 개인이 투자할 수 있는 금액에 제한이 없을 때에만 가능하다. 만약 투자 제한이 있고 정답을 아는 수학자들이 그 제한에 부딪친다면, 그들은 시장 결과를 정답으로까지 이동시키지 못할 수도 있다. 낮은 제한선이 있지만 많은 관객이 정답을 안다면 시장은 정답을 나타낼 것이다. 여기서 중요한 두 변수는 정보를 지닌 관객 수와 투자 제한량이다. 두 변수 중 하나만 좋은 수가 되어도 참가자는 정답을 맞히고 백만 불을 갖게 된다.

관객이 더 많은 정답을 도출하지 않은 두 나라가 있는데 바로 프랑스와 러시아다. 프랑스판 '백만장자'인 'Qui Veut Gagner Des Millions'에서 관객들은 초기 단계에서 관객 여론조사를 진행할 경우 고의적으로 오답을 선택하는 경향을 보였다. 예를 들면 "프랑스 국기에 포함된 세 색깔은 무엇인가?"(답은 파랑, 흰색, 빨강)과 같은 쉬운 질문 말이다. 프랑스 관객들은 단순한 질문도 못 맞추는 멍청이가 관객의 지혜를 이용해 이기는 것이 불공평하다고 생각한다. 나중에 어려운 문제에서는 프랑스 관객들 또한 정답을 제공하려 노력한다.

러시아 버전 'Миллионер'에서는 방청객들이 참가자를 우롱하기 위해 질문의 난이도와 상관없이 오답을 제공한다. 아직 잔존하는 공산주의식 가르침의 문화적 수용에 따르면 누구든지 집단의 지식을 이용해 부자가 되는 것은 불공평하기 때문이다.

여기서 가져갈 교훈은, 시장의 결과에 의지할거라면 시장 투자자들이 실제 정답을 제공하려고 하는지 확실히 해야 한다는 것이다.

예상외 결과를 보여주는 추정 시장이 또 뭐가 있을까? 하나는 날씨 시장이다. 날씨에 대해 잘 모르는 필자의 학생들도 젤리빈 추측했던 것만큼 중간고사 기간의 날씨를 잘 예측할 수 있다. 한 번은 MBA 학생들에게 5일 뒤 토론토 국제공항의 정오의 기온을 예측하라고 시켰다. 익일 온도는 학생들이 자동차 라디오에서 많이 듣기 때문에 묻지 않는다.

학생들이 결정한 5일 뒤 평균 예측 온도는 개인 예측치의 80퍼센트보다 더 정확하다. 이 평균 예측은 토론토 기상국에서 제공한 5일 뒤 예측보다도 더 정확할 것이다.

비록 5일 뒤 날씨에 대해 전문 지식을 갖고 있거나 깊이 생각해본 학생은 없지만, 이 평균값은 별로 놀랄만한 결과는 아니다. 각 참가자들은 오늘 날씨, 계절 동향, 근래 날씨가 특별히 더웠는지 추웠는지에 대해 조금씩 다 알고 있다. 이 날씨 예시는 황소 무게 예측이나 젤리빈 숫자 추정과 비슷하다. 각 추정치는 약간의 지식과 임의성과 편향을 반영한다. 임의성과 편향은 상쇄되고 지식만 남게 된다.

기온 예측 성공은 필자가 5일이라는 기간을 선택한 것도 기여하는 바가 있다. 전문 일기 예보들은 3일 뒤 날씨까지는 꽤 정확하나 4일, 5일, 그 이후부터는 낮은 정확도를 보인다. 기류의 움직임이나 저기압 골 등 여러 요인으로 인해 기상청의 7일 일기예보는 전문 어림짐작에 불과하다.

필자의 학생들에게 5일 뒤 강우량을 예측해보라고 시키면 매우 당황해 한다. 5일 뒤 강우량 예측은 쓰레기 정보가 들어오면 쓰레기 결과가 나오는 시장을 보여주는 예이다. 전문 일기예보자들은 뛰어난 72시간 강우 예보를 제공한다. 그들이 "내일의 강수확률은 30퍼센트입니다."라고 말하면 실제로 익일 비가 내리는 확률이 30퍼센트다. 72시간 이후에는 그들의 강수 예측도 전문 어림짐작으로 저하된다.

예측 시장은 무엇을 대체할 수 있는가?

인간이 그동안 왜 내재된 잠재성을 다 발현하지 못했고 앞으로
도 그러지 못할 이유를 한 단어로 설명하면 '미팅'이다.

— 데이브 베리(Dave Barry), 유머 작가

그 어느 위대한 조직 내에서건 혼자 옳은 사람이 되는 것보다 다
수와 함께 틀리는 것이 아주 훨씬 안전하다.

— 존 케네스 갤브레이스(John Kenneth Galbraith), 미국 경제학자

시장이 최고의 흩어진 정보 취합기라는 개념은 그동안 우리가 가
졌던 그룹 미팅, 여론조사 결과, 전문가의 역할, 조직의 행동 방법
등에 대한 믿음과 어긋난다. 다른 방식에 따라 내려진 어떤 결정보
다도 시장에 기초한 비즈니스 의사결정이 더 정확하다. 이런 좋은
결과는 시장의 장점에 기인하는 면도 있으나, 일정 부분은 다른 방
법들 각각에 내재된 문제 때문이기도 하다.

다른 방식들 중에서는 앞서 데이브 베리가 말한 것처럼 미팅이 가

장 대표적이다. 투표, 여론조사, 전문가 의존 현상도 **빼놓을** 수 없다. 수학자와 통계학자들은 정량 분석을 기초로 예측한다. 각 방법들은 자기 본위적이라 자신들의 선호 방법에 충성하는 내부자들의 지지를 받는다.

사회 내에서 가장 중요한 몇몇 결정들은 여러 사람들이 모여 숙고한 뒤에 결정된다. 의회들과 판사들은 정답, 혹은 최고의 방안을 찾으려 애쓴다. 모든 사업체에는 끝없는 미팅에 앉아 있는 마케팅 그룹, 기획자, 이사회가 있다. 우리는 이런 모임이 현명한 판단과 좋은 결정을 가져올 것이라고 생각한다. 심지어 민주적으로 보이기까지 하니 말이다. 만약 우리가 미팅 주최자에게 미팅이 열리는 이유를 물으면, 주최자는 잠시 생각하고선 그룹 멤버 중 누군가는 문제를 해결할 답을 갖고 있을 수 있기 때문이라고 얘기할 것이다. 이들은 멤버들이 각기 다른 정보와 경험을 갖고 있어서 이들과 미팅을 하면 도출되는 그룹 결정은 가장 똑똑한 멤버만큼 좋을 것이라고 생각한다. 문제와 관련된 경험을 지닌 사람이 없다고 하더라도, 미팅 주최자는 마법처럼 브레인스토밍을 통해 뭔가 유용한 결과가 나올 거라 믿게 된다.

하지만 미팅의 역학과 관련된 여러 문제들이 있다. 첫 번째는 그룹의 인지 다양성 부족이다. 대부분의 사람들이 자신들과 나이, 살아온 배경, 교육, 경험, 세계관 등이 비슷한 사람들과 같이 일하고 함께 미팅에 간다. 이런 동질성은 좋은 결정을 만드는 능력을 약화시킨다. 이런 그룹은 다양한 관점과 경험을 종합해 생각할 가능성이 적다. 막스플랑크사회연구소(Max Planck Institute)의 연구원 브룩 해링턴(Brooke

Harrington)은 투자 그룹을 분석한 후 다음과 같이 결론지었다.

"우정과 다른 사회경제학적 연관성이 넓은 그룹일수록 포트폴리오 결과가 더 안 좋았다."

그룹 내에는 보통 공통점이 많이 있다. 마틴게일 자산 운용사(Martingale Asset Management)의 회장인 아놀드 우드(Arnold Wood)와 듀크대 심리학 교수인 존 페인(John Payne)은 투자 위원회의 85퍼센트가 50세 이상의 백인 남성인 점을 발견했다. 30세 이하인 멤버는 단 한 명도 없었고 오직 15퍼센트만 여성이었으며 단 5퍼센트만 소수 민족 출신이었다.

미팅 역학의 다른 흔한 문제는 인포메이션 캐스케이드(Information cascade)다. 첫 몇 명이 표출한 의견은 이슈의 한쪽 면만을 보여주는 정보를 지니고 있을 수 있는데도 이후 다른 참여자들이 초기 의견에 따라 여론의 폭포를 만든다.

캐스케이드는 위계(혹은 평판)에 따라 생길 수도 있다. 이는 사람들이 팀플레이어로서의 명성을 지키기 위해 높은 직급의 미팅 참여자에 동의할 때 발생한다. 인포메이션 캐스케이드나 위계 캐스케이드에 갇힌 사람들은 나서서 자신이 알고 있는 정보를 말하지 않기 때문에 미팅의 최종 결론은 집단 지성을 반영하지 않는다.

밀레니엄 버그(Millennium Bug)와 이에 대한 인포메이션 캐스케이드가 어떻게 혼란을 예측했는지 기억하는가? 1980년 전에 코딩된 소프트웨어들은 연도 표시를 마지막 두 자리로만 표기하는 바람에 2000년 1월 1일 컴퓨터들이 오작동할 것이라고 예상됐었다. 2000년 첫 날, 2000년이 1900년으로 읽혀져 기계 고장이 일어난다는 것

이다. 몇백 년 동안 점검되지 않은 엘리베이터들이 작동을 멈추고 X
레이 기계는 광포하게 날뛰고 항공기는 하늘에서 추락할 것이라고
했다. 사람들이 너무 많이 여행 일정을 연기해서 웨스턴 에어라인은
20세기 마지막 날 자정에 원래 날고 있어야 할 장거리 비행의 3분의
2를 취소시켜야만 했다.

많은 소프트웨어 엔지니어들이 개인적으로 그런 공포는 근거가
부족하다고 주장하는 동안, 이들의 말은 캐스케이드에 의해 묵살되
었고 공개적으로는 아무 말도 하지 않았다. 기업체들은 초보 프로그
래머 군단을 고용해 구식 프로그래밍 언어인 포트란과 코볼을 가르
치고 오래된 소프트웨어를 고치도록 했다. 마침내 새천년이 시작되
었을 때 당연하게도 이미 고쳐진 소프트웨어들은 오작동하지 않았
다. 그리고 안 고쳐진 소프트웨어들도 마찬가지였다. 밀레니엄 버그
의 실패는 우리에게 구식 소프트웨어보다 인포메이션 캐스케이드에
대해 더 교훈을 주었다.

직장 내의 인포메이션과 명성 캐스케이드의 다른 예는 2002년 이
라크가 대량 살상 무기(WMD)를 개발하고 있는가에 대한 토론에서
찾을 수 있다. 모든 서방 국가의 정치가들과 정보 관리자들은 WMD
프로그램 존재에 대해 너무 설득된 나머지 이와 반대되는 모든 증거
들을 무시하거나 은폐했다. 이라크에서 나토(NATO) WMD팀이 몇 달
간 찾으려 노력했지만 아무것도 발견하지 못했다. 영국 정보기관들
은 이후 WMD에 대한 그 어떤 정보도 갖고 있지 않음을 시인했으나
영국 정부는 공개적으로 미국 중앙정보기관(CIA)의 WMD 찬성 입장
을 채택했다.

예측 시장은 미국 정부보다도 훨씬 전에 'WMD 없음' 결론에 도달했다. 2003년 초 이라크 연합 침공이 이뤄지던 때, TradeSports. com은 여러 날짜까지 WMD가 이라크에서 발견될 경우 돈을 주는 몇 개의 계약을 제시했다. 3월에는 70퍼센트의 WMD 확률을 보였다. 6개월 후 그 확률은 0퍼센트로 추락했다. 7퍼센트일 때도 그 누구도 무기 발견에 돈을 걸려고 하지 않았다. 미국 정부의 보도 자료에서는 여전히 당장 WMD를 찾을 것처럼 얘기하고 있을 때, 이미 예측 시장에서 해당 계약은 매매가 중단됐다.

캐스케이드는 WMD처럼 심각한 문제를 필요로 하지는 않지만 계몽적인 조직 관리에서도 발생할 수 있다. 2010년 1월 애플의 아이패드 출시 몇 개월 전, 스티브 잡스는 내부 전략 회의에서 새 제품명을 발표했다. 고위 임원들은 웃으며 박수 쳤다. 한 제보자에 따르면 미팅에 참석했던 두 여성은 눈을 홉뜨고 고개를 저었지만 아무 말도 하지 않았다고 한다. 몇 주 뒤 미디어에서는 "아이패드가 있는데 왜 맥시패드를 쓰나요?"가 히트를 쳤다. '넘버원 탐폰'은 트위터의 실시간 트렌딩 키워드 넘버 2가 되었다.

미팅 내 두 참여자는 스티브 잡스와 동의하지 않고 무엇을 할 수 있었을까? 어떤 여성 애플 직원이 회장의 말을 막고 그의 신제품이 아이팟과 아이폰과 운이 맞지만 여성용품 이미지를 상기시킨다고 말할 수 있을까? 회의 참가자들은 CEO의 의견에 동의하지 않는 것에 대해 비용편익을 빠르게 계산한다. 만약 여직원이 캐스케이드에 저항하면 결국 좋은 방안에 대해 약간의 인정을 받는 것에 그칠 것이다. 이후 그녀는 합의된 의견을 깨뜨린 것으로 명성에 큰 타격을 받아 고생할 확률이 더 높다.

논리적 반응은 반대 의견을 드러내지 않는 것이다. 그리고 이 캐스케이드 문제를 예측 시장은 극복해낸다. 아이패드는 출시 후 높은 퀄리티로 이전 농담을 쇠퇴시켰으나 아마 잡스나 회의실 내 다른 남자들은 최초 이름이 함축한 어감에 놀랐을 것이다.

이전에 소개된 콜럼비아 대학에서 MBA 학생들과 아카데미상 시장을 운영하는 마이클 모부생은 왜 그룹이 공개 투표보다 비밀스럽게 예측해야 하는지 보여주는 좋은 예이다. 모부생은 파이낸스 분야에서 가장 존경 받는 사람 중 하나이며 좋은 결정을 내리는 방법에 대해 다작(多作)해왔음을 명심하라. 그의 이야기는 다음과 같다.

오래 전에, 나는 조직 내로 한 사람을 영입할지 결정하는 위원회에 속해 있었다. 후보자의 장단점을 듣고 난 후, 나는 그를 영입하는 쪽으로 생각하고 있었다. 그런데 곧 위원회장은 회의 탁자를 돌면서 회원들의 후보자 승인 여부를 구두로 말하게 시켰다.

내 옆에 앉아 있던 남자는 노벨 물리학상을 받는 사람이었는데 그는 내가 아는 사람 중 가장 똑똑한 사람이다. 그는 바로 내 직전에 투표하게 되어 있었고, 위원회장이 물었을 때 반대라고 말했다. 세상에서 제일 똑똑한 사람이 몇 초 앞에 반대라고 말하고서 내가 찬성이라 말할 차례였다. 나는 심각한 내적 갈등을 겪고서 반대표를 던지고 의자에 푹 쓰러졌다.

모부생은 "방 안을 한 바퀴 돌며 위원장은 사회 순응과 감소된 독립성을 만들어냈다."라고 덧붙였다.

콜럼비아대학 심리학자 매튜 살가닉(Matthew Salganik), 피터 도즈 (Peter Dodds), 그리고 던칸 왓츠(Duncan Watts)의 웹 기반 실험은 다른 사람이 어떤 결정을 내릴지 안다고 생각하는 것조차도 편향될 수 있다는 걸 보여준다. 연구원들은 수천 명의 웹 이용자들에게 리스트에 나열된 노래 중 어떤 곡이 제일 성공적일 것 같은지 예측해보라고 요청했다. 몇 사람들에게는 오직 노래 제목과 밴드명만 보여주고 다른 사람들에게는 노래가 얼마나 자주 다운로드 되었는지도 알려주었다. 이 예측자들이 어떤 곡이 제일 유명한지 알게 됐을 때, 그들 스스로의 판단으로 해당 곡이 더 유명하다고 생각했다. 유명하지 않은 곡은 유명하지 않다고 판단했다. 동료가 누군지도 모르는 상태에서도 동료 집단이 주는 압박감(Peer pressure)이 이겼다.

동료 집단 압박감과 집단 괴롭힘은 많은 포커스 그룹을 망치는 요인이기도 하다. 포커스 그룹은 주로 가장 목소리 크고 독선적인 사람이 지배하는 경향을 보이기 때문이다. 장기 방영된 TV 코미디 사인필드(Seinfeld)는 4개의 포커스 그룹과 진행한 테스트 에피소드에서 모두 실패작으로 선고 받았었다. 포커스 그룹은 쇼가 "너무 유대인스럽고 너무 유행을 따른다."고 했다. 쇼를 싫어했던 소수의 사람들이 쇼가 꽤 재미있다고 생각한 대다수보다 더 강경하고 단호하게 말했던 것이다.

만약 회의와 깊은 생각들이 모두 완벽하지 않다면 여론조사가 정보 제공에 더 좋은 방법일 수 있다. 많은 사람들에게 한 질문을 묻고 다수의 답이나 평균값이 맞다고 생각하는 것이다. 여기서 결정해야 할 부분은 누가 좋은 정보를 갖고 있고 어떻게 그들에게 다가갈 것이며 그들이 여론 조사원을 돌려보내려고 대충 답하지 않고 심사숙고하게끔 어떻게 동기 부여를 줄 것인지에 대해서다.

상기 요구조건은 모두 문제를 야기하는 것으로 나타났다. 가장 큰 문제는 적합한 지식을 가진 모든 사람들을 확인하고 연락을 취하는 것이 가끔 불가능하고 확실히 돈이 많이 든다는 것이다. 유일하게 가능한 옵션은 표본 집단에 질문하고 그 답을 전체 인구에 투영시키는 것이다. 선거 여론조사가 이런 방식으로 진행된다.

인구의 일부를 표본 추출하고 그 답이 전체 인구를 대표한다고 생각하는 것은 좋은 해결책이다. 만약 그게 실제 작동한다면 말이다. 표본 추출에 대한 이론은 1685년 수학자 제이콥 베르누이(Jakob Bernoulli)가 잘 설명했다. 그는 책에서 독자들에게 특정 비율로 큰 병에 담겨있는 검고 흰 조약돌을 상상해보라고 했다. 그는 흑돌 대 백돌의 정확한 비율을 병을 버리는 쉬운 방법을 사용하지 않은 채 예측하고 싶었다.

베르누이의 답은 표본이었다. 그는 한 개의 검은 조약돌을 꺼냈다. 다음은 흰 돌이었고 그 다음도 흰 돌, 이후 3개 연속 검은 돌이 나왔다. 많은 조약돌이 표본화될수록, 베르누이가 '대수의 법칙'(The law of large numbers)이라고 부른 정리가 효과를 내고 표본 조약돌의 비율은 병 안의 전체 조약돌 비율의 좋은 예측치가 되었다. 그가 얼마나 많은 조약돌을 꺼냈느냐에 따라 베르누이는 얼마나 표본이 실제 비율과 가까울지 예측할 수 있었다.

베르누이의 샘플링 아이디어는 어떤 조약돌을 꺼내느냐에 대한 편향이 없다면 잘 작동한다. 이 때 말하는 편향의 예를 들자면 검은 조약돌은 표면이 거칠고 크기도 더 큰 반면 흰 조약돌은 작고 민둥민둥하다는 식이다. 만약 편향이 존재한다면 표본은 신뢰도를 잃는다. 그리고 조약돌이 아닌 사람을 샘플링 할 때는 항상 편향이 존재한다.

표본 편향은 1984년 대선 직후 시카고 트리뷴지에 실린 불명예스러운 헤드라인, '듀이가 트루먼을 이기다'를 만들어냈다. 당시 망친 것은 트리뷴지만은 아니었다. 거의 모든 신문사와 여론조사 기관들이 공화당 후보 토마스 듀이(Thomas E. Dewey)가 큰 격차로 재임 중이었던 해리 트루먼(Harry S. Truman)을 이길 것이라고 예측했다.

무슨 일이 일어난 걸까? 당시 대부분의 정치 여론조사는 전화로 진행됐다. 조사기관들은 전화 통화료가 매우 비싸며 부유한 일부 인구만 전화를 소유하고 있다는 사실을 결과에 반영하지 못했다. 대부분의 이 부유층은 공화당과 듀이를 지지하고 있었다. 트리뷴지는 흰 돌은 작고 부드럽다는 사실을 인지하지 못한 채 항아리에서 거친 검은 돌만 많이 꺼냈던 것이다.

더 근래의 예시는 여전히 TV 해설자들이 좋아하는 대선 출구조사다. 출구조사는 투표를 마치고 떠나는 사람들에게 누구에게 투표했는지 묻는 방식으로 진행된다. 확실하고 타당한 아이디어로 들리지만 역시나 편향되어 있는 것으로 밝혀졌다. 2004년 미국 대선에서 방송국이 진행한 초기 출구조사는 존 케리가 조지 부시를 3점 앞서가는 것으로 나타났다. 이 결과를 바탕으로 두 방송국이 성급히 케리가 이길 것 같다며 공표했다. 이후 알게 된 사실은 민주당 지지자들이 훨씬 더 자신이 선택한 후보에 대해 잘 말해준다는 것이었다. 선거에서 부시가 가볍게 승리했다.

지금 필자가 제공할 수 있는 가장 안전한 예측 중 하나는 10년 뒤 현재 우리가 아는 여론조사, 그 중 특히나 정치 여론조사는 상당수 예측 시장으로 교체될 것이라는 거다.

우리는 팀 회의 그룹과 여론조사는 피하고 전문가에게 의지할 수도 있다. 이는 인간이 가장 편하게 생각하는 옵션이기도 하다. 우리는 누군가는 똑똑하거나 잘 훈련되어서 우리에게 답을 줄 수 있다는 걸 믿고자 하는 뿌리 깊은 욕구를 갖고 있다. 우리는 전문가들을 존경하고 경의를 표한다. 하지만 우리는 이전 예시들을 통해 시장이 전문가들 보다 더 나은 결과를 도출하는 걸 알고 있다. 왜일까?

뇌 외과 의사나 체스 마스터 같은 전문가들은 분명 가치 있는 답을 제공하나 이는 꽤 세분화된 분야에서만이다. 체스 전문가는 미래의 수를 내다볼 줄 안다. 하지만 그들의 전문성은 체스 게임 밖을 벗어나지 못한다. 사람들은 체스 마스터에게 금융 투자나 가로세로 게임에서 높은 점수 받는 법에 대해 묻지 않는다. 체스 전문가가 잘 알고 있는 분야여도 여전히 이들은 예측 그룹이 갖고 있는 종합정보보다 더 적은 정보를 제공할 것이다.

경제학, 정치학, 혹은 심리학을 포함한 다양한 전문 분야에서 활동하는 전문가들조차도 비전문가들이 겪는 인지 왜곡을 똑같이 겪는다는 사실을 우리는 잘 알고 있다. 인지 왜곡에는 확증 편향(Confirmation bias), 정박 효과(Anchoring), 위험 회피(Risk aversion) 등이 있다. 확증 편향은 신념과 반대되는 정보는 무시하는 경향이다. 정박 효과는 한 쪽의 정보만 과신하는 현상이다. 위험회피는 투자자를 과도하게 조심스럽게 만든다. 다니엘 카너먼(Daniel Kahneman)은 2011년 책『생각의 해부(Thinking, Fast and Slow)』에서 전문가들 사이에 흔한 편향 중 하나는 복잡하고 어려운 문제에 직면했을 때 전문가들은 본인들도 모르게 쉬운 문제를 대신 선택한다고 말했다.

전문가들이 종종 자신들이 무엇을 모르는지 모른다는 것이 더 중요한 사실이다. 전문가들은 지속적으로 자신들의 예측에 대해 과한 자신감을 보였고 새로운 증거 앞에서 변화하기를 꺼려했다. 우리처럼 말이다.

경마장에서 베팅하는 사람들처럼 전문가들도 흔치 않은 사건들의 가능성은 과대평가하고 더 흔한 사건들은 과소평가한다. 예를 들어, 전문가건 초보자건 모두 집에 무기를 보관하는 것은 어린이들을 위험에 노출시킨다는 걸 알고 있다. 전문가들은 총기 규제에 관한 문제로 의회 위원회와 시의회 앞에서 증언해야 하는데, 뒷마당 수영장에 보였던 큰 걱정처럼 총기에 대해 염려를 표한 사람이 없었다. 하지만 경제학자 스티븐 레빗(Steven Levitt)이 계산한 결과, 만약 가정에 총과 수영장이 다 있다면 가정 안의 아이는 총보다 수영장 때문에 죽을 확률이 100배 더 높다고 한다.

총과 수영장을 다 갖고 있는 투자자가 참여하는 예측 시장 역시 결과가 시들할 수도 있다. 이런 시장에 참가하는 사람들은 전문가처럼 아이들이 당면한 위험에 대해 같은 편향을 갖고 있기 때문이다. 하지만 시장에서는 본질적으로 편향성이 상쇄된다. 스스로 전문가가 아님을 알고 있는 시장 참여자들은 정보를 검색할 것이다. 자신이 찾은 것에 자신감이 있는 사람들은 더 투자하고 수영장에 내재된 위험을 알릴 것이다.

만약 우리가 전문가에게 의지하고자 한다면 우리가 어떻게 전문가를 식별할 지가 문제가 된다. 필자의 젤리빈 실험을 기억하는가 (책 5장)? MBA 학생들에게 젤리빈 전문가를 식별해 알려달라고 했을 때, 혹은 스스로 전문가라 생각하는 사람을 물었을 때 아무도 대답하지 않았다. 대부분의 예측 문제에 있어서 그룹 내의 전문가를 식별할 만큼 많이 아는 그룹이라면, 그 그룹은 전문가가 아마 필요 없을 것이다.

정량 분석 역시 예측 방법으로 사용되며 때로는 예측 시장의 기반으로 사용되어진다. 정량 분석은 수차례 발생한 사건에 도입된 수학이다. 특정 문제 타입에서는 정량 분석이 그 어떤 기술 보다 더 나은 결과를 도출한다.

정량 분석을 통해 더 잘 해결되는 문제들은 많다. 마이클 루이스의 베스트셀러 『머니볼(Moneyball)』에는 예산이 적었던 오클랜드 야구팀의 성공을 그린 이야기다. 야구는 홈런, 평균 타격, 승률, 삼진 등 전반적으로 계수 통계를 많이 사용하는 스포츠다. 루이스는 책에서 오클랜드가 선수 스카우트나 통계 치에 의지하는 대신, 득점생산력 (Runs created)을 이용해 선수의 공격력을 측정하는 정량 공식을 사용한 이유를 설명한다. 득점생산력은 출루율(안타+볼넷+사구)에 총 루타수를 곱하고 타수와 볼넷을 더한 값으로 나누어 구한다.

이전 시즌의 공격력을 공식에 대입하면 해당 연도 팀이 얻을 점수가 정확히 산출된다. 득점생산력 통계는 팀이 타수율을 이용해 성취하고자 하는 부분을 정량화한다. 이 공식은 스카우트들이 하는 것과는 다르게 볼넷을 기다릴 줄 아는 인내심 있는 선수 혹은 용감하거나 멍청하게 서 있다가 사구에 맞는 선수들도 인정해 준다.

정량적 방식은 하버드 졸업생인 폴 드-포데스타(Paul De-Podesta)가 처음 도입했다. 야구 단장 빌리 빈(Billy Beane)은 야구 전문가들에게서 보이는 현명한 의사결정의 부족을 극복하기 위해서 그를 고용했다. 스카우트들은 미래 선수의 성공을 측정할 때 해당 선수의 타입이 그들에게 익숙한지 아닌지를 본다. 예를 들면 '브룩스 로빈슨(Brooks Robinson)처럼 스윙하는지', 혹은 '로베르토 알로마(Roberto Alomar)처럼 공을 잡는지' 보는 것이다. 그들이 알고 있는 예시들과 매치되지 않는 전망 있는 후보는 '모멘텀', '공을 잘 본다', 혹은 '뭐라 딱 꼬집어 말할 수 없는 선수' 등의 상상의 콘셉트를 이용해 설명했다.

정량 방식은 야구의 지속적인 잘못된 선수 가격 책정을 해결할 드-포데스타의 방안이었다. 이 방법은 모든 메이저리그가 겪고 있던 문제를 해결할 돌파구를 제공했다. 연례 선수 선발전 이전에 어떤 유망주가 메이저리그에서 성공적으로 활동할지 어떻게 예측할 수 있을까? 대부분의 야구 역사에서 이 질문에 대한 답은 은퇴한 메이저리그 선수를 데리고 매년 고등학교와 대학 게임을 관전하며 선수의 퍼포먼스를 지켜보는 것이었다.

이 방식은 효과가 있을까? 스카우트들의 경험과 전문성에도 불구하고 첫 10번의 선발전 라운드에서 뽑힌 6명 중 1명만 메이저리그로 간다. 오클랜드의 정량 방식은 스카우트를 이용하는 것보다 더 높은 비율로 미래 메이저리거들을 영입할 수 있게 했다. 여기서 더

중요한 점은 오클랜드가 돈이 훨씬 많은 뉴욕 양키스나 보스턴 레드
삭스, LA 다저스 구단들보다도 높은 비율의 선발율을 나타낸 것이
다. 다른 구단들이 이를 이해하고 뒤늦게 따라잡을 때까지 드-포데
스타와 빈은 선수 선발 인사이트를 이용해 2000년부터 2003년까지
4년 연속 팀을 플레이오프에 진출시켰다.

정량 분석가도 충분히 섹시할 수 있다. 브래드 피트는 2011년 가
을 개봉한 영화판 '머니볼'에서 빌리 빈을 연기했다.

좀 더 최근에 발생한 야구 정량 분석 기법은 정교한 금융 소프트
웨어를 판매하는 뉴욕 회사인 블룸버그가 보여준다. 분석가 보 문(Bo
Moon)과 매니저 스테픈 오반(Stephen Orban)의 강한 요청에 따라 블룸
버그는 2009년 12월 선수 평가 소프트웨어를 개발했다. 월가의 비
즈니스와는 동떨어진 분야인 것 같이 보이지만 블룸버그 회장 다니
엘 닥터로프(Daniel Doctoroff)이 이에 대해 다음과 같이 설명했다.

"선수들을 주식에, 구단을 포트폴리오에 대입해 생각하면, 우리가
갖고 있는 주식 및 포트폴리오 정보 관리 인프라를 스포츠에 사용할
수 있다."

구단들은 블룸버그 소프트웨어를 이용해 계약에 묶이지 않은 선
수들(Free agent)을 평가한다. 이 프로그램은 선수의 포지션, 타석수,
홈런수, 출루율 등 11개 다른 퍼포먼스 평가 분야에 따라 값을 배정
한다. 영입 가능 선수들에게 어떤 점을 원하는지, 수비인지 파워 히
트인지 리더십인지, 프로그램에 말만 하면 된다. 그러면 프로그램은
각 분야 별 영입 가능한 최고 10위 선수들을 보여준다. 선수의 순위
를 선수 영입 비용으로 나누면, 필요하면서도 가격을 부담할 수 있

는 영입 가능 선수 쇼핑 리스트가 생긴다.

다른 유명한 정량 분석의 예는 체스 그랜드 마스터와 이전 월드 챔피언 게리 카스파로프(Garry Kasparov)에 대한 이야기다. 카스파로프는 1997년 5월 IBM이 개발한 딥 블루(Deep Blue)라는 이름의 컴퓨터에게 패배했다. 이 컴퓨터 메모리에는 70만 개의 그랜드 마스터 게임들이 담겨 있었다. 프로그램은 체스 판의 특정 위치에서 시작해 승리를 거두었던 그랜드 마스터들의 관점에서 가능한 모든 경우의 수를 평가한다. 카스파로프의 경험은 정량 분석 프로그램과 거대한 데이터베이스에게 지고 말았다.

인간으로 구성된 마켓이 그랜드 마스터를 상대로 하는 체스 게임에서 최고의 말의 움직임을 선택하는 데 이용될 수 있을까? 사실 이 실험은 이미 큰 성공과 함께 이미 예전에 진행됐었다. 1999년 카스파로프는 '세상을 등지고'라는 인터넷 게임을 플레이 했다. 4명의 체스 전문가들이 옆에서 각 포지션 별로 가능한 행마법을 제안했다. 세계적 선수들은 15개 국가 출신들이었다. 시장의 각 멤버들은 약간 숙련된 거의 초보자급이었고 게임을 온라인으로 시청할 수 있었으며 각 행마법당 한 표를 던질 수 있었다. 각 말의 움직임에 대한 다수의 예측은 세계 팀의 선택이 되었다. 몇몇 참가자들은 게임 판의 상황이 자신들의 분석 능력 이상으로 복잡해지자 중간에 기권했다.

세계 팀은 이틀 안에 새로운 '최고의 움직임'을 예측해야 했다. 게임은 4개월에 걸쳐 진행됐고 50번째 무브(Move)에 다다를 때까지 우세를 판별하기 어려울 정도로 박빙이었다. 카스파로프는 게임 종반부에 승리를 거두었고, 이 게임을 "체스 역사상 가장 위대한 게임"

이라고 칭했다. 한 번도 만나본 적 없고 카스파로프의 기술이나 경험에 따라갈 수준이 전혀 되지 않는 선수들이 만들어낸 종합 예측이 거의 마스터의 전문성과 맞붙을만한 수준이었던 것이다. 많은 체스 구경꾼들에 따르면 세계 팀은 딥 블루보다 더 창의적으로 게임을 했다고 한다.

정량 분석 모델과 예측 시장을 결합하여 큰 성공을 거둔 사례도 많다. 한 예는 Amazon.com에 로그인 했을 때 번쩍이는 컴퓨터 화면에 있다. 환영 화면에 "안녕하세요, 돈 톰슨씨…. 리처드 폴스키 (Richard Polsky)의 『앤디 워홀 손안에 넣기(I Bought Andy Warhol)』를 구매하신 분들은 칼레드 알함자(Khaled A. Alhamzah)의 『Late Mamluk Patronage』도 구매하셨습니다." 이 책은 중동 역사의 특정 시기의 미술과 건축에 대한 책이다. 워홀의 '레드 마릴린'(Red Marilyn)과는 거리가 멀어 보인다.

아마존은 '협업 필터'(Collaborative filter)를 사용한다. 이 필터는 내가 이미 구매한 책 가운데 적어도 2권 이상 겹치는 다른 고객들이 구매한 책들을 추천해 준다. 다른 사이트도 비슷한 필터링을 한다. MSNBC.com는 내가 온라인으로 읽은 기사들을 기억하고 비슷한 관심사를 가진 다른 사람들이 읽은 기사들을 추천한다.

아마존은 사람들이 인지하지 못한 채 이미 투표하고 있는 무의식의 예측 시장 결과에 정량 모델을 활용한다. 사람들은 내가 읽은 책 목록을 보고 새로운 책에 투자함으로써 투표한다. 이런 일련의 구매 모음들은 내가 무엇을 사길 원하는지에 대한 예측을 만든다. 이 말인즉슨 그렇다. 나는 결국 알함자의 책을 샀다.

figleaves.com은 더 정교한 협업 필터와 무의식 예측 시장을 사용한다. 한 여성 손님이 토요일 아침 여성 실크 슬리퍼를 둘러보려고 figleaves.com에 로그인한다. 8초 뒤 저절로 한 팝업 창이 뜨면서 남성용 목욕 가운을 보여준다. 약 30퍼센트의 손님은 남성에게 줄 선물도 같이 찾기 때문이다. 이 여성 손님은 놀라겠지만 동시에 기뻐할지도 모른다.

매사추세츠 주의 캠브릿지에 기반한 정보처리 회사 ATG(Art Technology Group)의 기술은 온라인 방문객들을 추적한다. 이를 통해 30퍼센트의 여성은 토요일 아침 쇼핑한다는 것과 실크 슬리퍼를 찾는 여성들의 나이와 통계치, 그리고 이들이 자신들뿐만 아니라 남성들을 위해서도 쇼핑하는 것을 알고 있다. 피그리브즈(Figleaves)는 동일한 여성이 화요일 아침에 쇼핑하고 있다면 굉장히 서두르고 있다는 것을 알고 있다. 사무실에서 로그인 했을 수도 있고 남성을 위해 쇼핑할 확률은 크지 않다. 화요일에는 이 여성 쇼퍼에게 아무런 팝업 광고가 뜨지 않는다. 만약 이 손님이 토요일 아침에 로그인해 제일 먼저 클릭한 게 화장품 섹션이라면, 역시 팝업은 뜨지 않는다. 이전 쇼퍼들의 클릭을 통해 ATG는 화장품 구매 고객은 선물을 찾지 않는다는 것을 알고 있기 때문이다.

토요일 아침 실크 슬리퍼를 쇼핑하지만 남자 선물에는 관심이 없는 나머지 70퍼센트도 고려해야 한다. 비 구매자들의 이전 웹 클릭을 토대로 피그리브즈는 목욕 가운을 전체 화면 대신에 화면 구석에 표시하고 팝업 닫기를 쉽게 만들면 오직 약 5퍼센트의 구매자들만 성가시게 느껴 바로 로그오프 하는 것을 발견했다.

다른 분석 기법으로 다루기 어려울 만큼 많은 양의 정보가 있을 때 정량 분석 모델들을 사용한다. 이 방법은 Garbage-in, Garbage-out의 반대라고 보면 된다. 정보의 쓰나미가 들어가면 혼란이 나오는 것이다. 스티븐 베이커(Stephen Baker)의 2008년 책『뉴머러티: 데이터로 세상을 지배하는 사람들(The Numerati)』이 좋은 예를 설명한다. 책에는 시리아 태생의 수학자 사메르 타크리티(Samer Takriti)의 이야기가 나온다. 타크리티는 IBM에서 박사 40명으로 구성된 개발팀을 이끌었는데 이 팀의 업무는 본사에서 근무하는 5만 명의 기술 컨설턴트들을 분석하는 수학 모델을 만드는 것이었다. 이들의 목표는 컨설턴트들의 기술, 경험, 성향 등을 정리해 컴퓨터를 통해 어느 분야 혹은 어느 나라의 클라이언트에게 직원을 배치할지 도움을 줄 수 있는 툴 개발이었다.

이 정량 분석 모델은 프로젝트가 제 시간에 마쳐지고 예산 할당량 내에서 사용했는지, 또 성공적인 프로젝트에 참여한 협력자들의 특성은 무엇인지 등 직원의 성과를 체크했다. 온라인 캘린더는 직원들이 회사 내 시간을 어떻게 활용했는지 보여주었다. 휴대폰 통화 기록과 이메일 복사본을 통해 직원들 간의 관계와 사회 네트워크를 확인했다. 이 분석 모델은 직원들의 사용하는 언어, 신앙심, 식단 제한, 공기 오염에 대한 걱정(베이징과 카이로는 배제), 배우자 융통성(테헤란 제외), 그리고 회사 내의 적(테헤란 다시 포함) 등을 두루 살폈다.

투자자들이 직원들을 개인적으로 잘 아는 조금 더 전통적인 예측 시장에서는 25명의 직원을 프로젝트에 할당하는 데 큰 어려움이 없었을 것이다. 하지만 5만 명을 배치할 수 있었을까? 그럴 확률은 매우 적다. 만약 그랬다면 쓰나미-in, 혼란-out이었을 것이다.

회의나 다른 형태의 예측을 보충하기 위해 예측 시장이 이용되는 곳마다 큰 성공을 거두었다. 필자가 제일 좋아하는 기업 예측 시장 라이트-솔루션스는 1장에 소개했다. 이제 구글(Google), 베스트바이 (Best Buy), 마이시스(Misys), 휴렛-패커드(Hewlett-Packard) 등 다른 기업의 혁신적이고 성공적인 시장 활용 사례를 알아볼 순서다.

Part 2

기업 내(內)
예측 시장은
무엇을
할 수 있는가?

구글(Google)

창의성은 더 이상 어느 회사가 가장 선견지명 있는 임원을 가졌
느냐에 대한 문제가 아니다. 누가 가장 강력한 '참여의 구조 양
식'(architecture of participation)을 갖고 있느냐에 달려 있다. 이
는 어느 회사가 다양한 분야의 기여자들로 하여금 아이디어 제
공, 문제 해결, 제품 향상을 쉽고 흥미롭고 보람 있게 할 수 있도
록 만드느냐에 관한 문제인 것이다.

– 팀 오레일리(Tim O'Reilly), O'Reilly Media의 CEO, 구글을 언급하며

기업 예측 시장의 위대한 성공 스토리가 하나 있다. 이 회사는 기
업 문화와 최고 경영층의 활발한 서포트라는 이상적인 조합을 바탕
으로 예측 시장을 회사의 DNA로 만들었다. 구글을 접속할 때마다
사용자는 복잡한 예측 시장에 접속하게 된다. 구글의 기업명은 10의
100제곱을 뜻하는 googol에서 유래했다. 이는 1에 0이 100개 붙은
숫자다. 굉장히 방대한 검색 프로세스를 나타내기 위해 사용했다.

1998년 구글 설립자인 세르게이 브린(Sergey Brin)과 래리 페이지

(Larry Page)는 상업용 검색엔진을 만들기 위해 재학 중이던 스탠포드 대학 박사 과정에서 휴학했다. 처음 이들은 회사 이름을 'Googol'로 짓고 싶었으나 실수로 트레이드마크 사무실에서 'Google'로 등록했다. 뒤늦게 철자를 잘못 기재한 것을 알고 다시 'Googol'로 등록하려 했으나 이미 그 이름은 다른 사람이 등록한 상태였다. 하는 수없이 그들은 실수로 적은 이름을 그대로 사용해야만 했다. 2006년 'google'이라는 동사는 옥스퍼드 영어 사전에 등록됐다.

구글은 무슨 일을 할까? 구글의 최고 경제학자 할 바리안(Hal Varian)은 회사가 하는 일을 'Yenta'라고 설명했다. 뮤지컬 '지붕 위의 바이올린'(Fiddler on the Roof)의 팬이라면 Yenta가 이디시 어(語)로 중매쟁이를 의미한다는 것을 알 것이다. '지붕 위의 바이올린'에서 옌타는 두 젊은 여성들, 차바(Chava)와 호델(Hodel)에게 잘생기고 부유한 학자들을 소개시켜준다. 인터넷에서 구글은 정보를 찾는 사람들에게 정보 제공자들을 소개시켜주고 상품이나 서비스를 찾고 있는 사람들에게는 해당 상품 및 서비스 제공자를 연결시켜준다.

구글은 1998년 설립됐는데 당시 지배적이었던 검색 엔진들은 야후!, 라이코스, 그리고 알타 비스타(Alta Vista)였다. 이 검색엔진들은 의미 없는 정보만 가득한 끔찍한 결과들만 보여주었다. 이들은 문서의 문장을 보고 검색 단어나 문장이 몇 번 반복되는지 세는 식으로 작동했다. 만약 '스탠포드 대학교'를 검색하면, 검색 엔진들은 이 단어를 포함한 문서들의 리스트를 보여줬는데 그 리스트에는 캘리포니아 시의 대학가에 위치한 상점들의 긴 리스트도 포함됐다. 웹사이트 운영자들은 이 검색 엔진들을 이용해 장난치는 것이 굉장히 쉽다는 것을 발견했다. 성인 비디오 가게 운영자가 웹 사이트에 '스탠포드 대학교'와 이와 유사한 수백 개의 단어들을 각 웹 페이지 하단에 적어놓으면 고등 교육을 찾는 사람들의 눈앞에 쉽게 성인 비디오 웹 사이트를 선보일 수 있었다.

구글은 창립 1년도 되지 않아 대부분의 유저들의 디폴트 검색 엔진이 되었다. 2010년에는 구글의 한 달 검색 수는 90억 번에 달했다. 한 검색을 위해 구글은 0.04초 안에 320억 페이지를 스캔한다. 이는 책이 약 75마일 높이로 쌓인 만큼이다. 마이크로소프트가 빙(Bing)을 선보인 2009년 중반까지 구글은 의심의 여지없이 알맞은 정보를 검색 페이지 상단에 보여주는 일을 제일 잘하는 검색 엔진이었다.

그런데 이 모든 것이 예측 시장과 무슨 상관이 있을까? 구글은 이전 검색자들이 특정 검색어에 어떤 문서가 제일 알맞은지 예측한 기록을 사용하기 때문에 검색 시에 가장 가치 있는 문서를 잘 예측해 보여준다. 검색자들은 자신들이 예측 시장에 포함되어져 있다는 사실을 인지하지 못한 채, 다음 유저에게 더 정확한 결과를 제공하기 위해 그들의 시간을 투자하고 전문성을 기여한다. 몇몇 사용자들은 스마트한 검색을 하지만 다른 이들은 잘 하지 못한다. 갈튼의 황소나 경마장 베팅처럼 똑똑한 사람들과 순진한 사람들이 함께 좋은 예측을 만들어 낸다.

래리 페이지는 획기적인 개념을 발명해냈다. 모든 인터넷 사이트가 동일한 가치를 갖지 않는다는 개념이었다. 검색어에서 주요 뉴스 사이트로 이동하는 링크가 애매한 블로그로 연결되는 링크보다 더 가치 있다는 것이다. 구글은 연결되는 사이트의 점수를 바탕으로 각 링크를 평가했다.

구글은 얼마나 많은 사람들이 웹 페이지로 연결되었고 연결되기 위해 어떤 단어를 사용했는지 본다. 해당 검색어에 대해 가장 많은 표를 받은 페이지는 동일한 단어가 다음에 검색되었을 때 리스트 상단에 표시된다. 두 번째로 표를 많이 받은 페이지는 두 번째에 나타난다. 만약 유저가 한 웹 페이지를 방문 후 두 번째 페이지로 간다면, 구글은 두 번째 페이지가 첫 번째 페이지와 연관이 있는 것으로 표시한다. 이전에 많은 클릭을 받은 페이지들은 그렇지 않은 페이지들보다 더 많은 표를 부여 받는다. 래리 페이지는 이 소프트웨어를 페이지랭크(PageRank)라고 명명했다.

구글은 페이지랭크의 개인 검색 기능을 첨가했다. 이는 이전의 검색 기록과 클릭을 이용해 다음 검색에 무엇을 제공할지 예측하는 기능이다. 만약 빌 게이츠와 마사 스튜어트가 '블랙베리'를 구글에 검색하면, 게이츠는 휴대폰 블랙베리와 연관된 페이지가 먼저 나올 것이고 스튜어트가 검색하면 과일 블랙베리에 대한 페이지가 먼저 노출되는 식이다. 하지만 관심사 예측 소프트웨어가 전달하는 것은 이 예시보다 더 정교한 결과다. 10번에 9번꼴로 이 소프트웨어는 'Apple'을 검색한 사람이 애플 회사 제품을 말하는 것인지, 과일을 말하는 것인지 알 수 있다.

구글은 화면 오른쪽에 나타나는 광고 순서에 대해서도 유저들이 투표할 수 있게 한다. 광고업자가 구글에 내는 금액 순서에 따라 광고를 노출시키는 대신, 광고금액과 얼마나 유저들이 자주 광고를 클릭하는지를 합쳐서 순서를 매긴다. 제일 상단에 위치한 광고는 다른 광고보다 클릭 수 당 내는 돈이 적을 수 있으나 클릭 수로 그 금액은 메워진다. 각 클릭은 이 광고는 특정 검색어를 입력한 사람들에게 관련성이 있다는 것을 의미하는 유저의 예측이다. 좋은 광고 클릭 비율(Ad click-through rate)은 약 3퍼센트다. 이는 광고를 클릭해서 들어온 사람 중 약 3퍼센트만 상품을 구매한다는 뜻이다. 광고를 본 천 명 중 한 명만 제품을 구매한다. 처참하게 들리지만 검색 엔진 광고들은 광고주들이 많은 돈을 주고서라도 광고를 올리고 싶어 하는, 사실 효과적인 광고 매체다. 2010년 구글의 총 수입은 293억 불이었고 세금 제외 전 이윤은 104억 불이었다.

구글은 페이지랭크와 광고 노출 위치 이후 사내 예측 시장을 설립했다. 당시 CEO였던 에릭 슈미트(Eric Schmidt)와 당시 구글 전략가였던 보 카우길(Bo Cowgill)은 제임스 서로위키(James Surowiecki)의 책『대중의 지혜(The Wisdom of Crowds)』를 읽었다. 예측 시장을 지지하는 내부 포스팅에서 카우길은 이렇게 적었다.

"유입되는 웹 페이지 링크의 숫자와 성질을 종합하면서 구글은 이미 검색 결과 순서를 정하는 데 대중의 집단 지성을 이용하고 있다. 웹상의 민주주의는 구글 문화의 일부다. 하지만 페이지랭크만이 유일한 대규모 집단의 집단 지성을 활용하는 방안은 아니다. 그래서 나는 구글 결정 시장(Google Decision Markets)을 만드는 것을 제안한다."

모든 예측 시장은 혁신가와 초기 챔피언을 필요로 한다. 구글의 혁신가들은 카우길과 그가 발굴한 4명, 일리야 커노스(Ilya Kirnos), 더그 뱅크스(Doug Banks), 패트리 프리드먼(Patri Friedman), and 포 나(Piaw Na)였다. 이 5명의 구글러들은 구글 예측 시장(Google Prediction Market,

줄여서 GPM)을 시작했고 이를 뒷받침할 정보 시스템을 개발했다.

챔피언은 할 바리안(Hal Varian)이었다. 바리안은 캘리포니아대의 하스 경영대(Haas School of Business) 교수다. 2003년 이후 그는 구글을 떠나있는 상태다. 바리안은 미국에서 가장 존경 받는 정보 경제학자다. 포춘지는 최고 비즈니스 지식인 50에서 그를 9위로 선정했고 그의 책 『정보법칙을 알면 .COM이 보인다(Information Rules)』를 최고의 전략 책 75로 선정했다.

바리안의 주장은 세르게이 브린과 래리 페이지와 함께 큰 설득력을 가진다. GPM 계획 회의에 참여한 바리안은 그의 존재만으로도 필수 승인 도장을 찍어준 것과 다름없었다. GPM은 2005년 4월 출시됐다. GPM의 목적은 제품 출시일, 새로운 사무실 오프닝 등 거의 모든 전략적 중요성을 띄는 사안을 예측하는 것이었다.

구글은 예측 시장을 시작하기에 완벽한 조직인 것으로 나타났다. 매니저가 수익을 만들 방법을 구상한 다음 제품을 만드는 다른 대부분의 회사와는 다르게, 구글은 발명가들이 먼저 문제를 어떻게 해결할지 고민하고 그 해결 방안으로부터 어떻게 수익을 창출할지 고민하는 문화를 갖고 있기 때문이다. 문제를 확인하고 해결할 수 있는 새로운 방식들은 구글 문화에 다 잘 맞는다. 구글은 완전히 고정관념을 깨부수는 생각이나 비 검색 상품에 대한 실험을 모두 받아들인다. 지메일과 구글맵이 그 예이다. 구글의 20번째 직원이자 첫 여성 엔지니어였고 현재 위치 서비스(Location and Local Services) 부회장인 마리사 마이어(Marissa Mayer)는 구글 신제품 중 80퍼센트는 실패하겠지만 나머지 20퍼센트는 기억할 만할 거라고 얘기했다. 확실히 성공할 제품에만 투자하지 않고 두루 투자한다는 의미다.

구글은 직원들의 시간을 할당하는 것처럼 혁신을 위한 예산을 책정한다. 기술자 직원들은 80퍼센트의 업무 시간을 핵심 검색 및 광고 비즈니스에 사용하고 나머지 20퍼센트는 그들이 원하는 프로젝트에 쏟는다. 매니저들은 70퍼센트를 핵심 사업에 매진하고 10퍼센트는 완전히 새로운 사업과 제품에 써야 하며 나머지 20퍼센트는 연관은 있으나 완전히 다른 프로젝트에 할당해야 한다. 첫 6개월 동안 50개의 새로운 제품들이 이 20퍼센트 시간에서 만들어졌다. 몇 개를 나열하자면 지메일, 애드센스, 구글뉴스다. 한 구글러는 그의 20퍼센트 시간을 이용해 클링온(Klingon: 스타트렉에 나오는 외계 종족) 언어로 된 구글 검색 인터페이스를 만들었다. 카우길과 4명의 동료들은 그들의 20퍼센트 시간에 GPM을 개발했다.

구글의 예측 시장의 약 3분의 1은 구글 자체를 대상으로 한다. 예를 들면 "구글이 모스크바에 사무실을 차릴까?", "이 신제품의 베타 버전이 예정 시간에 출시될까?", "구글토크의 품질 점수는 올라갈까?" 다른 3분의 1은 수요 예측 관련이다. "얼마나 많은 새로운 유저들이 추후 3개월 동안 지메일에 가입할까?"

나머지 3분의 1 중에서 절반은 구글에 영향을 줄 수 있는 요소에 관한 것이다. "애플이 인텔 기반 맥을 출시할까?", "파이어폭스 웹브라우저의 시장 점유율은 10퍼센트 오를까?"

완전히 접근하기 어려운 질문들은 회사 주식 가격이나 분기 실적에 대한 것들이다. 이런 질문들은 증권 법에 따라 구글러 투자자들을 내부자로 만들 수 있기 때문이다.

나머지는 재미와 동기부여를 위한 질문들이다.

"어느 팀이 NBA 파이널에서 우승할까?", "누가 '견습생'(the Apprentice)이 될까?(트럼프가 진행했던 NBC의 리얼리티 쇼)", "스타워즈 에피소드3은 재미있나?" 직원들이 재미있는 시장에서 경험을 얻으면 프로젝트 완성과 수요 예측 질문으로 넘어간다.

구글은 이런 예측 시장의 가격들이 정확한 예측치라는 것을 발견했다(참조 표 7-1). 잉클링이 그랬던 것처럼 예측 시장은 현실화될 가능성에 따라 가격이 변동되었다. 차트 만드는 것을 끝냈을 때 GPM은 1,500명의 투자자들과 8만 번의 거래와 함께 280개의 예측 시장을 가동했다.

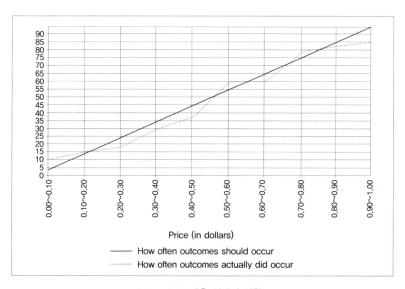

Price (in dollars)

—— How often outcomes should occur

·········· How often outcomes actually did occur

표 7-1 구글 예측 시장의 정확도

출처: 보 카우길, Google as a Prediction Market, O'Reilly Money Tech Conference에서의 발표, 뉴욕, 2월 2008, http://googleblog.blogspot.com/2005/09/putting-crowd-wisdom-to-work.html

표 7-1의 가로축은 마지막 거래 가격을 나타낸다. 세로축은 얼마나 자주 예측 결과가 실제로 일어났는지를 나타낸다. 직선은 얼마나 자주 결과가 실제로 나타나야 하는지를 의미한다. 0.8 확률을 예측하면 그 이벤트는 80퍼센트 확률로 나타나야 한다. 들쭉날쭉한 선은 얼마나 자주 실제 사건이 일어났는지 보여준다. 인트레이드 그래프에서 그랬던 것처럼, 두 선은 놀랍도록 가깝다. 구글의 예측은 약 90퍼센트 정확도를 가진 것으로 받아들여진다.

여기서 동일하게 중요한 점은 GPM들이 굉장히 이른 시점에 결과를 이미 예측했다는 것이다. 빠르면 시장 마감 10주 전 가장 높은 주가 결과는 실제 발생할 확률이 제일 높았다. GPM의 예측은 결정력 있기도 하다. 가장 일어날 확률이 높은 결과의 주가가 올라가면 더 많은 정보가 시장에 유입되면서 다른 결과들의 주가는 감소한다.

구글 직원들로부터의 종합 예측들은 종종 사내 인하우스 전문가들 보다 더 나은 성과를 보여준다. 마이크로소프트의 야후! 인수 여부와 관련된 질문처럼 거래량이 많은 질문에는 예측 정확도가 더 높다. 그리고 투자자들은 시간이 지남에 따라 학습하기 때문에 GPM에 오래 투자한 직원일수록 더 성공적인 트레이딩 기록을 갖고 있을 확률이 크다. 이에 대한 한 흥미로운 경고는 GPM 내에서의 직원 성과는 특정 직급 이상에서는 계속 하락한다는 것이다. 아마 더 높이 올라갈수록 직원의 사고방식이 회사 정책과 비슷해지고 독창적인 투자를 더 적게 하기 때문일지 모른다.

할 바리안은 예측 시장에 대해 이렇게 말했다.

"나는 시장이 정확할 것이라고 기대했다. 왜냐면 이 시스템들 내에는 많은 학식과 경험이 들어있기 때문이다. 그런데 결과는 내 기대를 훨씬 뛰어넘었다."

구글이 성취한 결과와 이로 인한 언론의 주목은 수백 개의 다른 조직들이 예측 시장에 투자하도록 열기를 북돋았다.

구글은 모든 직급의 직원들이 이런 시장에서 내부 정보를 가지고도 거래할 수 있도록 하고 있다. 회사는 가상 게임 머니 구블(Goobles)를 사용함으로써 정부 도박 규제 법 위반을 피한다. 각 투자자들은 1만 구블을 매 3개월마다 받게 되는데 금액을 한 번에 다 주면 투자자가 바로 다 사용해서 거래를 잘 안 할 것을 염려해 주 단위로 나눠서 준다.

구블은 인하우스 복권 티켓으로 바꿔 사용할 수 있다. 복권 추첨은 한 분기의 마지막에 이루어지고 한 구블 당 한 장의 티켓을 받을 수 있다. 6개의 티켓이 임의로 선택되고 티켓 하나 당 미화 1천 불의 상금이 달려 있다. 가장 열심히 활동한 트레이더도 분기마다 선정하며 1천 불을 준다. 다른 트레이더들은 상품권과 특별한 티셔츠를 받는다. 분기당 총 상품 금액은 1만 불에 달하며 이는 트레이더 당 평균 40불에 해당하는 가격이다.

복권 시스템 사용은 3개월의 기간이 끝나 시장을 리셋하는 데서 발생할 수 있는 문제를 제거한다. 복권 없이는, 야망 있는 트레이더의 경우 더 큰 수익을 올리려는 희망에 확률이 적은 결과를 소유한 구블로 다 사고 말 수도 있다. 예를 들면 '토론토 랩터스(Toronto Raptors)가 NBA 챔피언십에서 우승한다'에 다 거는 것이다.

만약 랩터스가 우승하지 않았다면 트레이더는 그의 모든 구블을 잃겠지만 실제 금전적 손해를 보지는 않는다. 그는 다음 분기에 새롭게 들어온 1만 구블을 갖고 새 게임을 시작할 것이다. 이때 복권은 직원들이 현명하게 거래하고 분기 마지막까지 가장 많은 구블을 갖고 있을 수 있도록 격려한다. '예측 시장의 규칙은 사건의 결과에 대한 투자자들의 실제 믿음을 바탕으로 한 트레이드를 고무시켜야 한다'는 예측 시장 구축에 있어서 꼭 고려해야 할 부분을 반영한 것이다.

이 예측 시장은 참여 투자자들에게 장기적으로 어떤 의미가 있을까? 만약 구글러가 구블을 잃고 그 모습을 주변 직원들이 다 본다면, 이는 그 직원이 매니지먼트 능력이 부족하다는 뜻일까? 수익을 크게 올리는 투자자들이 유망한 인재인 걸까? 구글 직원들은 그들이 유망 인재라고 생각하지만 사실 돈을 잃는 사람들도 다음 분기에 계속 참여한다.

예측 시장을 창립한 5명의 구글러들은 인사이더들도 트레이드할 수 있게 해야 하는지 고민했다. 기업 예측 시장에 나오는 많은 질문 중에는, 기업 내에서 이미 해당 문제를 다루고 내부 정보를 가진 직원들이 존재한다. 지메일 팀에 있는 직원들은 "이번 분기 마지막의 지메일 사용자 숫자는?"이라는 질문에 투자해도 되는 걸까? 빤한 반응은 공공 주식 시장처럼 예측 시장에서도 인사이더 트레이딩은 자유로워야 한다는 것이다.

그리고 이 빤한 답은 틀렸다. GPM의 목적은 거래 시장의 수준을 맞추는 것이 아니라 가능한 최고의 예측을 만드는 것이다. 이를 위해서는 가장 정확한 정보를 갖고 있는 투자자가 거래하도록 장려해야 한다. 만약 인사이더가 단순히 부서에서 이미 예측한 수치를 그대로 반복한다면, 그는 주가를 원래 맞는 가격으로 다시 내려놓는 역할을 하게 된다. 구글은 직원들이 일하고 있는 프로젝트에 반대로 투자하기를 원한다.

시초부터 GPM은 거래하는 직원 수가 너무 적은 문제를 갖고 있었다. 2010년 3분기에는 총 7,100명의 직원들이 예측 시장 계정을 갖고 있었는데 23,000명의 교양 있고 기술적으로 뛰어난 구글러들이 있다는 점에 비춰보면 굉장히 적은 수다. 오직 1,625명만이 해당 기간 제공된 30개의 계약 중 한 개를 거래했다. 시장은 더 많은 참여자들이 있을 때 더 좋은 결과를 가져온다. 큰 참여자 숫자는 큰 가격 변동 없이 쉽게 거래할 수 있게 한다. 그렇다면 어떻게 더 많은 구글러들이 등록하고 거래하도록 할 수 있을까?

카우길의 접근 방법은 돈을 제공하는 것이 아니라 트레이딩 자체를 더 열린, 사교적인 모습으로 만드는 것이었다. 카우길과 동료들은 인센티브에 대해 많은 시간을 고민하며 보냈다. 패트리 프리드먼은 수백만 불을 버는 직원들에게 상금 1,000불은 큰 의미가 없다고 주장했다. 대신 그는 "구글은 티셔츠 경제다. 사람들은 자발적으로 다양한 행위를 한다. 심지어 멋있는 티셔츠 한 장 받으려고 다른 팀을 도와주기도 한다."라고 했다.

명성에 기반한 리워드 시스템의 가치를 증명할 증거가 있다. GPM은 2006년 월드컵 토너먼트 결과를 질문에 추가했다. 하지만 파이널이 개최된 기간 문제로 예측 시장의 우승자들을 2주 뒤 발표했다. 카우길이 우승자 명단을 발표했을 때, 누가 상금을 타게 됐는지 얘기하는 것을 깜박했다. 그런데 구글러 중 이를 눈치 챈 사람은 아무도 없었다. 티셔츠는 언제 주냐며 이메일로 서로 물어보기 바빴다.

몇 주 뒤, 카우길은 한 투자자로부터 불만 이메일을 받았다.

"제 등수가 20위보다 높다고 하셨는데 저는 티셔츠를 못 받았어요."

알고 보니 이 이메일을 쓴 사람은 상금 1,000불의 수령자로도 선택돼서 티셔츠 리스트에서는 삭제된 것이었다. 이 티셔츠에 대한 이메일을 통해 그제야 카우길은 상금 수상자를 발표하지 않은 것을 깨닫게 됐다.

이후 한 달 동안 카우길은 상금 수상자를 발표하지 않았다. 그리고 여전히 묻는 사람은 없었다. GPM 투자자들은 그들의 시스템 내 순위나 그들의 위치를 보여주는 티셔츠 등 명성에 연관된 상에 대해 더 궁금해 했다.

하청업체와 공급업체가 참여할 수 있는 몇 가지 질문들을 제외하고서는, GPM은 아직까지 내부 직원들만 참여할 수 있다. 투자자 제한은 아주 적은 확률이지만 회사가 도박장을 운영한다는 이유로 고소당하는 가능성으로부터 더 확실한 보호를 제공한다. 하지만 구글은 이런 조심스러움이 가치가 있는지 잘 고민해봐야 한다. GPM을 실리콘 벨리의 다른 괴짜들에게 공개함으로써 얻을 수 있는 혁신적인 아이디어들을 생각해보라!

구글은 GPM이 의도치 않게 직원들의 사적인 인간관계를 더 넓히는 효과가 있다는 걸 발견했다. GPM에 참여하고 있는 다른 부서의 직원들끼리 만날 확률이 높아진 것이다. 카우길은 이 시장은 "직원들의 대화의 장"이라고 말했다.

"사내 정치와 무관하게 대화가 발생한다. 아무도 그 누구에게 아부하거나 숫자를 부풀려 말하거나 공격할 필요가 없다. 참가자들은 누가 반대편에 서 있는지, 그게 동료인지, 회사 마사지사인지, 세르게이 브린인지 아무도 모른다."

보 카우길과 경제학자 에릭 지트제위츠, 그리고 저스틴 울퍼스는 GPM 결과 내에 존재할지 모르는 시스템적 편향을 확인하기 위해 구글 데이터를 분석했다. 첫 번째로는 낙관주의적 편향이 있다. 구글 제품들에 대한 판매 예측은 약 10퍼센트 비싸게 매겨져 있다. 낙관주의는 신입 직원들에게서 더 쉽게 찾을 수 있고 구글 주가가 상승할 때도 자주 발생한다. 이는 크게 놀라운 소식은 아니다. 신입 구글러는 회사에 열정을 가득 가지고 온다. 이들은 또 구글 입사 초기에 스톡옵션을 받는다. 구글에서 오래 일했고 트레이딩 경험이 많은 직원들은 낙관주의적 편향을 더 적게 보인다. 따라서 집단의 경험치가 증가할수록 시장은 더 좋은 결과를 보여주게 된다.

2008년 전미경제학회(American Economic Association) 미팅에서 보 카우길은 어떻게 구글러들이 정보를 공유하는지 연구한 결과를 발표했다. 구글은 모든 사무실 내 책상의 GPS 위치를 알고 있다. 책상이 사무실 칸막이 안에 있는지 열린 공간에 있는지, 직원이 책상을 새로운 위치로 움직였는지 알 수 있다. 카우길은 이 데이터를 이용해, 같은 물리적 공간에 있는 투자자들은 똑같은 트레이드를 동시에 하는 것으로 나타났다. 큐브메이트(Cube-mate; 사무실 같은 칸막이를 사용하는 직장 동료를 일컫는 말)가 미래 트레이딩 결정의 최고 예측 요인인 것이다. 사무실 위치를 바꿔 큐브메이트가 바뀐 구글러는 트레이딩 행동도 같이 변했다.

구글에서의 믿음은 사회, 언어, 인종 그룹 혹은 어떤 대학 학위를 갖고 있는지에 따라 모이는 것이 아니라 각 책상 사이 거리로 측정된 물리적 근접성에 따라 무리를 지었다. 직종이나 사회적 접촉으로 인한 관계도 있지만 이는 물리적 근접성에 따른 관계 보다 영향력이 별로 크지 않다. 이 발견은 에릭 슈미트와 할 바리안의 유명한 직원 관리 법칙을 보강한다.

"모두 한 곳에 모아라(Pack Them In)."

이들은 다 모여 있다. 세르게이 브린과 래리 페이지는 사무실을 같이 쓴다. 이전 CEO였던 에릭 슈미트는 한 소프트웨어 엔지니어와 방을 같이 썼다. 할 마리안과 보 카우길은 카우길이 2009년 버클리 비즈니스 박사 과정 입학을 위해 회사를 그만둘 때까지 같이 사무실을 사용했다.

GPM을 넘어서 모든 구글 검색 엔진 자체가 한 '부족'의 사람들이 그 부족의 선호도에 투표하는 예측 시장의 연습이다. 이 무의식적 투표는 검색하고자 하는 정보를 구글이 처리하는 동안 혹은 검색자가 온라인 사이트를 방문할 때 일어난다.

당신이 레스토랑이나 바의 웹 사이트에 접속할 때마다 당신은 그 장소에 투표하는 것이다. 만약 그 웹 사이트에 오래 머무르면 당신의 표는 더 중요해진다. 구글은 보통 당신이 어디 출신인지 알고 있기 때문에 당신과 같은 사람들의 부족이 어느 사이트를 찾는지 또는 얼마나 시간을 거기서 보내는지 등의 행동을 분류 및 기록할 수 있다. 시카고의 부유한 외곽 지역인 에반스톤(Evanston)에서 회사 출장으로 온 사람들에게 가장 유명한 뉴욕 레스토랑은 어디일까? 이 부족은 맨해튼에 머무르는 동안 어떤 바에 갈까? 아무 맨해튼 레스토랑의 이름을 검색한 에반스톤 부족의 모든 멤버들에게 그 뉴욕 바의 광고를 보여줘야 할까?

뉴욕의 분석 회사 센스 네트웍스(Sense Networks)는 이 예측 아이디어를 차용해 모바일 기기 정보를 사용한 부족 연결로 확장시켰다. 회사의 시티센스(Citysense) 프로그램은 사용자가 어디에 살고, 쇼핑하고, 먹는지 추적한다. 사용자가 휴대폰을 들고 돌아다닐 때 통신 타워와 와이파이 네트워크와 연결되고 이 때 수집한 사용자의 위치 정보를 글로벌 위치 시스템에 전송한다.

이게 바로 정확한 전화 요금 계산을 위해 전화 발신자의 위치를 전화 회사에 알려주는 시스템이다. 동일한 시스템은 자동차 GPS로 하여금 낯선 도시에서 당신의 위치를 정확히 알려주는 기능도 한다. 구글의 위도 애플리케이션은 이 정보를 사용하여 휴대폰 가입자들로 하여금 배우자와 친구들이 교통 체증에 걸려 있는지, 회사에 여전히 있는지 이들의 위치를 확인할 수 있게 한다.

시티센스는 GPS 기능을 활용해 휴대폰 소지자들이 도시를 활보하는 동안 그들의 위치를 추적한다. 만약 당신이 롱아일랜드 시의 스미스 가에서 대부분 밤을 보낸다면 아마 당신은 거기에 살고 있을 것이다. 그러면 시티센스는 그 위치의 우편번호를 확인할 수 있다. 이 소프트웨어와 종합 인구 조사, 다른 데이터를 이용해 회사는 당신의 종교, 가계 소득, 결혼 상태, 자녀 수, 교육 수준, 뒷마당 정원의 사이즈를 추측할 수 있다(많은 온라인 사이트들이 접속자에게 우편번호만 입력하라고 요청하는 이유가 바로 이것이다). 만약 당신이 '중년의 유대인 고소득자' 카테고리에 속한다면, 당신은 포커 사이트 광고가 번쩍여도 별로 짜증내지 않을 것이다. 왜냐하면 당신은 도박할 확률이 아주 적기 때문이다.

만약 당신이 맨해튼을 방문한다면 시티센스의 분석가들은 당신이 정한 행선지에 따라 선택한 레스토랑, 바, 호텔들을 알게 된다. 당신은 한 레스토랑과 바에 매일 가는 의리 있는 사람인가 아니면 매일 새로운 곳에 가는 사람인가? 롱아일랜드 시 부족은 뉴욕 현대 미술관, 메트로폴리탄 미술관, 구겐하임 미술관 중 어디를 더 선호하는가?

무의식 시장을 이용해 새 다정한 동반자를 만나기 제일 기회가 좋은 날이 언제인지 어떻게 예측할 수 있을까? 결혼 정보 사이트인 오케이큐피드(OkCupid)는 최근 이 질문에 대해 답하려고 했다. 먼저 회사는 4개 질문의 응답을 바탕으로 새로운 관계에 대해 열린 마음의 정도를 확인해 '성적으로 오픈됨' 카테고리를 만들었다. 이 질문들은 성관계에 대한 의견 중 '연애의 우선순위', '첫 데이트에 성관계를 가질 의향이 있음'으로 선택하는지와 스스로 '외향적'이라거나 '모험적'이라고 설명하는지 물었다. 이후 회사는 뉴욕 시, 워싱턴 DC, 보스턴에 있는 '오픈된' 그룹들의 휴대폰을 이용해 이들의 행동을 추적했다. 그러면 어느 날이 헤매는 싱글들에게 제일 좋은 날일까? 바로 수요일이다. 목요일은 2위고 그 다음은 토요일, 그 다음은 금요일이다. 과연 여론조사로 이 질문을 답하려 했다면 이렇게 확인하는 게 가능했을까?

만약 당신의 휴대폰이 송전탑과 신호를 주고받고 있다면 당신의 위치는 180미터 이내에 정확히 찾아질 수 있다. 블랙베리, 아이폰, 노키아 같은 최신 휴대폰들은 전 세계 1억2천만 와이파이 통신망 교점을 활용한다. 이 교점을 이용해 당신의 위치를 7미터 이내로 확인할 수 있다. GPS의 한계점은 2012년 기준 1미터다.

만약 뉴욕 시 휴대폰 내에 시티센스 애플리케이션을 갖고 있다면, '내 위치 확인' 아이콘을 눌러서 당신과 같은 사람들이 많이 가는 탑5 장소들을 볼 수 있다. 구글은 현재 자사 기술과 이런 타입의 휴대폰 정보를 종합하여 특정 단어를 검색 엔진에 입력했을 때 어떤 광고를 잘 예측해서 보여줄 수 있는지 연구 중이다.

구글은 GPM이 시행되기 전에 비싼 결정을 내린 적이 있다. 2004년 초, GPM이 시작되기 일 년 전, 8월에 주식 공모(IPO)를 시작한다고 발표했다. 아이오와 전자 시장(IEM)은 구글 주식의 '알맞은' 가격을 예측하고, 시장이 구글에게 조언하고 있던 모건 스탠리와 크레딧 스위스 퍼스트 보스톤(Credit Suisse First Boston) 투자 은행가들만큼 정확하게 예측할 수 있는지 보기 위해 구글 주식 예측 시장을 출시했다.

주식 공모가는 매우 중요하면서도 어렵다. 투자 은행가들이 받는 수백만 달러에도 불구하고 이런 새로운 이슈에는 시스템적 저평가가 존재한다. 저평가란 공모가가 주식 상장 첫날 거래가보다 낮은 경우를 일컫는다. 돈은 테이블 위에 남겨진다. 주식 발행 회사는 돈을 더 받았어도 됐었다. 악명 높은 이베이와 아마존의 주식공모를 떠올려 보라.

잘못된 가격 책정의 위험을 줄이기 위해, 구글은 주가 책정 전에 역경매를 진행했다. 잠재 투자자들은 투자 딜러에게 얼마나 많은 주식을 살 건지, 그리고 얼마만큼 돈을 낼 의향이 있는지 말해야 했다. 구글이 예상 가격 범위를 제공했지만 투자자들은 더 낮거나 더 높게 제시할 수 있었다. 그 뒤 투자 은행들은 주식을 분할하고 공모가를 책정하기 위해 투자자들이 제의한 액수를 활용했다.

역경매 방식을 사용했는데도 투자 은행가들은 여전히 너무 낮은 금액을 추천했다. 구글의 2004년 8월 주식공모는 총 14억 불을 조달했고 투자 은행에게 4천5백만 불을 지불했다. IEM의 마지막 예측 주가는 거래 첫 날 종가보다 4퍼센트 높았다. 만약 구글이 투자은행이 추천한 가격이 아닌 IEM 가격을 따랐다면, 구글은 10퍼센트 더 적은 주식을 팔았겠지만 대신 2억 불을 더 조달할 수 있었을 것이다.

📈 2-2
베스트바이(Best Buy)

전문 분야 내에서 새로운 아이디어가 고안됐을 때 그 아이디어
는 진실성을 갖는다.

— 브래들리 앤더슨(Bradley Anderson), 베스트바이 전 CEO.

이 회사를 만드는 건 직원들이다. 우리는 항상 그들의 말을 들을
준비가 되어 있다.

— 베서니 킨셀라(Bethany Kinsela), 베스트바이 임원.

2010년 490억 불 매출과 운영 수익 11억 불을 달성한 베스트바
이(Best Buy)는 세상에서 제일 큰 소비 가전제품 판매 회사다. 베스
트바이의 매니지먼트 품질은 너무 뛰어나서 포브스지가 '올해의 기
업'으로 선정할 정도이며 포춘지는 '가장 훌륭한 기업'(Most Admired
Companies) 리스트에 베스트바이를 꼽았다. 하지만 이런 이름들이 말
단 직원이 임원진에게 의견을 전달할 수 있는 환경을 의미하지는 않
는다. 하지만 기업이 사용하는 예측 시장에 관해서는 베스트바이는

구글보다 더 잘 알려져 있다. 베스트바이의 시장 지혜는 서킷시티(Circuit City)가 망해가는 동안 회사가 융성할 수 있도록 큰 도움을 주었다.

베스트바이는 총 15만 명을 고용했으며 그중 11만 5천 명은 미국 내에서 고용하고 나머지는 캐나다, 멕시코, 중국, 영국, 그리고 유럽 대륙에서 고용한다. 대부분은 매장에서 고객 응대를 담당한다. 대부분의 리테일 기업들이 그러하듯 베스트바이도 높은 이직률을 갖고 있다. 몇 년 전에는 145퍼센트였는데 2011년에는 50퍼센트로 내려왔다. 예측 시장을 이런 환경에서 운영하는 것은 안정적이고 고학력 노동자들을 지닌 라이트−솔루션스나 구글보다 훨씬 더 어려워 보인다.

2005년, 당시 베스트바이의 고객 및 브랜드 마케팅부 부회장이었던 37살의 제프 서버츠(Jeff Severts)는 그런 환경에서도 예측 시장을 사용할 수 있다는 것을 증명해냈다. 그는 이후 태그트레이드(Tag-Trade)로 알려진 예측 시장을 시작했다. 그는 예측 시장을 시작한 이유로 다음과 같이 말했다.

"대기업들은 공산주의 국가들 같다. 공산 국가들이 얼마나 잘 작동했는지 우린 모두 알고 있다. 나중에는 다 무너졌지만 이는 리더가 멍청해서가 아니라 결정권을 가진 고위층 리더에게 그 누구도 어떤 결정을 해야 한다고 말하지 않았기 때문이다."

서버츠의 최초 동기는 그의 새로운 부회장직과 함께 물려받은 예측 시스템을 더 향상시키고자 함이었다. 베스트바이는 매달 판매 예측을 했다. 8개의 구매 팀들은 각각 예측치를 내놓으면 8개의 예측치를 종합했다. 이 방식의 문제는 인적 요소만큼이나 기대 수요에 따라서 예측치가 나온다는 것이었다. 예측치는 단순히 제품 구매의 기초뿐만 아니라 예산, 보너스, 승진 등을 결정했다. 임원들은 자신들이 맞출 수 있거나 넘어설 수 있는 구매 목표치를 원했다. 너무 낮게 목표치를 설정하면 제품을 너무 많이 주문해 비판 받을 수 있다. 너무 적게 주문하면 수요를 맞추지 못해 비판 받게 된다. 더 나은 시스템이 필요했으나 변화에 대한 거부감을 느끼는 사람들도 있었다. 임원들은 기존 시스템 내에서 어떻게 일하면 되는지 방법을 알고 있다고 생각했다.

구글의 에릭 슈미트나 보 카우길(7장 참조)처럼, 서버츠는 베스트바이에서 열린 매니지먼트 세미나에서 비슷한 주장을 펼친 제임스 서로위키의 아이디어에 자극을 받았다. 서로위키는 "많은 변수가 사건 예측에 영향을 끼치는 경우에는 다양한 그룹의 회사 직원들이 전문가들보다 더 나은 결과를 만들어낼 수 있다."고 말했다. 서로위키는 고객들이 특정 브랜드의 휴대폰에 더 적은 관심을 보인다는 것을 눈치 챈 베스트바이 팀장을 예로 들었다. 물류창고 직원은 느린 제품 회전율을 통해 더 일찍 그 경향을 눈치 챘을지 모른다.

하지만 팀장도, 창고 직원도 그 정보를 임원진에게 이야기할 이유도 인센티브도 없었다. 서로위키는 예측 시장을 통해 도출된 결과는 베스트바이의 현재 세일즈 예측 시스템처럼 인간이기에 갖게 되는 인지적 왜곡의 대상이 되지 않을 것이라고 말했다. 왜냐면 직원들은 정보에 대해 공통의 접근권한을 갖고 있기 때문에 소비자들에게 더 이른 주의를 촉발시킬 수 있다.

서로위키의 발표에서 얻은 서버츠의 깨달음은 휴대폰 판매 예측이나 판매 예측 시스템 쇄신을 위한 예측 시장 구성을 넘어섰다. 서버츠는 예측 시장을 통해 베스트바이의 중요 계획에 대한 직원들의 피드백을 받고 싶었다. 당시 베스트바이는 고객 특성 중 하나만 타겟하는 방식으로 매장을 변경 중이었다.

이는 고객 중심(Customer centricity)이라 불리는 방식인데, 시장세분화 전략의 일환으로 각 매장을 하나 이상의 카테고리에 지정한다. 예를 들면 홈시어터 괴짜, 사커맘(Soccer mom), 보통 전자제품 구매자, 미국 중산층 등으로 나누는 것이다. 한 극단적인 사례로, 텍사스주 베이타운에 위치한 베스트바이 스토어 952 매장은 화물선과 유조선에서 나와 휴가 중인 동유럽 선원들을 대상으로 한 전자제품 판매에 집중하는 것을 선택했다. 각 매장은 맞춤형 제품과 서비스로 고객 그룹을 놀랍게 해야 했다. 이를 위해 952 매장은 아이팟과 애플 노트북을 매장 앞으로 가져오고 해외 전압기와 묶어 팔았다. 고위 관리급들은 금융 분석가들에게 고객 중심 방식으로 수익 창출과 고객 충성도를 얻을 수 있다며 홍보했다.

고객 중심 계획은 큰 자본 투자를 필요로 했다. 이 투자에 걸맞은 수익이 생길까? 이 콘셉트에 대한 고위 경영진의 활발한 지지를 보았을 때, 콘셉트에 의심을 가진 사람들이 나서서 얘기했을 확률은 적다. 고객 중심은 첫 베스트바이의 예측 시장에 큰 화제가 될 것으로 보였다.

하지만 그렇지 않았다. 서버츠가 회장 자리에 의문을 제기하기 위해 시장 메커니즘을 이용하는 것은 어떠냐고 하자 아무도 이와 연관되고 싶어 하지 않았고 그의 커리어를 제한할 수 있는 아이디어라는 것을 알게 됐다. 그때 고위 간부인 마이크 린튼(Mike Linton)이 좋은 조언을 했다. 그는 만약 한 아이디어를 시험해 보려고 한다면, 먼저 스스로에게 테스트해 보라고 했다. 그리고 이는 서버츠의 '어떻게 적대심을 최소화하면서 예측 시장을 시작할 수 있는지' 리스트의 첫 번째 교훈이었다.

서버츠의 담당 업무 중 하나는 그의 포트폴리오에서 빠르게 성장 중이었던 베스트바이의 기프트 카드 사업이었다. 기프트 카드 매출 예상은 다른 예측치들과 종합되지 않았고 곧장 그에게로만 보고됐다. 기프트 카드는 자신에게 테스트해 볼 수 있는 완벽한 시장이었다.

초기 방법은 단순한 온라인 설문조사였다. 서버츠는 210명의 직원들에게 이메일을 보내 2005년 2월까지 베스트바이가 얼마나 많은 기프트 카드를 팔지 예측해보라고 했다. 우승 상품은 50불 기프트 카드였다. 또한 직원들에게 실제 이전 12개월간의 기프트 카드 매출 자료를 보냈다. 서버츠는 총 190개의 응답을 받았다.

3월 4일, 2월의 기프트 카드 매출 자료가 나왔다. 실제 매출과 비교했을 때, 기존 방식의 매출 예측치는 5퍼센트 빗나갔다. 190명 참여자들의 평균치는 0.5퍼센트 오차였다. 서버츠는 '대중이 이긴다'(The Crowd Wins)라는 제목과 함께 이 결과를 보고하는 이메일을 보냈다. 첫 답장을 보낸 사람은 예측 팀 이사였다. 축하하는 내용은 아니었다. 그녀는 자신의 팀원들이 창피를 당했다고 했다. 기프트 카드 시장은 두 번째 교훈을 안겨줬다. 시장 결과가 절대 현재 매니저들에게 부정적으로 해석될 수 있지 않게 조심할 것.

서버츠는 왜 이런 일이 일어난 건지 그의 해설을 빠르게 알렸다.

당연히 예측 팀은 시장에 참여한 일반 예측가들보다 지식이 더 많다. 하지만 190명의 시장 참여자들은 더 넓은 층의 정보와 인사이트를 대표했다. 서버츠는 기프트 카드 실험이 이례적이었던 건지 확인하기 위해 추후 '시장 대 전문가' 테스트를 더 진행할 것이라고 했다.

하지만 이는 "단순한 서베이가 조직 위로 올라갈수록 정보를 더 왜곡시키는 여러 필터를 다 제거할 수 있다."는 것을 보여준다고 서버츠는 말했다. 그는 베스트바이의 직원들이 서로위키의 발표에서 그가 배웠던 것을 반영하는 정보와 인사이트를 갖고 있다는 데 확신을 갖게 됐다.

서버츠의 두 번째 실험도 역시 온라인으로 이루어졌다. 그는 참여자들에게 2005년 블랙 프라이데이에서 크리스마스 이브까지 베스트바이의 매출을 예측하라고 요청했다. 블랙 프라이데이는 미국 추수감사절 다음 날로, 리테일 기업들이 연간 손실에서 연간 수익으로 바뀌는 날을 의미한다. 서버츠는 참여자들에게 2004년 동일 기간의 매출 데이터와 2005년 첫 3달의 연간 매출 성장률 자료를 주었다.

연말연시 매출 예측 시험은 아주 중요하다. 너무 낮은 예측은 손해를 나타낸다. 제품들을 바로 주문해서 제 시간에 받을 수 있지 않기 때문이다. 너무 높은 예측치는 재고품 초과로 이어진다. 소비 가전재는 그 가치가 빠르게 절하된다.

이 실험은 서버츠가 처음으로 베스트바이 시장이 매출을 예측할 수 있는지 알게 될 기회였다. 시장 참여자들의 예측은 예측 팀의 결과와 비교되지 않았지만 전문가들, 8개의 구매 팀의 예측치와 비교됐다. 그는 이번에 예측자들에게 14주에 걸쳐 새로운 정보나 이벤트에 반응할 수 있도록 매주 예측을 변경할 수 있게 했다. 이때 발생한 이벤트의 예를 들자면 허리케인 카트리나와 오일 가격의 큰 상승이다.

이 예측 시험을 위해 서버츠는 상품을 2배로 늘려 100불짜리 기프트 카드를 걸었다. 시장 초기에 350명이 참여했다. 2006년 1월 6일 결과가 발표됐다. 크리스마스 4개월 전, 예측 전문가들은 93퍼센트 정확하고 예측 시장은 99.9퍼센트 정확한 것으로 나타났다. 전문가들의 결과는 시간이 지나면서 조금씩 향상되어 11월 24일 시장 마감일에는 94퍼센트를 기록했다. 동일 기간 동안 참여자 수가 60명으로 줄면서 예측 시장의 결과는 조금씩 안 좋아졌다. 하지만 적은 참여자를 갖고서도 예측 시장은 11월 24일 98퍼센트 정확도를 기록했다.

두 테스트 결과를 갖고 서버츠는 회사 미팅에서 그의 시장 콘셉트 통과를 추진하기에 충분한 증거를 갖췄다고 생각했다. 그의 발표는 베스트바이를 소련과 중국의 중앙계획경제와 비교했고 스탈린과 마오쩌둥의 그림을 포함했다. 그는 이 리더들은 큰 회사 임원들과 같다고 묘사했다. 이들은 조직의 민중들로부터 격리되었고 그들의 부하들은 진실을 말하길 꺼려했다. 서버츠는 시장을 기존 베스트바이 예측의 특징인 불완전한 지식과 편향들을 피할 수 있는 한 방법론으로 제시했다. 그리고 예측 시장 제안서는 통과되었다.

하지만 여전히 예측 시장에서 어떤 질문들을 사용할지에 대한 문제가 남아 있었다. 베스트바이는 다른 조직들처럼 중요한 회사 계획의 실패를 암시하는 질문은 강하게 금지되어 있었다. 투자자가 실패에 한 표를 던질 수 있는 시장은 배반으로 보였다. 최고 경영층으로

부터의 공중 엄호가 불가결했다. 이것이 바로 세 번째 교훈이었다.

"고위층 지원 없이는, 목요일 카페테리아에서 어떤 종류의 캐서롤을 먹을지에 대해 거래하는 자신의 모습을 보게 될 것이다."라고 서버츠가 말했다.

이와 연관되게 투자자들은 누가 부정적으로 예측했는지 매니저들이 찾아낼까 봐 걱정했다. 이는 시간이 지나면서 차차 사라졌다. 왜냐하면 참가자들은 익명으로 거래할 수 있었고 오직 한 사람만이 진짜 트레이더의 정체를 알 수 있다는 사실이 받아들여졌기 때문이다.

2006년 초, 서버츠는 2번의 성공적인 시장 결과를 갖고 있었고 CEO인 브래드 앤더슨(Brad Anderson)이 5만 불을 예측 시장 투자금으로 준 상태였다. 앤더슨은 시장이 잘 작동할 것이라는 데 회의적이었지만 이 실험 자체가 정보를 피라미드의 밑에서 위로 전달할 수 있는 회사 문화를 강화하는 데 도움을 줄 것이라 생각했다.

서버츠는 다른 10명의 지원자들과 함께 회사 전략이 갖고 있는 잠재 문제를 알릴 수 있는 주식 거래 활동을 기획했다. 시장은 가상의 게임 머니 상품을 이용했다. 서버츠는 이 시장의 이름을 큰 노란 가격표의 회사 로고에서 따와서 태그트레이드라 명명했다. 상업 공급자인 컨센서스 포인트(Consensus Point)는 소프트웨어를 제공했고 어떻게 시장 매커니즘을 관리할 수 있는지 자문했다.

2007년 서버츠는 2만 명의 Geek Squad라 불리는 기술자들을 관리하는 서비스 팀 부회장으로 진급했다. 몇 달 뒤 브라이언 재다이크(Brian Jaedike)가 회사 예측 시장의 매니저가 되었다.

재다이크는 파이낸스 학위를 갖고 있었다. 그는 파이낸스 부서에서 일했었고 공매도를 이해하고 이를 편하게 다룰 줄 아는 몇 안 되는 사람 중 하나였기 때문에 베스트바이의 초창기 시험 시장에서 성공을 거뒀었다.

재다이크는 또 천천히 진행하는 것을 선택했다. 그는 태그트레이드를 현 모습으로 이끈 2단계로 나눠진 로드맵을 개발했다. 1단계는 2007년 12월 시작됐고 본사 직원들만 참여할 수 있었다. 주식 거래는 미국 대선, 부동산 가격, 스포츠를 대상으로 이루어졌고 회사에 직접 연관된 것은 없었다. 1단계의 결론은 미디어의 관심을 끄는 '포퓰리스트 자산'은 모두 태그트레이드 거래를 지속해나갔고 정확한 결과를 생산해냈다는 것이다. 이것이 4번째 교훈이었다.

선거, 부동산, 스포츠와 관련된 9개 중 8개 주식에 대해서 1단계 시장은 정확한 결과를 도출해냈다. 그럼에도 불구하고 6개월의 1단계 테스트 동안 참여자 수는 1,500명에서 1,123명으로 줄었다. 낮은 참여도는 주요 문제로 계속 남아있었다. 이는 낮은 정확도 때문은 아니고 낮은 관심도를 나타내기 때문이었다.

2단계 시장은 모든 리테일 직원들에게 개방했고 트레이딩의 주요 항목들을 담은 교육 세션도 진행했다. 2단계 시장 중 3분의 1은 새로운 투자자들을 끌어들이고 남아있는 사람들의 관심을 유지하기 위한 포퓰리스트 질문들이었다. 3분의 2는 베스트바이 이슈에 대한 것이었다. 한 포퓰리스트 질문은 컨퍼런스 콜 동안 얼마나 자주 CEO 브래드 앤더슨이 '라이프스타일 그룹'이라는 말을 사용하는지에 대한 것이었다. 시장은 이 숫자를 너무 과대평가했다. 어쩌면 편향된 결과일 수 있다. 앤더슨은 컨퍼런스 콜 전에 이이 질문에 대해 얘기를 들었다.

2008년 서버츠에게서 영감을 받은 노트북-서비스 패키지의 분기 실적을 예측하는 증권 거래는 이후 널리 전해지는 태그트레이드의 성공담이 되었다. 베스트바이가 이 패키지를 출시하기 일주일 전, 예측 시장은 담당 팀의 공식 매출 예측치보다 33퍼센트 더 낮은 예측을 보였다. 출시일에는 25퍼센트 더 낮아졌다. 최초 매출은 비관적인 태그트레이드의 예측과 맞아 떨어졌다. 회사는 이 패키지를 철수시킨 후 다시 설계했다.

8개월 뒤, 새로운 패키지가 일정대로 출시될지에 대한 태그트레이드 증권이 생겼다. 이 증권 가격은 85퍼센트 확률로 일정대로 출시할 수 있음을 제시했다. 서버츠는 이 수치를 보고 마음이 많이 편해졌다고 말했다. 다시 디자인된 패키지는 일정대로 출시되었다.

다른 태그트레이드 시장은 참여자들에게 상해에 생긴 새로운 베스트바이 매장이 예정 일정대로 개장할지 물었다. 건설 매니저들은 그렇다고 답했다. 본사와 상하이 지사 직원들을 포함한 태그트레이드 시장은 아니라고 응답했다. 일정대로 개장에 대한 주가는 80불에서 44불로 떨어졌다. 급격한 주가 변화로 인해 경영층에 이에 대한 이메일 경고가 가기도 했다. 이 경보로 인해 상해 매장 완공에 추가적으로 더 많은 지원이 투입되었지만, 그럼에도 불구하고 개장은 한 달 연기되었다. 이후 태그트레이드 시장은 모든 새로운 베스트바이 매장 오프닝에 대해 진행되며 지속적인 높은 정확도를 보여주고 있다.

제일 성공적이지 못했던 태그트레이드 시장은 게임 모듈의 매출을 예측하는 시도였다. 이상적으로 시장의 중간치는 시장 예측 팀의 매출 예측과 일치한다. 시장가는 25퍼센트보다 더 낮아지면 안 되고 75퍼센트보다 높아지면 안 된다. 그렇게 되면 거래자들이 승률 적은 쪽을 더 지지하는 편향(long-shot bias)을 보이기 때문이다. 하지만 회사의 예측 팀의 예측치가 너무 빗나가서 태그트레이드 결과가 쓸모가 없었다. 이건 다른 버전의 쓰레기가 들어가면 쓰레기가 나오는 경우(Garbage-in, Garbage-out)다. 만약 잘못된 매출 범위 내에서 투자자들에게 가장 발생 확률이 높은 매출 레벨을 맞추라고 하면 그들은 노력은 하겠지만 결과는 쓰레기(Garbage-out)일 것이다.

이 실패는 명백한 후속 질문을 강조한다.

"만약 예측 시장이 더 정확한 예측치와 전략 해결책을 제공한다면, 높은 금액을 지불해야 하는 예측가 그룹을 고용할 필요가 있을까?"

이 질문에 대한 답은 예측 전문가들은 정확한 예측 범위를 제공하며 예측 시장에 기여한다는 것이다. 이들의 정확도를 높이기 위한 방법으로는 예측 그룹을 그들의 시장 정확성을 바탕으로 인정하거나 보상하는 것이다.

태그트레이드 시장에서 두 종류의 홈팀 편향(Home-team bias)이 발견됐다. 구글 시장에서는 투자자들이 구글에 호의적인 결과에 더 많은 돈을 내는 경향을 보였다. 불운한 결과에 관한 증권은 조직적으로 낮게 평가됐다. 두 번째 편향은 경쟁자의 능력은 과소평가하는 데서 나타났다. 특히 이는 당시 베스트바이의 최대 경쟁사였던 서킷시티에 대해 크게 작용했다. 이런 편향들이 이미 알려져 있기 때문에 이를 고려해서 시장 결과를 해석할 수 있다.

베스트바이의 온라인 게시판인 블루셔트네이션(Blue Shirt Nation)은 태그트레이드 질문의 잠재적 자료다. 이 게시판은 2007년 두 마케팅 직원이 만들었는데 이름은 판매 직원들이 입는 유니폼에서 따왔다. 23,000명의 영업 직원들은 이 게시판에 질문을 등록하고 댓글을 단다. 만약 댓글들이 심각한 문제를 암시한다면 그 이슈를 태그트레이드 증권에 내놓고 더 많은 의견을 받을 수 있도록 할 수 있다.

2011년 중반까지 태그트레이드는 240개의 예측 계약을 운영했다. 참여도 문제는 계속됐다. 11만5천 명의 미국 직원들 중 오직 2,100명만 참여했고 그중 500명은 본사 간부들이었다. 매장 직원들의 낮은 참여도는 이들의 낮은 연령대, 익숙지 않은 주식 거래 개념, 그리고 짧은 재직 기간과 연관 있다. 당연하게도 오랜 기간 베스트바이에 재직한 직원들은 시장에 참여할 확률이 더 높다.

태그트레이드 시장의 기존 참여자들을 유지하고 새로운 투자자를 끌어들이기 위한 여러 이니셔티브가 존재한다. 각 트레이더는 백만 불의 계좌를 갖고 거래 기간을 시작한다. 이전 기간에 돈을 다 잃었다고 하더라도 이 금액은 각 기간마다 갱신된다. 각 기간마다 최고 투자자들은 200불 어치의 상품권과 태그트레이드가 새겨진 셔츠를 선물로 받는다. 직원들에게 이 셔츠는 상품권만큼이나 높은 가치를 지닌 것으로 여겨진다. 만약 새로운 투자자가 실제 거래를 시작하면 트레이더들은 25,000불을 계좌에 더 할당 받게 된다.

몇몇 태그트레이드 투자자들은 다른 직원들만큼 기꺼이 시간을 투자할 용의가 없어서 절대 시장에서 이길 수 없다며 불만을 표했다. 이들을 시장 내에 유지하기 위해서 처음 백만 불 외에 추가로 50

만 불 이상의 수익을 올리는 참가자들에게 상위 10위 상품 수령 트레이더 여부와 상관없이 상품권을 준다. 또한 매주 적어도 한 번 이상의 거래를 마친 사람들을 대상으로 수익 결과에 상관없이 상품권 추첨을 매주 진행한다. 매주 발송되는 격려 이메일도 있는데 이 안에는 현재 시장과 새로운 증권에 대한 뉴스들이 담겨 있다. 상을 타지 못하는 사람들을 위한 지속적인 독려가 필요한 점이 바로 다섯 번째 교훈이었다.

뮤추얼 펀 마켓과는 달리, 베스트바이에서는 매니저나 직원들의 참여 여부를 아무도 확인하지 않는다. 서버츠는 앤더슨이 참여를 독려해서 기쁘나 꺼려하는 매니저들에게 참여하라고 강요하지 않는다고 말했다.

"우선순위 목록의 제일 위에 두는 것만큼 태그트레이드의 수명을 빠르게 단축시킬 방법은 없을 것이다."

IT부서가 예정대로 시스템 업그레이드를 완성시킬지 그 여부에 관한 시장은 매니저들이 태그트레이드를 회사 외부 투자자들에게 확장하도록 고무시켰다. 업그레이드의 기술적인 부분은 액센츄어 (Accenture)라는 컨설팅 회사의 전문가 300명들이 수행했는데 이들은 태그트레이드 시장에는 접근 권한이 없었다. 베스트바이는 그 어느 대기업의 예측 시장도 진행한 적이 없었던 일을 했다. 공급자들에게 태그트레이드를 연 것이다. 베스트바이 프로젝트에 참여하고 있던 모든 액센츄어 직원들의 시장 참가가 가능해졌고 이 중 200명이 참여의사를 밝혔다. 이는 베스트바이가 성취했던 것보다 훨씬 높은 참여율이었는데 이전에 언급되었던 것처럼 교육 수준과 이전 주식 거래 경험이 영향을 미친 것이다.

액센츄어 트레이더들은 비밀보장계약에 서명하고 베스트바이 법무 팀은 어느 정보까지 이들에게 밝힐 수 있는지 검토한다. 액센츄어 직원들은 베스트바이의 우수 트레이더상에 해당되지 않는다. 클라이언트–컨설턴트 관계에 무리를 주거나 이중 충성심(Dual loyalty)을 야기할 수 있기 때문이다. 대신에 액센츄어는 직접 자신들의 직원들을 위한 상을 만들었다. 액센츄어 직원들의 예측들은 액센츄어 매니저뿐만 아니라 베스트바이에게도 계획 진척에 관한 알림 및 경고를 전달했다. 논리적으로 이 다음 태그트레이드의 확장 계획은 고객들의 참여일 것이다. 하지만 베스트바이는 신중하게 고민 후, 시장의 법적 지위가 해결되기까지 증권거래 관리자들과 생길 수 있는 잠재적 문제들을 피하기로 결정했다.

태그트레이드가 처음 시작됐을 때, 서킷시티는 미국 전자 시장에서 베스트바이의 뒤를 바짝 쫓는 2위 경쟁자였다. 이 두 회사는 매장 위치나 공급자까지도 비슷한 접근권을 갖고 있었다. 가격 정책도 비슷했고 서로의 광고 가격을 모니터 했다. 2008년 내내, 그리고 특히나 해당 연도의 크리스마스 시즌에 서킷시티는 형편없는 결과를 냈다. 2009년 1월 서킷시티는 567개의 매장을 철수하고 34,000명의 직원을 해고한다고 밝혔다. 서킷시티의 파산 절차 동안 베스트바이는 미국 내에서만 280억 불 매출을 올렸고 월마트(전자제품 판매에서)는 170억 불, 서킷시티는 105억 불을 팔았다. 하지만 월마트는 고객 서비스보다는 낮은 가격으로 고객들을 끌어들였기 때문에 베스트바이와 서킷시티는 서로 주요 경쟁사로 봤다.

당시 베스트바이의 시장에 대한 소문들은 회사가 경쟁에서 살아남고 더 융성할 수 있도록 도운 것은 태그트레이드였다며 인정했다. 이 관점은 사실보다는 신화에 더 가까울 수 있으나 예측 시장이 서킷시티를 어떻게 살릴 수 있었을지 고민해보는 것은 꽤나 흥미로울 것이다. 가장 많이 인용되는 서킷시티 경영진의 실수는 2007년 CEO 필립 슈노버(Philip Schoonover; 4년 전 베스트바이에 있다가 이직함)가 3,400명의 가장 경험 많은 영업 직원들을 해고한 것이다. 슈노버는 직원들을 커미션 모델에서 월급제로 변경하면서 비용 절감 효과를 기대했다. 해고된 직원들은 신입 사원들로 대체됐고 이들은 훨씬 적은 금액을 받았다. 고객들은 직원 해고에 관한 수많은 부정적인 언론 보도에 노출되어 서킷시티가 더 이상 전문적인 서비스를 제공하지 못할 것이라는 시각을 갖게 됐다. 서킷시티의 직원 사기도 현저히 떨어졌다. 직원들은 개인 블로그에서 더 이상 회사에 대한 충성심은 없으며 이제 그저 한 매장 혹은 부서라고 말했다.

　축소된 서비스와 함께 서킷시티는 가격 경쟁자 월마트를 경쟁상대로 바꿨다. 문제는 서킷시티는 여전히 월마트보다 더 높은 가격을 책정하고 있었다는 것이다. 고객들은 어떤 제품을 사야 하는지 어떻게 사용하는지에 대한 질문의 해답을 위해 베스트바이나 서킷시티에 가게 되었다. 월마트의 영업 사원들이나 아마존은 이런 질문에 해결책을 제공하지 못했다. 서킷시티의 변경으로 베스트바이는 유용한 구매 조언과 설치 및 서비스 옵션을 찾는 고객들을 위한 최고의 목적지로서의 회사의 입지를 더 견고히 다졌다.

　서킷시티가 파산하기 일 년 전 판매층 직원들의 이직률은 175퍼센트였다. 베스트바이는 50퍼센트였다. 파산 상태에 이르렀을 때는 베스트바이의 매장 직원들의 평균 재직 기간은 서킷시티의 2배를 넘어섰다. 태그트레이드와 블루셔트네이션, 그리고 신뢰와 열린 문화와 같은 베스트바이의 다양한 소셜 네트워킹 계획들은 직원들의 회사 참여를 더 증가시켰다.

베스트바이는 경험 많은 영업 직원들을 대체할 때의 영향 혹은 서킷시티가 그렇게 하는 것의 영향에 대한 예측 시장을 진행하는 것을 고려해보지 않았다. 이 이슈에 대해 시장을 운영하는 것만으로도 오래 재직한 영업 직원들에게 거대한 사기 저하 문제를 일으켰을 것이다.

서킷시티는 더 크고 더 비싼 평면 TV와 HD/DVD에 너무 집중한 것으로도 비판 받았다. 베스트바이는 중형 스크린 TV와 아이팟 같은 더 작은 전자 제품들, 그리고 블루레이 포맷에 더 집중했다. 태그트레이드의 블루레이 대 HD/DVD 시장 점유율에 관한 시장을 포함해 베스트바이의 몇몇 예측 시장들은 회사가 이 제품들에 대한 결정을 내릴 수 있게 도왔다. 회사는 이 두 경쟁 포맷 중 어떤 것이 더 승리할지 알고 싶어했다. 회사는 시장 점유율에 대해 물었다. 태그트레이드는 이 질문에 답을 보여줄 수 있는 이상적인 도구로 보였다. 매장 직원들은 고객들과 유사한 나이대이거나 인구통계학적 특성을 가지고 있었고, 게다가 두 포맷에 대한 정보도 많이 알고 있었다. 해당 예측 시장은 블루레이의 77퍼센트 점유율을 예측했다. 실제 시장 종료 블루레이 종가는 74퍼센트였다. 태그트레이드의 블루레이 예측 점유율은 그 어느 리서치 자료보다도 실제 점유율에 가장 가까웠다. 베스트바이는 이 결과를 토대로 HD/DVD 포맷은 중단시키고 블루레이 제품들을 독점적으로 갖췄다.

다른 시장에서는 1월에 긱 스쿼드 서비스를 집에서 받기 위해서는 고객들이 평균 얼마나 오래 기다려야 할지에 대한 질문을 다뤘다. 대부분의 투자자들이 영업 직원이었던 이 시장은 약 5일에서 6일을 예측했다. 사업 팀의 공식 예측은 4일이었다. 실제 소요 시간은 5.9일이었다. 이 시장은 모든 예측 시장 지지자들이 꿈꾸는 일을 해냈다. 바로 예측 팀이 익명성의 힘을 바탕으로 그들의 공식 예측과 반대로 거래한 것이다.

태그트레이드는 크게 번창했다. 왜냐면 서버츠가 "초기부터 최고 경영진의 공중 엄호는 필수"라는 그의 세 번째 교훈에 충실했기 때문이다. 좋은 원칙처럼 들린다. 만약 경영 서열 내에서 높은 층의 형식적인 지지만 받는다면 예측 시장은 번성할 수 있을까?

다음 장은 실제 그런 상황에서 번성했던 한 시장의 케이스를 다룬다.

📈 2-3
기술 전도사들

신탁은 반드시 우리의 지식을 바로 잡는 것이어야 한다.
– 윌리엄 셰익스피어(William Shakespeare), 템페스트, 5막 1장

라이트–솔루션스와 구글은 각 회사의 문화와 최고 경영진들의 적극적 지지가 있었기 때문에 사내 예측 시장에서 큰 성공을 거뒀다. 더 보수적이고 위계적인 구조의 회사나 경영진이 형식적인 지지만 보내는 상황(아마 대부분의 독자들이 일하는 회사의 상황)에서도 예측 시장은 성공할 수 있을까? 예측 시장의 열렬한 지지자들이 프로세스를 추진시킨다면 그들은 이 장애물들을 극복할 수 있을까? 적절한 사람이라면 시장을 번성시킬 수 있을지 모른다. 여기 마이시스 뱅킹 시스템(Misys Banking Systems)이 있다. 그리고 명함에 '기술 전도사'(Technology Evangelist)라 적힌 포춘 일킨스(Fortune Elkins)가 있다.

1979년 설립된 마이시스는 전 세계 금융 서비스와 의료 서비스 회사들을 위한 소프트웨어를 개발하고 인가하는 일을 한다. 마이시스의 4개 사업 분야 중 하나인 금융 분야에서는 기업 재무부서들에

게 서비스를 제공한다. 2009년까지 마이시스의 연간 매출액은 약 10억 불이었다. 금융 부서에는 4,500명의 직원들이 근무하고 있고 이 중 40퍼센트는 컴퓨터 코드를 쓴다. 이들의 고객은 세계 탑 50 은행들이다. 마이시스의 헤드쿼터는 버밍햄에서 30마일 떨어져 있고 코츠월즈(Cotswolds)와 가까운 작은 영국 마을 이브샴(Evesham)에 위치해 있다. 금융그룹은 뉴욕, 런던, 파리, 두바이, 홍콩, 서울, 프랑크푸르트, 방갈로르, 부카레스트에 브랜치를 갖고 있다.

많은 마이시스 임원들은 영국의 사립학교를 나왔고 옥스퍼드나 캠브릿지 학위를 갖고 있다. 한동안 회사에서 제일 유명한 이사는 루퍼트 솜스(Rupert Soames)였는데 그는 윈스턴 처칠의 손자였다. 마이시스는 위계적인 피라미드 구조를 가진 회사다.

회사의 조직 구조와 지역, 언어 다양성으로 인해 마이시스는 예측 시장의 뚜렷한 후보였던 적이 없다. 신입 프로그래머와 접수원들이 옥스퍼드 및 캠브릿지에서 수학한 매니저들에게 전략과 방법을 제안하는 시장이 마이시스에서 일어날 수 있다고 전혀 상상되지 않았던 것이다.

당시 40대 초반이었던 포춘 엘킨스는 마이시스 뉴욕지사의 재무 및 자금 시장 부서에서 일했다. 그녀의 이름은 칼 오르프(Carl Orff)의 '운명의 여신이여'(Fortuna Imperatrix Mundi)에서 영감을 받은 것으로 이는 운명이 세상을 지배하는가에 대한 중세 시가를 바탕으로 한다.

필자는 2009년 초반 샌프란시스코에서 열린 예측 시장 컨퍼런스에서 그녀를 만났다. 엘킨스는 마이시스의 금융 부서에서 전적으로 그녀의 성격의 힘을 이용하여 어떻게 예측 시장을 시작했고 유지했는지 설명해주었다. 엘킨스는 예측 시장의 다른 흥미로운 측면을 보여준다. 예측 시장을 시작한 사람들 중 여성이 높은 비율을 차지한다는 점이다. 그녀는 이 현상이 나타난 이유가 여성들은 사회 관계망이 정보를 공유하고 좋은 결정을 만들어내는 데 좋은 방법이라는 아이디어 자체를 더 잘 받아들이기 때문이라고 말했다. 마이시스와 일켄스의 이야기는 유망해 보이지 않는 업무 환경에서도 어떻게 시장이 소개될 수 있는지에 대해 많은 것을 얘기해준다.

엘킨스는 AIG에서 웹디자이너이자 정보 설계사로 일하다가 2000년 처음 마이시스에 입사했다. 2004년 그녀는 책『대중의 지혜』를 읽고 담당 부서 CEO인 에드 호(Ed Ho)와 예측 시장의 유용성에 대해 토론했다. 호는 흥미로워 했고 엘킨스의 동료인 도날 맥그라나간(Donal McGranaghan)은 그녀에게 예측 시장에 대한 공식 발표를 준비할 것을 제안했다.

엘킨스는 어떻게 예측 시장을 위한 비즈니스 사례를 구성할 수 있을지 답을 줄 수 있는 인사이트를 찾아 구글을 끝없이 검색하다가 저스틴 울퍼스, 에릭 지트제위츠, 로빈 한슨이 경제적 관점에서 예측 시장에 대해 적은 글을 발견했다. 구조적 환경에 대한 내용은 심리학자 필립 테틀락(Philip Tetlock)와 MIT의 톰 말론(Tom Malone)이 쓴 글에서 찾았다. 엘킨스는 정보 향상의 큰 가치와 예측 시장이 매우 수익성 높은 사업을 제시하는 투자수익률(ROI) 계산 값을 보여주는 의사결정 트리를 만들고 이를 비즈니스 케이스에 포함시켜 만들었다.

엘킨스는 마이시스의 재무 및 자본 시장 이사회 앞에서 2007년 1월 발표를 진행했다. 발표 후 그녀가 기대했던 질문들이 나왔다. 직원들은 트레이드하는 법을 배울 의욕이 있는가? 그들은 좋은 거래를 할 수 있을 만큼 똑똑한가? 시장이 조작될 수 있나? 캐주얼한 당일 매매 형식으로 할 것인가? 이 질문들은 예측 시장에 관한 논문들을 통해 쉽게 응답할 수 있는 문제였다. 마침내 "정확한 결과가 도출될 것인가?"라는 질문이 나왔다. 그녀는 이렇게 대답했다.

"왜 제 자신을 화형대에 묶고 불을 지르겠습니까?"

이사회는 시험용 시장을 승인했다.

베스트바이의 제프 서버츠가 그랬듯이, 엘킨스도 직접 프로그램을 개발하기보다 컨센서스 포인트의 예측 프로그램을 빌리기로 결정했다. 새로 만드는 것보다 빌리는 옵션의 초기 고정 지출금과 위험이 더 낮았고 유지비도 들지 않았다. 이 빌리는 옵션은 소프트웨어 구매보다는 예상 ROI가 더 낮았지만 이는 더 낮은 리스크로 상쇄되었다. 2주 만에 엘킨스는 '기업 변화 및 혁신, 직원 협동, 그리고 지능 전략'이라는 새로운 업무를 갖고 예측 시장을 진행하고 있었다.

먼저 엘킨스는 에드 호를 위해 직원들에게 시장이 무엇인지 설명하는 전체 이메일을 발송했다. 임원, 제품 매니저, 코딩 엔지니어, 영업팀, 리셉셔니스트 등 모든 사람들의 투자를 독려했다. 특히 리셉셔니스트의 참여를 강조했다. 엘킨스는 마이시스의 리셉셔니스트에 대해 "그들은 모든 것을 보고, 미팅을 조정하고, 메시지를 전달하고, 문제점에 대해 듣습니다. 기밀이든 아니든 모든 정보는 리셉셔니스트의 인박스를 통하게 되어 있죠."라고 말했다. 이 말은 짐 라보이의 말을 떠올리게 한다.

"왜 사용할 수 있는 모든 지능 대역폭을 다 쓰지 않는가?"

엘킨스는 거래 방법과 특히 공매 방법에 대한 트레이닝 세션을 진행했다. 문제는 사람들이 공매를 회사의 성공에 반해서 투자하는 것으로 받아들인다는 것이었다. 직원들은 공매가 불충실해 보여 공매하기를 매우 주저했다. 동료들이 공매할지 모른다고 말하는 것은 회사가 지지하는 프로젝트의 실패에 투자해도 괜찮다고 말하는 것과 같았다. 실패라는 예측치를 내놓을 수 있는 시장에 참여하는 것은 직원들이 두 그룹으로 나뉘었음을 의미했다. 예측 시장 팀을 지지하는 그룹과 다른 형태의 커뮤니케이션에 대해 응답하지 않는 경영진에 대한 불만을 가진 그룹. 엘킨스는 시장이 이런 직원 사기(士氣)에 관련된 문제들을 확인하기 쉽게 만든다는 것을 알게 됐다. 공매도를 진흥시키기 위해 그녀는 투자자들에게 공매도를 하는 것은 전혀 불충실한 행위가 아니며 그저 그들이 에드 호가 일에 필요한 정보를 제공하는 것이라고 설명했다. 직원들은 경영진들과 소통하고 싶어 했고 결국 딜레마를 이해했다.

'공매는 불충'이라는 우려는 결코 사라지지 않았다. 상위 10위 내에 드는 한 트레이더가 말하길, 일정 시간이 흐르고 나니 "도저히 마이시스의 결정과 반대로 투자할 수가 없었다"고 했다. 이 문제는 모든 내부 예측 시장이 갖고 있는 문제다. 어쩔 땐 초기 단계에 나쁜 뉴스를 일부러 전달하지 않으면서까지 회사 직원들은 팀플레이어가 되고 싶어 한다. 엘킨스는 투자자들에게 공매도는 수치스러운 일이 아니며 바람직한 행위임을 지속적으로 상기시켜야 했다.

모든 사무실의 투자자들이 동일한 정보를 바탕으로 결정을 내릴 수 있도록 그녀는 마이시스 시장 거래 방송 서비스(Misys Market Business

Broadcasting Service)를 실시했다. 그녀는 일주일에 두 번씩 시장 활동 리포트, 제품 관련 뉴스, 프로젝트 진척 상황에 관한 제품 매니저들의 발표, 트레이딩 전략 등을 이메일로 발송했다. 이는 시장에 대한 관심을 유지하고 유동성을 향상시켰으며 루머들을 잠식시켰다.

참가 신청한 마이시스 직원들 가운데 40퍼센트는 시장 발표가 이뤄진 지 5시간 만에 신청했다. 결과적으로 650명 중 230명의 직원들이 참여했다. 이는 놀랍도록 높은 참여율이다. 엘킨스는 직원들이 닉네임을 사용하여 거래할 수 있도록 했다. 하지만 몇몇 제품 및 프로젝트 매니저들은 명성의 위기를 감수하고서 실명을 사용해 거래했다. 그들의 팀원들에게 믿음을 주기 위해서였다.

엘킨스의 첫 프로젝트들 중 하나는 상상할 수 있는 가장 극적인 프로젝트였다. 2007년 초, 마이시스는 새로운 CEO를 맞아들였다. 마이크 로리(Mike Lawrie)는 시벨(Siebel)에서 이직했고 이 전에는 IBM에서 오랜 기간 근무했다. 두 회사 모두 대단히 체계적인 계획과 전략 방식을 갖고 있는 조직이다. 마이시스로 자리를 옮긴 후 로리가 제일 먼저 한 일은 대형 컨설팅 회사 맥킨지를 고용하여 회사의 금융 성과를 증대시킬 수 있는 3-5년 전략 기획 제공을 요청했다. 그는 맥킨지에게 마이시스가 금융 소프트웨어 판매 쪽(투자 은행)에 중점을 두어야 할지, 구매 쪽에 중점을 두어야 할지(헤지펀드, 자산 관리, 연금 기금, 사모펀드) 물었다. 만약 맥킨지가 내놓은 답이 구매 쪽이라면, 어떤 유저 카테고리가 가장 수익성이 좋을까?

엘킨스는 맥킨지에게 질문된 문제들을 따라 해 예측 시장을 가동했다. 미인 대회 예측처럼 다른 사람들이 맥킨지에게 하고 싶은 말을 묻는 질문이 아니라, "마이시스는 어디에 투자해야 할까?"처럼 구조화된 질문이었다. 맥킨지의 최종 추천안은 정답의 벤치마크로 사용했다. 맥킨지가 인터뷰한 대부분의 직원들도 시장에 참가하기로 결정했다. 별로 놀랍지 않게도 예측 시장은 컨설팅 그룹과 동일한 답을 내놓았다. 컨센서스 포인트의 소프트웨어를 빌리는 값과 20개의 상품 가격은 총 5,500불이었다. 이 금액이 맥킨지의 업무를 거의 그대로 복제한 예측 시장의 전체 운영비였다.

이후 18개월 간 마이시스 시장은 70개의 새로운 질문들을 제공했고 이중 42개는 신상품이 제 시간에 출시될지 여부와 관련된 문제였다. 다른 이들은 미국 및 다른 나라에서 마이시스의 매출 수입 목표를 맞출 수 있을지에 대해 다뤘다. 모든 매출 예측 질문에 대해서 리셉셔니스트 그룹이 엔지니어 그룹보다 훨씬 성공적이었다. 에드 호는 시장이 하는 말을 귀담아 들었다. 투자자들은 그가 시장의 말을 잘 듣는다는 것을 알고 투자를 지속했다.

신제품 발표 질문은 주로 다음과 같았다.

"프로젝트 X는 Y일까지 완성될까?" 혹은 "프로젝트 X의 중대한 버그의 수가 Z일까지 Y 이하로 감소할까?"

버그 관련 문제는 특히 중요했는데 소프트웨어 개발자들은 항상 촉박한 데드라인을 갖고 있어서 버그가 많은 제품을 먼저 완성하고 나중에 고치는 (혹은 버그를 고칠 다른 사람에게 의지하는) 경향을 갖고 있기 때문이다. 대부분의 마이시스 예측 시장은 회사의 비즈니스 모델과 관련된 주요 문제들을 다뤘다. 예를 들면 프로젝트를 제시간에 끝낼 수 있을까, 제대로 할 수 있을까, 경쟁사보다 앞서서 할 수 있을까

등의 질문들이다.

엘킨스는 시시해 보일 수 있지만 경제 상황에 대한 직원들의 두려움을 밝힐 수 있는 문제들도 포함시켰다. "2010년 3월 이전에 등록될 가장 높은 실업률은 얼마일까?"라든지 "경제 공황은 언제 끝날까?"와 같은 질문이었다. 다른 사람들처럼 엘킨스는 시장은 중독성을 갖고 있다는 것을 알아챘다. 그녀가 예측할 수 있는 더 나은 방법을 찾으면 다른 이들은 그 질문에 기여했다.

마이시스의 초기 계약 중 하나는 대출 IQ(Loan IQ)라는 상품과 관련 있었다. 이 상품은 1년도 넘게 개발 중인 대출 소프트웨어였다. 대출 IQ는 마이시스의 뉴욕 주 미드타운(Midtown) 지사에서 악명이 높았다. 프로젝트 매니저들마저도 그 이름을 들으면 눈을 굴렸다.

프로젝트를 다시 활성화시키기 위해서 경영진은 항상 정시에 프로젝트를 끝내기로 유명한 새로운 프로젝트 매니저를 고용했다. 소프트웨어 개발팀도 재정비했다. 엘킨스는 대출 IQ 상품이 정해진 시간 안에 완성될지 여부에 대한 계약을 시장에 새로 만들었다. 뉴욕 미드타운 오피스에 있는 거의 모든 투자자들이 재빨리 공매했다. 정시에 마쳐질 확률은 10퍼센트 미만이었다. 엘킨스는 투자자들과 대화한 결과, 외부에서 채용된 프로젝트 매니저가 제시간에 끝낼 수 있을 거라 믿지 않을 뿐만 아니라 전체 프로젝트 관리 프로세스 자체에 자신 없어 한다는 것을 깨달았다. 이 시장을 통해 마이시스 직원들은 외부 채용 직원에 대한 배척 감정과 제도적인 사기 문제를 갖고 있음을 알 수 있었다.

대출 IQ 시장의 가장 성공적인 투자자는 뉴욕 주 펄 리버 지사의 한 프로그래머였다. 펄 리버는 뉴저지 경계에 있다. 이 지사는 충분히 맨해튼 오피스에서 떨어져 있고 대부분의 펄 리버 프로그래머들은 맨해튼 지사를 방문해본 적이 없다. 이 투자자는 1주일에 2번 발송되는 이메일 리포트를 읽고 좋은 소프트웨어 개발에 대한 자신만의 이해에 기대 제시간에 프로젝트 완성이 가능하다는 결론에 도달해 이에 따른 큰 시장 투자를 감행했고 모든 이들이 공매한 증권의 가격을 상승시켰다. 프로젝트가 정말 정시에 끝났을 때 펄 리버 투자자는 미드타운 지사의 투자금을 모두 받았다. 이후 그는 최고 임원진 자리에 올랐고 그 자리에서 16개월을 보냈다. 완성된 소프트웨어는 데이터넷(DataNet)이라 불리며 마이시스의 성공적인 프로그램으로 자리 잡았다.

마이시스 시장은 실제 결과에 비교했을 때 96퍼센트 정확률과 마이시스 자체의 3개월 예측치보다 훨씬 정확함을 증명했다. 3개월 간 진행된 신제품 출시와 관한 질문들에서도 시장은 보통 첫 30일에서 40일 내에 정답을 도출했다. 도전 과제는 경영진의 관심을 끌어내 시장이 보내는 경고를 사용하여 새로운 리소스를 할당하는 것이었다. 전형적인 소프트웨어 개발에 대한 계약은 정시 제품 전달에 실패할 경우 10퍼센트 페널티를 물게 된다. 그래서 정시 완성 불가에 대한 한 발 앞선 시장 정보는 매우 귀중한 자산이다.

이 시험 시장의 대상은 젯블루를 타고 미국 내 어디든 갈 수 있는 두 장의 왕복 티켓이었다. 이 상을 제외하고서는 나머지 마이시스 예측 시장 상들은 엘킨스가 '진정한 글로벌 화폐'라 부르는 75불, 50불, 25불짜리 아마존 기프트 카드였다. 최악의 투자자 상도 있었고 마이시스 커피 머그컵을 그린 그림도 있었다. 에드 호는 성공적인 투자자들을 직원 미팅에서 언급하고 다른 참여한 직원들에게 고마움을 표하며 이들의 자신감을 북돋아 주었다. 시장 첫 운영 18개월 동안 중도 하차한 직원은 단 3명이었다.

익명성 보장이 매우 중요한 사실임이 드러났다. 트레이더들이 계속 남아있던 이유 중 하나는 닉네임을 사용할 수 있는 점이었다. 짐 라보이처럼 엘킨스는 직원들 중 신입이거나 겁을 먹었거나 내향적이라 미팅에서 말을 안 하는 사람들이 있다고 생각했다. 그리고 이들은 만약 닉네임을 사용할 수 있다면 투자를 통해 회사에 기여할 것이라는 것도 말이다.

마이시스 시장은 마이시스 물라(Moolah, 돈이라는 뜻의 속어)이라는 가상 화폐를 사용했다. 엘킨스는 물라에 의지했다. '소유 효과' (Endowment effect)를 믿었기 때문이다. 이는 각 투자자들이 가상의 돈을 소유하게 되면 이를 실제 돈처럼 진중하게 다룬다는 뜻이다. 각 투자자들이 축적한 돈은 공식 발표되었고 이는 투자자 그룹 내에서 그들의 위치를 결정했다. 엘킨스는 백만 물라 이상을 모은 성공적인 투자자들에게 상을 수여했고 임원진에게 각 투자자가 얼마나 모았는지 보고했다. 아마존 기프트 카드는 각 시장 마지막에 합산된 총 물라를 기준으로 수여했다.

엘킨스에게는 2개의 다른 목표가 있었다. 하나는 이 내부 시장을 마이시스의 다른 부서로도 확대시키는 것이었다. 두 번째는 투자자 범위를 더 넓혀 고객, 유저 그룹, 사업 분석가 등을 포함할 수 있도록 시장을 외부로 가져가는 것이었다.

2009년 2월, 금융 공황이 마이시스의 금융 부서에 영향을 끼쳤다. 소프트웨어 주문은 여전히 강세를 유지했지만 예산 삭감의 물결이 몰아쳤는데 이로 인해 많은 매니저들이 해고되었다. 그리고 이 중 한 명은 포춘 엘킨스였다.

엘킨스가 회사를 떠난 후 재미있는 일이 발생했다. 마이시스 예측 시장을 아무도 관리하지 않는데도 스스로 운영이 계속된 것이다. 많은 질문들은 2009년 5월 종료되었다. 경제에 대한 두 질문은 2010년 말까지 계속됐다. 뉴스레터, 업데이트, 상금 혹은 경영진의 관심도 없었지만 모든 투자자들은 남아 거래를 지속했다. 자생력을 가진 네트워킹 사이트로서 마이시스 시장의 새로운 삶이 시작된 것이다.

이사회 예측 시장

만약 HP가 아는 것을 HP가 정말 안다면, 우리는 3배 더 생산적일 것이다.

— 류 플랫(Lew Platt), 전 휴웰트-패커드 CEO

미래를 예측할 수 있는 회사가 승리한다.

— 버나도 휴버먼(Bernardo Huberman), 휴웰트-패커드

라이트-솔루션스, 마이시스, 베스트바이는 하의상달식 예측 시장이다. 질문들은 조직 피라미드의 낮은 레벨에서 만들어지고 시장 결과는 위로 전달된다. 만약 시장이 예측 시장을 정말 주요 문제에 대해 사용하고 싶어 한다면 상명하달식으로 중역 레벨에서부터 시작될 수 있을까?

류 플랫의 말 "만약 HP가 아는 것을 HP가 알았다면…"은 시장 지지자들에게 진언이 되었다. 가장 중요한 상의하달 문제가 동기가 되었는데 이 문제와 관련된 백그라운드 정보가 처리하기에 너무 광범

위해서 CEO 플랫과 HP의 이사진들이 도저히 결정을 내릴 수 없는 상황이었다. 방대한 정보 때문에 이사진은 원본을 읽는 대신 요약본을 읽고 승인을 내려야 했다. 재무제표 증명이나 신제품 승인, 제안 합병 혹은 합작 투자에 있어서 모두 마찬가지로 이뤄졌다.

HP의 사업 부문이나 부서는 정보를 종합하고 요약하고 수치를 조작하고 편집했다. 정보와 제안들은 조직의 계급층을 따라 올라 갔다. 이사진에게 마침내 도달한 자료는 실제 운영 레벨의 지혜로부터 너무 많은 단계가 제거되어, 정보의 갭이나 편향을 확인하기가 어려웠다.

여러 단계에 거친 필터링 프로세스가 문제로 연결되면 대부분 중대 문제인 경우가 많다. 월드콤(WorldCom)이나 엔론과 같은 최근의 여러 기업들의 참사 사례를 보면 CEO가 이사진에게 전달되는 정보의 흐름을 조정하거나 낮은 경영 레벨의 개인이나 그룹이 회계감사원과 이사진으로부터 기업 정보를 숨긴 경우였다. 만약 월드콤의 중역들이 수백 개의 기업 인수가 얼마나 비성공적이었는지에 대해 적시에 알았더라면, 혹은 월드콤의 붕괴를 초래한 문제의 회계 프로세스에 대해 미리 알았더라면 그들은 해결책을 찾았을지도 모른다. 엔론의 임원진이 최고 재무 책임자 앤드류 파스토(Andrew Fastow)가 부외 파트너십으로 무엇을 하고 있었는지 이해할 수 있는 방법이 있었더라면 이들은 회사의 몰락을 피할 수 있었을지 모른다.

CEO나 이사진은 이미 실행 중인 예측 시장의 상태를 확인하기 보다는 이들에게 이익이 되는 문제들에 대한 도움을 얻기 위해 시장을 시작해야 할까? 난해한 질문처럼 들리지는 않지만 이는 상의하달식

174

시장에서는 드물게 시도되어 왔다. 이미 존재하는 시장들의 정보는 임원진에게 전달되지만 대부분 임원진들이 볼 필요가 없는 정보다.

류 플랫의 인용구는 프린터 매출을 예측하려던 HP의 예측 시장 초기 실험과도 연결된다. 전문가 그룹이 제품 수요 예측과 경쟁사 분석을 내놓는 HP의 고전적인 프로세스는 좋은 결과를 도출하지 못해왔다. HP 임원들은 영업 팀에서 직접 예측치를 받기로 결정했다.

유망한 아이디어였다. HP 영업 직원들은 고객과 시장에 대해서 많이 알고 있었다. 하지만 HP는 베스트바이와 동일한 문제를 직면했다. 영업 팀에게 직접 분기 매출을 예측해달라고 요청하면 할당량 기반 커미션과 보너스 시스템 때문에 이들은 더 낮게 예측했다. HP는 이 현상을 알아채고 보고된 예측치를 20퍼센트 더 높게 잡아 '실제 예측 값'으로 받아들여 이를 생산 레벨과 광고 예산 할당의 기반으로 삼았다. 영업 팀은 무슨 일이 일어나고 있는지 빠르게 알아챘고 이를 보상하기 위해 예측치를 더 낮췄다. 이후 예측은 훨씬 더 부정확해졌고 종종 재고 부족으로 이어졌다.

HP는 HP랩스(HP Labs)의 수석 과학자 케이유 첸(Kay-Yut Chen)과 함께 예측 시장 설립 및 운영을 목적으로 칼텍의 경제학자 찰스 플랫(Charles Plott)을 고용했다. 1990년대 후반 플랫과 첸은 이전에 예측치를 제공했던 동일한 영업 팀이 매출 예측에 관한 거래를 할 수 있는 시장을 만들었다.

HP 프린터 부서의 영업, 제품, 파이낸스 매니저를 포함한 약 4분의 1이 참여했다. 각 참여자들은 매달 말까지의 전체 프린터 판매 예측에 투자할 수 있는 20개의 주식을 갖고 시작했다. 여기에는 10

개의 판매 시나리오가 있었다(판매 수 15,000대 미만; 15,000에서 16,000; 16,000에서 17,000 등이다).

17,000에서 18,000대를 팔 수 있다고 생각하는 트레이더는 해당 가격에 계약을 구매한다. 만약 생각이 바뀌면 그 계약을 팔고 다른 계약을 사면 된다. 여러 계약을 구매하며 투자를 분산시킬 수도 있었다.

각 시장은 일주일 동안 열렸다. 장 마감 시 종가를 판매 예측치로 해석했다. 만약 12월의 15,000~16,000 구간이 40퍼센트였다면 이는 12월 매출이 이 구간 내일 확률이 40퍼센트인 것으로 해석했다. 마지막 실제 판매 실적이 보고되면 회사는 우승 계약 주식을 주식당 1불에 구매했다.

상품은 소소했다. 최고 높은 상품액은 주당 20불이었다. 그럼에도 불구하고 HP의 예측 시장 결과는 회사의 공식 예측치와 비교했을 때 총 16번 중 15번 더 정확한 결과를 도출했다. 예측 시장은 평균 6퍼센트 오차를 나타냈다. 회사 공식 예측치는 상향 조정된 후에도 평균 13퍼센트 빗나갔다.

HP가 시장 거래를 점심시간과 저녁에만 가능한 것을 고려했을 때 이 예측 시장이 보여준 정확도는 매우 놀라운 결과였다. 시간제한을 둔 이유는 업무 시간 동안 영업 팀이 본래 업무에 집중할 수 있도록 하기 위함이었다. 이는 참여자들에게 시장 자체가 그리 중요하지 않다는 신호를 보냈다.

월간 프린터 판매 예측은 HP 이사진에게 알려질 정도로 중요하지는 않았지만 HP 예측 시장 실험 결과는 이사진에게까지 전달됐다.

2006년 HP 소셜 컴퓨팅 랩(Social computing lab)의 버나도 휴버먼과 레즐리 파인(Leslie Fine)은 3개월에서 6개월 후의 컴퓨터 메모리 칩의 가격을 예측하기 위해 시장을 이용하기 시작했다. 메모리 칩 가격은 HP에게 매우 중요한 사안이었고 현재도 그러하다. 메모리는 HP 컴퓨터 제작비용의 12퍼센트를 차지한다. 메모리 칩 비용 예측에 조금만 실수해도 분기 실적을 다 쓸어가 버릴 수 있다. HP는 칩 가격 예측이 프린터 매출량 예측보다 더 쉬운 점을 발견했다.

처음에는 가격 예측을 위해서 메모리 칩 부문 임원들이 테이블에 모여 앉아 산업 경향에 대해 토론하고 예측치를 도출했다. 두 번째에는 동일한 임원들이 각각 자신의 주장을 펼치되 토론이나 반박 없이 진행했다. 이후 그들은 각자의 컴퓨터로 가서 온라인 시장에 투자했다. 두 예측 모두 동일한 임원들을 대상으로 진행했으나 두 번째 방법이 25퍼센트 더 향상된 메모리 칩 비용을 예측했다. 이사진들의 예측 값은 HP의 구매, 가격 책정, 마케팅 프로그램에 사용됐다.

이사진 대상 시장을 운영하면서 휴버먼과 파인은 적은 수의 참여자가 있는 시장에서 좋은 결과를 도출해야 한다는 추가적인 문제에 당면했다. 이들이 고안한 해결 방안은 각 투자자들의 위험 회피도를 평가할 수 있는 여러 질문을 던지는 것이었다. 이후 이들의 투자를 위험 지표와 합쳤다. 휴버먼과 파인은 14명의 투자자만을 대상으로도 시장에서 좋은 예측치 생성이 가능하다는 결론을 내렸다. 이후 HP는 BRAIN(Behaviorally Robust Aggregation of Information in Networks)이 불리는 이 리스크 시스템에 특허를 냈다.

경영진이 이끄는 시장의 대표적인 예는 1998년 브리티시 페트롤

륨(BP)가 온실 가스 배출을 줄이는 방법을 예측하기 위해 설립한 시장이다. BP의 회장 존 브라운(John Browne)은 진취적으로 야심찬 배출 조절 정책을 실행할 것임을 갑작스럽게 발표했다. 브라운은 이어 2010년까지 BP의 1990년대 온실 가스 배출량의 90퍼센트로 낮출 것을 약속했다.

BP는 100여 개국에 130개의 다른 사업 부서를 갖고 있었다. 각 부서는 독립적으로 움직였고 수익 기여도에 따라 평가되었다. 배출 감소 비용은 부서 및 나라마다 달랐다. 문제는 어떻게 최저 비용으로 통일된 감소 목표치를 설정하는 가였다.

보통의 방법은 중역들이 각 사업부서들의 감소 목표치를 설정하는 것이다. 그러면 각 부서는 목표치가 불합리하다고 주장하고 몇 번의 협상이 이뤄진다. 협상을 통해 쉬운 목표치를 얻은 팀들은 목표 달성 후 더 노력할 이유가 없다. 다른 팀들은 목표치를 맞추기 위해 많은 돈을 쓰거나 포기할 것이다.

이 문제 해결을 책임진 사람은 회사의 건강, 안전, 환경 부문 부회장인 존 모그포드(John Mogford)였다. 그는 우선 고위 경영진이 정한 해결책을 도입시키는 전통적인 방식을 고민했다. 하지만 본인의 경험을 통해서 각 사업부 매니저들은 이를 처리할 가장 효율적인 방법을 알고 있고 그 정보를 조직 상위로 보낼 이유가 전혀 없음을 인지하고 있었다.

모그포드는 인트라넷 기반의 시장을 설립하기로 결정했다. 각 사업부는 연간 이산화탄소 배출 할당량을 배정받았다. 미래 필요나 수요 기대에 따라 서로 할당량을 사거나 팔 수 있었다. 만약 한 부서가 협상 목표치를 쉽게 맞출 수 있으면 남은 할당량을 다른 팀에 팔 수 있었다. 몇몇 부서 매니저들은 불필요한 배출 할당량을 파는 게 더 낫다고 결론 내려 오염 생산 시설을 가동을 멈추기로 결정했다.

이 시장에서는 최소한의 비용만으로 전 세계 BP의 오염 물질을 감소시킬 수 있는 거래가를 보여주는 배출 트레이딩이 이뤄졌다. 회사의 목표 배출 감소량인 톤 당 40불은 시장 설립 전 경영진들이 지정한 톤 당 60불보다 3분의 1 더 낮았다. 2001년 BP 시장은 450만 톤의 이산화탄소 배출량을 거래했다. BP는 그 다음 해 목표치를 달성했다. 목표일보다 9년 앞선 기록이었다.

이 시장을 흥미롭게 지켜본 사람 중 하나는 존의 부인이자 영국 가스 그룹의 환경 부문 책임자인 마가렛 모그포드(Margaret Mogford)였다. 2000년 모그포드는 영국 환경부의 배출 거래 사무국의 대표로 재청되었다. BP의 내부 시장 디자인은 영국 배출 트레이딩 계획의 기초가 되었다. 2년 뒤 영국의 디자인은 유럽연합 배출 거래 계획의 기초가 되었다.

이사회가 주도한 시장이 도움이 된 곳이 또 어디 있을까? 2002년 보잉 사(The Boeing Company)의 이사회는 계획된 787 기체 제안을 검토했다. 생산할 항공기 유형, 외국 공장에 대한 항공기 하청 계약 및 787 기체에 대한 경량이지만 제작하기 어려운 복합 재료 사용 여부 등 이사회 승인이 필요한 수백 가지의 결정 사안들이 있었다. 중역들의 토론은 주로 기술적인 주제들로 진행됐는데 이들에게는 해당 전문 지식이 거의 없었다. 이들은 독립적인 조언에서 더 도움을 얻었을 것이다. 보잉 사는 이 질문들에 대해 예측 시장을 운영하지 않앉지만 그렇게 한 다른 사람이 있었다.

2007년 6월 에밀 세르반-슈라이버(Emile Servan-Schreiber)의 예측 사이트 베트투기브(Bet2Give)는 첫 '드림라이너'(Dreamliner)가 예정대로 2008년 중순까지 완성될지에 대한 시장을 열었다. 베트투기브는 실제 돈을 사용하는 사이트이지만 투자 수익금은 자선단체에 기부됐다.

세르반-슈라이버의 아이디어는 보잉 직원들과 계약자 및 하청 업체들의 지식을 종합하여 2008년 목표 완성일을 시험해보는 것이었다. 그는 예측 시장이 보잉 사로 하여금 유럽의 에어버스 산업을 강타한 참사를 피할 수 있게 도울 수 있다고 믿었다. 에어버스의 A380 슈퍼점보 여객기 제작이 계속 지연되어 결국 제작 완성되기까지 원래 목표일보다 2년 더 늦어졌었다.

베트투기브의 보잉 예측 시장은 포춘 엘킨스의 마이시스 시장처럼 정시 완성 여부를 놓고 진행됐다(9장 참고). 55센트인 주식 가격은 정시 완성 확률이 55퍼센트임을 의미했다. 시장은 매우 불안정했다. 마진 거래자(Marginal trader)들은 가격 변동을 기다렸다. 하청업체 대혼란으로 프로젝트 전체가 흔들릴 때 25센트에 사고, 보잉 임원들이 "프로젝트는 정상 진행 중입니다!"라고 발표해 가격이 오르면 65센트에 파는 식이었다.

예정된 완성일이 다가오자 주식 가격은 45센트 밑에 머물렀다. 공식적으로 완성일 연기가 발표되기 4개월 전인 2007년 10월, 주가는 24센트로 떨어졌다. 더 이상 추락하는 가격을 무시할 수 없었다. 2007년 12월 보잉은 프로젝트 연구개발에 추가 2백만 불을 더 산정하고 계약자들을 돕기 위해 수백 명의 자사 직원들을 사우스캐롤라이나, 이태리, 일본에 파견했다.

추가 지원은 너무 늦게 이루어졌다. 2008년 1월 시애틀의 보잉 기계공들은 조립을 위해 도착한 기체 부품 첫 박스를 열었다. 원래 다 조립되어 있어야 할 브래킷, 클립, 와이어 등 부속품들이 그냥 쌓여있는 것을 발견했다. 몇몇 부품은 이탈리아어로 적힌 조립 설명서와 같이 왔고 어떤 것은 설명서조차 없었다.

2008년 2월 보잉은 첫 787 기체 완성일을 2008년 말까지 연기한다고 밝혔다. 7월에는 추가 6개월 더 연기한다고 했다. 9월에는 완성일을 2010년 말로 변경했다. 보잉 대변인은 회사에 10억 불가량의 보상 책임이 있으며 이는 787 여객기 프로젝트의 단기 손실을 초래한다고 발표했다. 첫 787 여객기는 '전일본공수'(ANA)에 2011년 9월 전달됐고 한 달 후 상업 서비스에 투입됐다.

보잉 회장 및 CEO인 제임스 맥너니(James McNerney)는 첫 787기를 완성하는 데 필요한 정보 부족에 매우 놀랐다고 말했다. 또 그는 보잉의 상업 여객기 부문장인 스캇 카슨(Scott Carson)을 해고한다고도 말했다. 카슨이 문제 범위를 전혀 이해하지 못했기 때문이다. 맥너니가 말하길 "공장 안에서 실제 무슨 일이 일어나고 있는지 알아야 합니다. 충분한 통찰을 갖췄다면 공급자들이 우리가 마주한 도전과제를 이해하는 데 도움을 줄 수 있었을 겁니다." 맥너니의 성명은 베트투기브 투자자들이 얼마나 많은 정보를 더 갖고 있었는지를 반영했다. 그리고 세르반–슈라이버는 아마 직원들, 공급자들, 그리고 고객들은 자발적으로 그 정보를 알렸을 것이라 말할지 모른다.

프로젝트 실패에 대해 전혀 모르던 맥너니의 경험은 흔한 것이어서 심지어 딜버트(Dilbert) 카툰 중 가장 많이 재생산된 카툰 주제가 됐다. 첫 칸에서 월리는 딜버트의 큐비클로 가서 묻는다. "프로젝트 어떻게 되가요?" 두 번째 프레임에서 딜버트가 답한다. "실패의 연속이에요. 마치 15마리의 술 취한 원숭이들이 조각 그림 맞추기를 하는 것 같아요." 세 번째 그림에서는 뾰족 머리의 매니저가 몇 분 뒤 나타나 딜버트에게 묻는다. "프로젝트 어떻게 되가나요?" 딜버트가 컴퓨터에서 눈을 떼지 않은 채 답한다. "잘 되어가요."

보잉 사는 최근 747보다 더 넓은 좌석을 갖춘 581 여객기 프로젝트를 위한 내부 예측 시장을 설립했다. 에어버스의 A380을 겨냥해 설계된 여객기로 747 – 81로 불렸다. 이 기체는 2011년 6월 파리 에어 쇼에서 대중에게 첫 공개됐다. 캘리보니아 상업적 협력체가 운영하는 이 예측 시장은 2011년 봄에 시작됐고 새로운 여객기의 완성도를 지속적으로 모니터 할 예정이다.

예측 시장을 통해 이익을 얻었을 다른 회사는 바로 BP다. 상위하달 배출 가격 실험을 제외하고서는 BP는 직원들과 협력사들의 집단 지성을 활용하지 못하고 있다. 회사는 예기치 못한 비용이 많이 드는 사고를 당하기 쉽다. 2005년 텍사스 정유소 폭발로 인해 15명의 BP 직원들이 사망했다. 2006년에도 예기치 못하게 알래스카의 녹슨 파이프라인이 파열되는 바람에 프루도만(Prudhoe Bay)에 많은 양의 석유가 유출됐다.

2010년 4월 20일 BP의 '딥워터 호라이즌'(Deepwater Horizon) 시추선이 폭발해 작업하던 직원들이 숨지고 수백만 배럴의 원유가 멕시

코만으로 유출됐다. 기름띠는 길이 130마일 넓이 75마일 가량 퍼졌고 루이지애나, 알라바마, 미시시피, 플로리다의 습지, 연안수, 늪지 등을 황폐화시켰다. 이 사건의 책임으로 BP의 주식은 3주 내 400억 불 감소했고(기존 시장 가치 750억 불) 감소치가 너무 커서 몇몇 분석가들은 회사의 해체를 예측하기도 했다.

BP는 상위 언급된 각 사건들의 가능성을 매우 과소평가했다. 나심 니콜라스 탈레브(Nassim Nicholas Taleb)은 이를 1697년 전까지 모든 백조는 하얗다는 대중적 믿음을 가리키는 '검은 백조 현상'(Black Swan Events)라 명명했다. 탈레브는 1697년 호주에서 발견된 첫 검은 백조를 정상 기대치 구간 밖에서 일어나는 사건인 아웃라이어의 예시로 들었다. 대부분의 사람들은 검은 백조의 존재나 정교하게 설계된 블로우 밸브처럼 상상하기 어려운 사건들의 가능성을 낮게 잡는다.

반대로 상상하기 쉬우나 발생할 확률이 적은 사건들의 확률은 과대평가한다. 9·11 사건 이후 수십만의 미국인들은 비행의 위험을 무릅쓰느니 자동차를 운전하는 것을 택했다. 2002년에는 미국 내 항공기 테러리스트 습격이 없었다. 자동차 운전자는 비행기로 이동하는 것보다 운전 마일 당 사망할 확률이 15배 높았다.

정유소 화재나 오일 파이프라인 누출 이후 예측 시장이 설립됐다면 과연 BP가 딥워터를 예측하는 데 도움을 줄 수 있었을까? 시추 전문 지식을 가지고 있으면서 리스크와 관련해서는 BP 직원들과는 다른 시각을 갖고 있던 BP의 하청업체 Transocean, Halliburton, Cameron International가 시장에 참여했다면 아마 사고를 예측했을 것이다. 자동차 운전 대 비행기 탑승의 위험에 대한 시장은 2002

년 비행하는 사람의 숫자를 더 늘리는 데 일조했을까? 많은 사람들이 아마 이 예측 시장에 관심을 두지 않았을 것이다.

딥워터의 경우 다른 대부분의 실패한 프로젝트들처럼 임박한 문제 상황을 미리 알고 있는 사람(혹은 많은 사람)이 있을지 모른다. 문제는 그 정보를 갖고 있는 사람을 찾거나 투자하게 만드는 것이다.

한 사업부를 매각하려는 이 사진들은 어떤가? 2009년 제너럴 모터스의 파산 이후 GM의 유럽 자동차 브랜드 오펠(Opel)을 인수하려는 열띤 경쟁이 있었다. 시장은 과연 GM 이사회가 피아트나 벨기에 사모 투자 회사 RHJ 인터내셔널이 아닌 캐나다 회사인 마그나 인터내셔널과 마그나의 러시아 파트너 스베르방크(Sberbank)에게 지배 지분을 판매했을 때의 가치를 예상하는 데 도움이 될 수 있었을까?

각 인수 희망자들이 다른 조합의 자산에 대해 가격을 제시할 뿐만 아니라 잠재적인 정치 위험도 있었기 때문에 지분 판매는 굉장히 복잡한 문제였다. 독일 총리 안젤라 메르켈과 러시아 대통령 드미트리 메드베데프는 피아트가 독일 조립 공장을 닫을 것이라 보고 RHJ를 독수리 투자자(Vulture investor)로 보았다. 각 정상은 언론에서 마그나를 지지했다.

피아트나 RHJ 구매에 대해 각 정부가 어떻게 반응할지는 불확실했다. 과연 새 기업을 지지하고 인수자에게 대출을 보장해주고 만약 오펠이 마그나에게 팔렸을 때 GM으로부터 여러 구매를 약속할 것인가? 메르켈 정부는 마그나의 제안이 물거품으로 돌아가는 경우, GM은 즉시 미지불된 15억 유로(미화 22억 불)의 국가대출금을 상환해야 한다고 밝혔다.

2개의 시장을 동시에 운영한다면 GM의 이사들이 각 제안에 대해 받을 수 있는 예측가를 알아볼 수 있을지 모른다. 한 시장에서는 마그나의 제안을 수락하고 다른 회사의 제안을 거절했을 때 이후 60일 내의 GM 주식 가격을 묻는 것이다. 다른 시장에서는 RHJ의 제안이 통과되고 마그나가 거절됐을 때의 가치를 묻는다. 거절된 회사에 대한 투자금은 돌려받게 된다. 긴 협상 프로세스 후, GM 이사진은 마그나/스베르방크의 제안을 수락한다고 발표했다. 3주 뒤 이사회는 이전 결정을 뒤집고 판매를 취소했다. 그리고 GM이 오펠 사업부를 유지할 것임을 알렸다. 독일 정부는 국가채 상환을 요구했다.

이사진이 분기별 감사된 재무제표를 승인하기까지 소요되는 기간과 프로세스 디테일을 생각해보라. 다국적 대기업 제너럴 일렉트릭 (General Electric)은 140개국에서 영업 중인 백 개가 넘는 사업부서의 종합 결과를 바탕으로 재무제표를 발행한다.

많은 감사 위원회는 회사와는 완전히 독립된 책임자로 이루어져 있다. 위원들은 경영진이 제공한 정보만 알 수 있다. 위원들은 어쩌면 회사가 재무제표를 일 년 안에 재발행해야 하는지 여부를 묻는 시장을 통해 도움을 받을 수 있을지 모른다. 이 시장은 재무 보고에 대한 후속 조사로 문제가 발생할지 여부를 묻는 두 번째 시장과 결합될 수 있다.

이는 가설과는 거리가 멀다. 2009년 8월 미국 증권거래위원회는 GE에 회계법을 어긴 것에 대해 벌금 5천만 불을 선고했다. 2002년과 2003년 4차례에 걸쳐 분석가들의 기대에 맞추기 위해 GE가 미래 수입으로 적어야 할 금액을 현재 회계 기간으로 바꿔 기록한 것이다. GE는 또한 아직 확정되지 않은 기관차 판매 수익을 기록하여 법을 위반했다.

수익을 허위로 기재하는 것에 대해 그 어떤 중역이나 CEO 제프리 이멜트도 미리 알지 못했다. 하지만 회사 내 낮은 레벨의 몇몇 직원들은 확실히 알고 있었다. 수익을 다시 보고하는 것과 추가 조사에 대한 결과에 대한 시장을 운영했다면 재무제표의 완성도를 가늠할 수 있는 정보를 제공했을 것이다. 잠재적으로 위험이 큰 이런 질문에 직원들이 진실성 있게 투자할까? 만약 그렇게 하는 것이 회사를 돕는다고 생각한다면, 그리고 그들의 익명성이 보장된다면 그들은 그렇게 할 것이다. 그리고 시장 결과를 채권자 및 주주들에게 밝혀서 그들을 효과적으로 안심시킬 수 있을 것이다.

예측 시장은 또한 회사 인수 제안이 왔을 때 이사회가 어떻게 행동해야 하는지에 대한 오래된 논쟁에 도움이 될 수 있다. 제안이 우호적이던 비우호적이던 이사회는 오직 CEO에게서만 정보를 전달받아야 한다. 대부분의 이사들은 인수 회사에게 회사 가치가 어떻게 평가되는지 혹은 주식 교환의 경우 합병 회사의 예상 실적을 평가하는지 잘 모른다. 주주, 투기자, 차익거래자들의 정보는 도움이 되나 이들의 정보는 각자 자신들의 이익을 대변하는 부분이 크다.

2008년 2월 1일 마이크로소프트는 Yahoo! 이사진에게 모든 보통주를 주당 31불에 구매하겠다고 제안했다. 이후 33불로 조정했다. 첫 번째 가격은 제안 전 날의 보통 주 종가에 62퍼센트 프리미엄을 의미했다. 두 번째 제안은 70퍼센트 프리미엄이었다. 야후! 이사회는 두 제안 모두 거절했다. 직후 회사의 주식은 18불로 떨어졌고 해당 연도 말에는 12.8불로 내려갔다.

예측 시장에 마이크로소프트의 제안의 성공 여부를 기준으로 6개월 혹은 1년 뒤 야후! 주가를 물어볼 수 있었을 것이다. 만약 예측 시장 가격이 제안보다 높다면 이사진들은 더 많은 돈을 요구했을 것이다. 제3의 회사가 더 나은 조건을 제시할 가능성도 있다. 만약 예측 시장가가 마이크로소프트가 제안한 가격보다 더 낮다면 이사진들은 그 제안을 받아들이는 쪽으로 강하게 기울었을 것이다.

이런 예시들의 흥미로운 부분은 GM, GE, 마이크로소프트, 야후!(보잉은 제외하고) 각각 유사 상황에서 내부 예측 시장 경험이 있다는 것이다.

상상 가능하면서 가장 중요한 이사회 운영 예측 시장은 무엇일까? 이에 대한 해답은 짐 콜린스의 2009년 책『위대한 기업은 다 어디로 갔을까?(How the Mighty Fall : And Why Some Companies Never Give in)』에 나와 있다. 콜린스는 미군 장교, CEO, 그리고 사회 분야 리더들을 대상으로 웨스트포인트 육군 사관학교에서 그룹 토론을 진행했다. 주제는 미국이 그 위대함을 회복하고 있는지 아니면 과거의 영광을 잃어가고 있는지에 관해서였다. 한 CEO는 다른 버전의 동일한 질문을 던졌다.

"당신의 산업 분야에서 당신 회사가 가장 성공한 때는 언제였습니까? 만약 당신 회사의 힘과 성공이 당신 회사가 이미 쇠락의 길로 들어섰다는 사실을 숨기고 있다면, 이를 어떻게 알아차릴 수 있겠습니까?"

이 질문이 콜린스가 책을 집필하는 계기가 됐다. 콜린스는 조직의 쇠퇴는 병과 같다고 결론지었다. 초기 단계에는 문제를 발견하기는 어렵지만 고치기는 쉽다. 후기에는 감지하기는 쉬운 반면 고치기는 어렵다. 급격한 붕괴를 앞두고 있는 상황에서도 회사는 강하게 보일 수 있다며 근래의 예를 들었다: 제록스, HP, IBM, 누코어(Nucor), 머크(Merck), 델타항공, 디즈니, 보잉.

콜린스는 책에서 위대한 기업들의 몰락 5단계를 설명한다. 1단계는 "성공이 낳은 거만"이다. 경영진은 초기 성공에 고립되고 중역들은 성공을 권리로 여긴다. 2단계는 "원칙 없이 더 큰 스케일의 더 큰 성장, 더 많은 수익을 쫓는 단계"다. 3단계는 "위험과 위기 가능성 부정"이다. 경고 표시가 쌓여가지만 제어할 수 없는 외부 요소나 순환 시장의 결과로 설명되어진다. 이 단계에서는 CEO와 이사진은 부정적인 자료를 평가절하하고 모호한 데이터는 그럴듯하게 제시하고, 긍정적인 자료는 크게 부각시킨다.

4단계는 "구원을 찾아 헤매는 단계"로 3단계에서 누적된 피해가 회사를 몰락의 길로 내몬다. 콜린스는 사업체가 4단계 도달하기 전까지는 그들의 실패가 겉으로는 보이지 않는다고 말한다. 4단계를 피하는 방법은 3단계에서 개선책을 취하는 것이다. 하지만 3단계에서는 상황이 다 좋다고 생각하며 CEO와 이사진이 여전히 편안함을 느낀다. 이들의 기업 건강에 대한 해석이 다른 이들과도 공유되고 있는지 어떻게 감시할 수 있을까? 예측 시장의 직설적인 질문들을 생각해보라. "이번 분기 및 다음 분기 말의 회사 점유율은 얼마일까?" "이번 분기 및 다음 분기 말의 회사 주가는 얼마일까?"

3단계 문제의 한 예시로 투자 은행 베어스턴스(Bear Stearns)를 보

자. 이 회사의 주가는 2007년 최고가인 172불을 기록했다. 회사의 모기지 담보 채권과 파생 상품이 얼마나 적은 가치를 갖고 있었는지 몰랐던 이사회는 CEO 제임스 케인(James Cayne), 사장 워렌 스펙터 (Warren Spector), 그리고 앨런 슈와츠(Alan Schwartz)에 대한 보상으로 거의 1억 불을 승인했다. 주식이 정점을 찍기 직전, 베어스턴스의 한 수학자가 회사의 투자 포트폴리오의 노출 정도를 확인하기 위해 위기 평가 매트릭스를 변경했다. 위기 예후는 심각했다. 많은 고위 임원들은 이 분석에 대해 알고 있었고 결과에 동의했다. 하지만 케인은 연구 평가와 방법 모두를 부정했고 이사회에 자료를 제출하지 않았다. 이사회 주도의 예측 시장은 직원들의 두려움을 파악할 수 있었을까? 2008년 초 베어스턴스는 아주 빠르게 4단계에 들어섰다. JP 모건은 투자사의 잔해를 주당 2불에 사들였다. 이후 가격은 10불로 상승했다.

4단계에 들어선 다른 기업으로는 토요타를 들 수 있다. 적어도 2009년 10월 사장 아키오 토요타가 일본 언론에 말한 바로는 그렇다. 그는 토요타는 이미 콜린스의 "위험과 위기 가능성 부정" 단계를 지났고 "구원을 찾아 헤매는 단계"에 있다고 했다. 그의 발표 1년 전 토요타는 41억 불을 잃었고(이는 GM이 동기간 잃은 가격의 2배이다) 모든 시장에서 주가는 하락했다. 2011년 4분기 토요타는 최고 글로벌 판매 자리를 GM과 폭스바겐에게 내줬다.

토요타 사장의 4단계 결론을 예측 시장을 이용해 테스트해보면 좋았을 것이다. 필자가 아는 바로는 일본 기업은 예측 시장을 운영한 적이 한 번도 없다(몇몇 일본 대학교들은 널리 알려진 정치 예측 시장을 운영하고 있다).

콜린스의 5단계는 유명무실해지거나 생명이 끝나는 단계다.

만약 이사회가 발의한 예측 시장에 대한 또 다른 논증이 필요하다면, 이는 칼텍 교수인 스콧 E. 페이지의 결론에서 찾아볼 수 있다. 그는 문제 해결이나 예측을 도출할 때 다양한 그룹이 동일한 그룹 보다 더 나은 결과를 생산할 가능성이 더 높음을 직접 확인했다. 이사회 구성원이 다양하지 않으면 어떻게 해야 할까? 2010년 포춘 500회사의 이사진 중 여성과 소수 민족은 17.1퍼센트였다. 미국 전체 인구에서 남성 및 여성 흑인은 13퍼센트지만 이들의 이사회 의석 비율은 8.7퍼센트였다. 아시아계 3.5퍼센트 라틴 아메리카계는 2.5퍼센트였다. 만약 회사 이사진의 구성이 다양하지 않다면 이사회는 더 다양한 투자자들로 구성된 그룹을 대상으로 예측 시장의 결과를 찾아야 할 것이다.

Part 3

예측 시장은
어디까지
발전할 것인가?

고정관념을 허물어뜨린 예측 시장들
– 오디션과 전염병학

저 무지개 노래는 별로다. 당장 빼버려라.
— 영화 '오즈의 마법사'의 첫 장면을 비판하는 MGM의 메모, 1938

1991년까지 영국 내 에이즈 환자 수는 백만 명에 이르게 될 것
입니다.
— 세계보건기구의 에이즈 발생에 대한 1989년 보고서 [실제 1991년 발생 수: 7,699]

이전 장들에서 설명한 예측 시장은 직접적이며 평범한 아이디어
들을 다뤘다. 필요한 것이라고는 '우리 전부보다 똑똑한 사람은 아무
도 없다'라는 전제만 있으면 됐다. 하지만 구글이 에반스튼 부족을
(2-1장) 추적하는 것처럼 예측 시장 지지자들도 생각조차 못한 기발
한 예측 시장 적용 사례들이 있다. 예를 들면 뮤지컬 코미디 배우를
캐스팅하거나 전염병을 추적하고 6학년 학생들의 읽기 성적을 향상
시키기 위한 프로그램의 성공 여부를 측정하고 유명 축구팀의 선수
를 선발하는 것이 바로 그 예들이다.

대형 뮤지컬 작품 캐스팅에 공개 방영되는 예측 실험을 사용하는 것은 어떨까? 2006년 오페라의 유령, 지저스 크라이스트 슈퍼스타, 에비타 등을 담당한 작곡가 앤드류 로이드 웨버(Andrew Lloyd Webber)는 신인 발굴 TV프로그램 'How Do You Solve a Problem Like Maria?'에서 런던 시청자들을 활용했다. 프로그램의 목표는 런던의 웨스트엔드에서 로이드 웨버가 제작하는 뮤지컬 '사운드 오브 뮤직'에 출연할 이상적인 마리아 폰 트랩을 찾는 것이었다.

로이드 웨버는 처음 주인공으로 영화배우 스칼렛 요한슨을 초대했다. 유명 배우를 캐스팅하고 계약 성사를 널리 알리는 것은 제작자가 작품의 홍보와 예매 티켓 판매를 증가시키기 위해 고전적으로 사용하는 방법이다. 하지만 요한슨은 영화 분야 커리어가 진행 중인 와중에 1년 간 연극 무대에만 서고 싶지 않았다.

유망한 신인 발굴에 TV 시청자들을 사용한 유명한 사례가 하나 있다. 폭스 TV의 히트 쇼 '아메리칸 아이돌'이다. 이 노래 경연 대회에서 시청자들은 문자나 전화를 해서 최고의 가수와 록커에게 투표한다. 하지만 이 쇼는 시청자가 가장 좋아하는 사람이 누구인지 묻는다. '사운드 오브 뮤직' 제작자들은 시청자들에게 최고의 배우를 뽑으라고 하지 않았다. 프로그램 초기에 로이드 웨버는 시청자들이 눈 여겨 보아야 할 점들을 제시했다. 폰 트랩 장녀의 나이와 유사해 보이며 마리아의 순수함을 표현할 수 있고 1,600명이 들어차는 공연장을 가득 메울 수 있는 목소리를 지닌 여성. 마리아 아우구스타 폰 트랩 역은 극장에서는 마리 마틴에 의해서 스크린에서는 줄리 앤드류스에 의해 유명해졌고 '무대에서 가장 큰 역할'로 불려왔다.

오디션에 응한 300명 중 50명의 후보가 선택되었다. 50명 중 30명은 뮤지컬 코미디에 이미 경험이 있었다. 매주 방청객 및 시청자들은 여러 공연들을 본 뒤 로이드 웨버의 기준과 가장 먼 사람에게 투표했다. 투표 절차는 예측 시장과 흡사했다. 각 시청자는 매주 최고 6번 투표할 수 있었고 따로 전화를 걸어야 했다. 한 통 당 약 1파운드(1.5불)였으므로 보통 시청자들은 투표하지 않았다. 프로그램을 흥미 있게 보는 시청자들은 매주 한 번 1파운드를 투자할지 모른다. 열정적인 지지자들은 6번 모두 투표하며 총 6파운드(9불)를 투자한다. 이런 투자자들에 대한 보상은 그들이 지지하는 후보가 경쟁에서 살아남아 다음 주에 펼치는 공연을 보며 얻는 만족감일 것이다.

로이드 웨버는 시청자 지지도가 낮은 후보라도 일주일에 한 명의 탈락에서 회생시킬 수 있는 기회를 갖고 있었다. 하지만 공연의 천만 파운드(1,500만 불)을 거머쥘 우승자는 아마추어 예측 그룹의 손에 달려있었다. 시청 투표자 중 절반은 런던 웨스트엔드 뮤지컬을 실제로 본 적이 없었을 것이다. 하지만 이 TV 프로그램은 결선 투표에만 225만 명이 참여하며 BBC 역사상 가장 높은 시청률을 기록한 쇼로 남았다. 이 TV쇼는 또한 인터내셔널 에미상을 수상하기도 했다.

프로그램 시청자들은 연극 학교 밖에서는 전혀 공연해 본 적 없는 코니 피셔(Connie Fisher)를 선택했다. 피셔의 어머니는 신문 인터뷰에서 안정적인 리테일 일을 그만두고 오디션에 참가하는 딸을 비난했다. 이유는 '딸에게 재능이 별로 없기' 때문이었다. 뮤지컬 '사운드 오브 뮤직'은 런던 팔라디움에서 열렸고 피셔는 마리아 역으로 '런던의 비평가 협회 시어터 상'(London's Critics' Circle Theater award)을 수상했다.

뮤지컬은 런던 연극 역사상 최고 티켓 예약률을 기록했다. 피셔의 대부분 공연은 완판 되었다. 오디션에서 우승하지 못한 다른 참가자들은 뮤지컬에 눈베르크 수녀원의 수녀 역할로 연기했다.

토론토에서의 제작에서도 마리아를 캐스팅하기 위해 동일한 예측 프로세스가 사용되었다. 우승자 엘리샤 맥켄지(Elicia Mackenzie)는 역시 이전에 무명 배우였고 경험도 상대적으로 적었다. 맥켄지의 성공은 코니 피셔의 성공에 버금갔다.

예측 시장이 에이즈 확산을 막기 위해 독특한 방법으로 사용될 수 있을까? 최근 발매된 엘리자베스 피사니(Elizabeth Pisani)의 뛰어난 책 『The Wisdom of Whores』는 매춘부들이 에이즈가 확산되는 방법에 대해 우리에게 많은 것을 알려줄 수 있었음을 이야기한다. 전 세계 성매매업에 종사하는 사람들의 경험과 그 경험을 바탕으로 세상 물정에 밝은 사람들에 대해 설명한다.

피사니는 전염병 학자로 일하다가 저널리스트로 업을 바꾸었는데 원래 여러 나라의 국제 보건 기관들에서 종사했었다. 그녀는 그 동안 전 세계가 에이즈에 대해 잘못된 방향으로 대응했다고 주장한다. 이전 아프리카의 에이즈 담당 UN 사절이었던 캐나다의 스티븐 루이스(Stephen Lewis)와 같은 여러 다른 전문가들도 피사니의 주장을 지지한다. 관료적 관점은 에이즈는 전 세계적으로 인구 이동에 따라 퍼지는 병으로 추정했다. 반면, 피사니는 아프리카를 제외한 전 지역에서 에이즈가 3개의 고위험군, 매춘부, 약물 중독자, 그리고 게이 사이에서 연쇄적으로 전염된다고 말한다. 피사니에 따르면, 대부분의 사람들이 에이즈에 걸릴 확률은 매우 미미하기 때문에 전체 인구를 대상으로 에이즈 예방 자원을 투입하는 것은 비경제적이다. 한 극단적인 예로 동티모르를 들 수 있다. 1999년 독립 이후 미국에서 전국적 에이즈 프로그램을 위해 200만 불을 지원했다. 당시 동티모르에는 HIV 확진된 인구가 7명 있었는데 이미 모두 약물 치료 프로그램을 받고 있었다.

피사니가 꼽은 에이즈 전염을 막을 수 있는 가장 효과적인 방법은 무료로 깨끗한 주사바늘, 메타돈(Methadone), 그리고 콘돔을 배포하는 것이다. 피사니의 책을 칭찬하는 사람들 가운데 몇 명은 제3국의 성매매업 경험이 있는 사람들을 대상으로 예측 시장을 운영했다면 훨씬 빨리 이 결론에 도달했을 것이라고 말했다.

다른 보건 관련 이슈에 적용된 사례는 예측 시장을 성과별 백신 지급 프로젝트와 결합한 것이다. 빌과 멜린다 게이트 재단처럼 자선 단체에서 말라리아 예방 접종을 받은 말라위 아이 한 명당 15불을 지급하겠다고 동의하면 어떨까? 15불 보조금이 없을 때 말라리아에 걸릴 아이들의 숫자와 보조금이 제공될 때 병에 걸릴 아이들의 숫자 예측에 예측 시장이 사용될 수 있다. 이 숫자들은 게이츠 재단이 예측 시장에 기반해 보조금 효과를 판단할 수 있는 자료가 된다.

이후 재단은 백신 공급 권리를 놓고 경매를 진행한다. 가장 높은 입찰가를 제시한 회사가 백신을 제공할 수 있게 되고 이후 보조금을 받는다. 경매 참가 후보들은 시장 예측치를 기준으로 호가를 계산한다.

가장 높은 입찰가는 백신 공급자가 가장 싸게 백신을 재단에 공급함을 의미한다. 입찰자는 총 1만 불을 지불하고 백신을 공급할 권리를 얻었고, 이후 제3기관의 감사자가 백신 접종을 받은 아이들의 인원수를 확인하면 명당 15불을 수령하게 된다. 재단이 부담하는 금액은 접종자 수의 15불을 곱한 값으로 1만 불보다 적은 액수이다. 이제 입찰자는 아이들을 찾아 예방 접종을 할 경제적 인센티브를 가지게 되었다. 이 예시를 기준으로 손익 분기점을 뛰어 넘은 3천 명 이상의 아이들에게 예방 접종을 진행하면 큰 수익을 낼 수 있다. 예측 시장은 재단에게 세 개의 새로운 숫자를 제공한다(백신 프로그램의 이익, 순이익, 재단이 부담하는 총 비용. 이 예측치들은 완벽하지는 않을 것이나 예측 시장의 특성으로 봤을 때 재단이 가질 수 있는 다른 정보보다 훨씬 더 나을 것이다).

미국 중서부의 독감처럼 다른 질병 관리에 예측 시장을 사용하는 것은 어떨까? 2004년 아이오와 전자 시장(IEM)은 독감 발병을 예측하기 위한 시장을 시작했다. 2003년 전염병 전문의 필 폴그린(Phil Polgreen)은 IEM이 처음 개발된 에어라이너 펍과 가까운 아이오와 시 중심가의 한 파티에 참석했다. 파티에서 폴그린은 IEM의 포레스트 넬슨과 조지 뉴먼을 만나 당시 큰 전염병이었던 사스(SARS)에 대해 얘기하기 시작했다. 이 병은 전형적인 예측 문제를 지니고 있었다. 접할 수 있는 정보는 많았지만 전 세계 여러 사람들에게 해당 정보가 퍼져있었다. 사스가 어느 지역에서 퍼지고 있는지, 지속적인 보건 문제로 남을지에 대해 아는 사람은 아무도 없었다. 폴그린, 넬슨, 뉴먼은 사스 예측 시장을 시작하는 것에 대해 이야기했다. 하지만 이들이 행동에 옮기기 전에 병은 사라졌다. 이들은 사스 시장 대신 독감 시장을 열기로 결정했다.

인플루엔자는 중대한 건강 질환이다. 매년 미국 인구의 5-20퍼센트가 독감에 걸리고 이 중 36,000명이 매년 독감으로 사망한다(전 세계 사망자는 5만 명에 이른다). 격리 발생된 질병도 빠르게 지역 전염병으로 확산될 수 있다. 백신, 항바이러스 약품, 전문의들을 조속히 배치할 수 있도록 전염병 발생을 빠르게 발견하는 것이 중요하다. 기존의 전염병 감시 방법은 정량적이나 속도가 느리다. 현재 및 과거 데이터 분석에 의존하기 때문이다.

애틀랜타에 있는 질병통제예방센터(Centers for Disease Control, CDC)의 기존 통념은 인플루엔자는 본질적으로 예측 불가능하며 무작위로 발생하기 때문에 향후 결과를 예측할 수 있는 방법은 없다는 것이었다. 폴그린은 그의 목표 중 하나가 CDC 및 다른 이들이 정보 수집 방법에 대해 갖고 있는 관념을 바꾸는 것이라고 했다. 당시 현실은 전문의들에게 질병 발생 및 트렌드에 대한 정보도 있었고 예측에 대해 도움을 줄 의향도 있었지만 이를 쉽게 할 수 있는 방법이 없었다.

아이오와 독감 시장은 빠르게 정보 수집 및 보고를 가능하도록 하여 질병 치료에 도움이 될 수 있도록 설계되었다. 독감 유행 기간 내 매주 금요일마다 투자자들은 그들이 머무는 주의 내주(來週) 독감 활동이 CDC가 사용하는 5개 그룹(비 활동, 산발적, 지역적, 지방적, 광범위) 중 어디에 분류될지 선택했다. 아이오와주립대병원의 미생물학자인 스테이시 코프먼(Stacy Coffman)은 이 시장의 초기 투자자였다. 그녀는 전염병 관리 전문가로서 지역 발병 시 처음으로 그 사실을 접할 수 있는 사람이다. 시장 운영 첫 기간 중 그녀는 소지하고 있던 "가상 투자 금액(Flu buck)"을 2배로 늘렸다. 독감 기간 마지막에 코프먼은 계정에 소지한 가상 투자 금액을 동일 규모의 미국 달러로 환산해 교육 지원비로 수령했다.

시장은 가정 주치의, 응급실 직원, 약사, 임상 미생물학자들이 새로운 발병이나 계절 경향의 이상 변화를 처음으로 확인할 수 있는 사람들이라고 가정한다. 이런 의료계 종사자들은 기다렸다가 CDC에 보고서를 작성해 우편으로 보내지 않고 커피 휴식 시간에 온라인으로 전염병에 대해 투자한다. 초기 우려 사항 중 하나는 백신을 비싼 가격에 더 많이 팔기 위해 백신 제조업체가 발병 횟수 예측치를 인상시키려 할 수도 있다는 것이었다. 하지만 이런 일이 발생할 조짐은 한 번도 없었다.

예측 시장은 CDC의 독감 활동 보고서 발행의 2주 혹은 4주까지 더 빠르게 인플루엔자 시즌의 시작, 정점, 종료를 모두 정확하게 예측했다. 시장은 또한 지리적 이동이 어떻게 일어났는지 설명하는 데도 도움을 주었다. 아이들이 독감에 걸린다. 부모들은 집에 남아 아이들을 돌보며 독감에 걸린다. 이 부모들이 바이러스를 갖고 직장에 출근해 다른 부모들에게 옮기고 그 부모들은 집에 가서 그들의 아이들에게 전달한다. 전염병에 걸리는 것은 대부분 아이들이다. 어른들은 매개체로 지역 이동 발병에 결정한다. IEM은 내주 발병 심각성을 85퍼센트 확률로 정확히 예측했다. 예측이 빗나간 경우에도 시장은 5단계 심각도 시스템에서 한 단계 이상 빗나간 적이 없다.

다른 시장에서는 해당 연도의 독감 예방 주사가 얼마나 효과적인지 예측한다. 독감 바이러스는 매년 항원변이라는 것을 거친다. 그렇기 때문에 지배적 독감 균에 맞추기 위해 백신은 매년 다시 배합되어야 한다. 만약 백신이 독감 균에 제대로 대응하지 않는다면 인플루엔자로 인한 병과 사망이 급격하게 증가한다. 백신 효과에 대한 정보는 보통 독감 시즌 끝 무렵에 알 수 있다. 불일치에 대한 정보를 더 빠르게 알 수 있다면 의료계가 미리 준비하여 대응하는 데 큰 도움이 될 것이다. 의무적으로 모두 백신을 접종해야 하는 미군들과 일하는 의료진들이 백신 효과 시장에 많이 투자했다.

아이오와 독감 예측 시장은 구글 트렌드의 일부인 구글 독감 예측 시장에 의해 일부분 대체되었다. 많은 미국인들은 건강이 안 좋을 때 병원에 전화하기 전에 먼저 구글에서 '독감 증상' 등을 검색한다. '체온계', '근육통', '가슴 통증'과 같은 연관 검색어도 해당되나 낮은 가중치를 갖는다. 밀려드는 이런 질문들은 구글 독감 트렌드 예측 시스템에 입력되어 빠르게 증가하는 발병률을 쉽게 확인할 수 있다. 구글은 어디서 발병하고 있고 독감이 어느 방향으로 퍼지고 있는지 보여준다(참고 표 11-1).

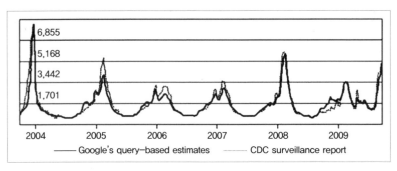

(표 11-1) 대서양 중부 지역의 실제 미국 독감 활동과 구글의 독감 경향 예측
출처: 2009 구글 독감 경향 프로젝트의 차트와 데이터 종합 집

상위 표는 지난 6년 간 질문에 기반한 구글의 대서양 중부 지역 독감 예측치와 CDC의 FluView/인플루엔자 감시 보고서를 비교한다. 구글 검색에 기반한 예측치는 독감 발병의 모든 변화와 일치한다. 독감 트렌드는 CDC가 인플루엔자 발병을 발표하기 1주에서 10일까지 더 빠르게 알아챈다.

이론상으로 구글 트렌드는 알레르기부터 유행성 전염병까지 거의 모든 의학 현상을 차트로 나타낼 수 있으며 영어뿐만 아니라 중국어로도 사용 가능하다. 연구원들은 중국 구글 사이트에 얻은 자료가 동물 및 조류 전염병이 인간에게 전염 가능한지 알아보는 데 사용할 수 있는지 연구 중이다.

2-1장에서 필자는 사람들이 선호하는 레스토랑과 나이트클럽을 확인하기 위해 개인 휴대폰 시그널을 활용하는 방법에 대해 이야기했다. 센스 네트워크는 동일한 기술을 의료 부문에 적용하여 남아프리카 HIV와 결핵 확산의 예측에 사용하는 것을 제안한다. 시티센스는 요하네스버그의 헬렌 조셉 병원에서 치료 받고 있는 감염 환자들의 이동 경로를 추적한다. 퇴원 이후 각 환자들에게 휴대폰을 소지하고 항상 켜두길 요청한다. 이 방법으로 환자들이 어떻게 통근하고 어느 동네를 방문하는지 확인할 수 있을 것이다. 감염 환자들의 이동 패턴을 이해하고 감염되기 전에도 같은 길로 이동한다는 추론은 관리자들이 새로운 감염 확인을 위해 어느 지역에 더 집중해야 하는지 알려줄 수 있다.

자발적 시장을 통해 알 수 있는 것들은 더 많다. 구글의 할 바리안은 2009년 자동차 및 휴가와 같은 상품들에 대한 구글 검색량의 최고 및 최저점이 3~7일 후 해당 제품들 판매 변동을 예측한다는 연구 결과를 발표했다. 직업과 관련된 구글 검색량 변화는 다음에 발표될 미국 취업률 통계의 좋은 예측 변수다.

백신에 대한 예측 시장 기반의 성과급제는 동일 방법이 교육에도 적용될 수 있음을 보여준다. 워싱턴 DC에 위치한 미국 기업 연구소 소장인 로버트 한(Robert Hahn)은 다음의 미래 시나리오를 구상한다. 6학년 학생들의 읽기 점수를 10점 더 증가시켜야 하는 교육구가 있다고 가정해보자. 학교는 예측 시장을 만들어 3개월 간 학생들을 가르칠 외부 선생님을 고용하고 증가한 점수만큼 성과급을 제공할 때 얼마나 학생들의 점수가 향상될지 묻는다. 선생님, 부모님 외에도 이 문제에 관심 있는 사람이라면 누구나 투자할 수 있다. 예측 시장 자료를 바탕으로 학교는 프로그램 진행 여부를 결정한다. 만약 진행하기로 결정한다면 잠재 입찰자들은 이 결과를 활용하여 프로그램 입찰에 참가할지, 얼마나 투자할지 등을 결정할 수 있다.

만약 학교에서 프로그램을 진행한다면 읽기 향상 프로그램은 가장 높은 금액을 제시한 입찰자에게 돌아가게 된다. 낙찰자는 일시불로 전체 금액을 지불한다. 멘토링 기관은 이후 3개월 기간 동안 6학년생들의 읽기 점수가 1점 올라갈 때마다 50불을 받는다. 낙찰자는 성과에 따라 돈을 받게 되는 것이다. 만약 시험 점수가 올라가면 학교 이사회는 돈을 지급한다. 만약 향상되지 않으면 계약자가 프로그램 비용을 내게 된다.

다음과 같은 일련의 질문들을 물으면서 시장을 다른 방식으로 이용할 수도 있다. 저소득 가정 아동의 평균 시험 점수는 얼마나 증가할까? 중산층 가정 아이들의 성적은 어떻게 영향을 받을까? 저소득 가정 6학년생들의 공부 향상을 위해 더 큰 점수 성과제가 제공될 수 있을 것이다.

칼텍의 존 레드야드(John Ledyard)는 같은 문제에 대해 서로 다른 2가지 시장 접근법을 제시한다. 첫 번째 시장은 개인 교사 회사를 고용하지 않았을 때 6개월 간 점수가 10점 증가하면 10불을 제공한다. 두 번째 시장은 개인 교사 회사를 고용했을 때 읽기 점수가 얼마나 향상될지 묻는다. 만약 회사 고용이 성사되지 않으면 투자자들은 돈을 돌려받는다.

이 계약에는 학생들의 점수 향상을 위해 회사가 무엇을 할 수 있는지 설명한다. 시장은 예측 결과를 제공하고 개인 교사 회사에게 얼마만큼 지급해야 할지 참고할 수 있는 기준치를 준다. 개인 교사의 행동 범위를 묻는 것처럼 동일한 질문이되, 다른 옵션을 갖고 시장을 운영할 수도 있다.

1-3장에서는 스포츠 경기 결과를 예측함으로써 예측 시장이 얼마나 놀랍도록 정확한지에 대해 알아보았다. 경기 결과 예측이 아닌 팀 운영 전략을 선택하기 위해서 시장을 활용할 수도 있을까? 스페인 축구클럽 레알 마드리드와 이를 소유하고 있는 클럽 멤버들에 대해 알아보자.

'Socios abonados'는 레알 마드리드 멤버들을 일컫는 말로 58,000명의 회원들이 회원비를 내고 시즌 티켓을 소유하며 클럽 회장을 4년마다 선출한다. 클럽이 지속적으로 점검하는 회장 재임 4년 동안 변화하는 선호도는 현재 클럽의 성과와 앞으로 무엇을 해야 하는지 척도를 제공한다. 회원들은 시즌 티켓 가격을 인상하는 것(대부분 클럽은 인상하지 않는다), 팀 셔츠에 어떤 스폰서의 이름이 나와야 하는지, 그런 로고는 얼마나 유명해야 하는지 등에 대한 의견을 표출한다. 이것은 시장이지 여론조사가 아니다. 관심이 없는 사람은 자신의 선호도를 표시하지 않는다. 정말 팀에 관심이 많은 사람들은 강한 의견을 표출한다. 대가족들은 여러 번 투표하기 위해 음모를 꾸미기도 한다.

수년간, 회원들은 전 세계 다른 축구 클럽이 사용하지 않는 시스템의 경쟁 모델에 찬성표를 던져왔다. 레알 마드리드 모델은 6명의 스페인 선수들과 함께할 갈락티코라 불리는 5명의 슈퍼스타 외국 선수를 영입하는 것을 포함한다. 이전 레알 선수들 중 지네딘 지단, 호날두, 루이스 피고, 데이비드 베컴은 레알 클럽 모델에 따라 영입한 선수들이다. 캡틴은 항상 스페인인이어야 한다. 레알 마드리드 회장 후보는 이 경쟁 모델이 아니라 어느 외국 선수를 영입할 수 있는지에 대해 선거 캠페인을 벌인다.

라이벌팀 FC 바르셀로나에서 루이스 피구를 영입해오는 것은 2000년 7월 프로렌티노 페레즈(Florentino Pérez) 회장 후보 캠페인의 주요 공약이었다. 2009년 레알 마드리드 클럽에 복귀하면서 페레즈는 밀란에서 카카를 영입하고 맨체스터 유나이티드에서 크리스티아누 호날두를 영입하겠다며 많은 표를 얻었다. 값비싼 약속이었다. 두 영입은 페레즈의 공약대로 성사되었으나 레알 구단은 1억3,600만 파운드(약 2억6,200만 불)를 지불해야 했다.

팬 주도 방식으로 팀을 구성을 하는 것은 효과가 있을까? 근래 10

년 간 레알 마드리드는 스페인 축구 역사상 가장 성공적인 구단으로 기록되고 있다. 국제 축구 연맹 FIFA는 20세기 가장 성공적인 축구 구단으로 레알 마드리드를 지명했다. 레알 마드리드는 31번 라리가 우승 타이틀을 거머쥐었고 17개의 스페인 컵, 9개의 유러피언컵, 2개의 UEFA컵을 획득했다. 2010년에는 4억6천만 유로(5억6천만 불)의 수익을 거두며 전 세계 축구팀 중 가장 많은 수익을 얻은 팀이 되었고 팀 가치와 영업 수익으로는 2위에 올랐다. 1위는 영국의 맨체스터 유나이티드였다.

예측 시장이 기발한 방식으로 적용되면서 극단적인 사례가 몇 나타나기도 한다. 더 기발한 적용 방식을 고려해 볼 때다. 테러 공격을 예측하기 위해 시장을 사용하는 건 어떨까? 다음 장에서는 미국 정부의 테러 예측 시장의 역사를 살펴본다.

또 다른 참신한 예측 시장들
– 테러리즘 예측 시장

미국 9·11 테러의 경우, 테러 발생 전 확인할 수 있는 중요한 관련 정보가 많았습니다. 문제는 이 정보를 한 곳에 모두 종합할 수 있는 메커니즘이 없었다는 사실입니다. 만약 잘 조직된 시장이 있었다면 이 목적을 수행할 수 있는 메커니즘으로 잘 작동될 수 있었을 겁니다.

– 제임스 서로위키(James Surowiecki), Slate 매거진 인터뷰

어려움은 새로운 아이디어를 개발하는 것보다 낡은 아이디어에서 벗어나는 데 있다.

– 존 메이나드 케인스(John Maynard Keynes), 영국 경제학자

톰 리지(Tom Ridge)가 2003년 미국 국토안보부 장관이 되었을 때, 그는 테러와의 싸움에서 혁신과 새로운 아이디어가 초석이 되어야 한다고 말했다. 리지의 우선 과제 중 하나는 '기업가들에게 새로운 프로젝트와 혁신을 장려하는 것'이었다. 오레건 주 상원의원 론 와이

든(Ron Wyden)은 안보 위협에 편승해 '테러와의 전쟁을 위한 미국 능력 강화를 위한 기술 로드맵'을 촉구하며 "미래 위협에 대처할 수 있도록 새로운 세대의 기술과 기술 전문가들을 육성해야 한다."고 덧붙였다.

이 기술 로드맵을 구성하라는 지시는 미국 국방부의 방위고등연구계획국(DARPA) 산하의 창공 연구 부문에 주어졌다. DARPA는 1958년 소련의 스푸트닉 인공위성 발사 이후 냉전이 최고조에 달했을 때 기초 과학과 군사 응용의 격차를 줄이자는 목표로 설립되었다.

DARPA의 역사는 뛰어난 성공과 유명한 실패 모두를 포함한다. 가장 유명한 업적은 1969년 기관 연구원이 4대의 컴퓨터를 연결하며 ARPNET을 구성한 것이다. ARPNET은 군대, 대학, 싱크 탱크를 연결하는 네트워크가 되었고 이후 진보를 거듭해 인터넷이 되었다. DARPA는 컴퓨터 운영 시스템 UNIX 개발에 자금을 지원했고 군용기 설계에 사용되는 스텔스 기술을 개발했다. 하지만 베트남 정글에 군인을 수송하기 위해 고안된 거대한 기계 코끼리의 프로토 타입에서는 큰 성공을 거두지 못했다. 현재 DARPA는 미래의 위키리크스를 막기 위해 민감한 정보가 새어나가는 것을 방지하고자 고안된 소프트웨어 Cinder(Cyber Insider Threat)를 개발하는 중이라고 알려졌다. DARPA는 주어진 테러방지 과제에 대해 어떻게 예측 시장이 사용될 수 있는지 그 혁신적인 방안을 내놓았다. 기관은 정책 분석 시장(Policy Analysis Market; PAM)을 구성하여 항상 협력하지 않던 16개의 미국 정보기관들의 정보를 종합해 테러 위협을 평가하는 시장 솔루션을 개발했다. 이 여러 기관들은 정기적으로 데이터베이스를 공유하지 않았기 때문에 한 조직이 수집한 자료가 자동으로 다른 조직에 공유되지 않았다.

진주만에서 한국전쟁, 9·11 테러, 그리고 2009년 성탄절 디트로이트에서 발생한 여객기 폭파 시도에 이르기까지 하나 이상의 정보기관은 사건 발생 전 관련 정보를 이미 갖고 있었다. 세계무역센터와 펜타곤 공격 4개월 전, FBI의 뉴욕지국은 애리조나 주에서 의심스런 의도를 가진 개인들의 수가 비정상적으로 많아, 조사가 필요하다는 경고가 전달되었다. 하지만 이 정보는 CIA로 전달되지 않았다. 미국 9·11 위원회는 이 내용과 정보 공유 부족의 다른 예시들을 인용하며 "모든 정보 분석의 가장 큰 장애물"이라 일컬었다.

예측 시장은 개인 출처를 밝힐 위험 없이 전체 예측 값을 도출할 수 있고, 집단의 결정에 따라야 하는 압박을 받는 정부 혹은 정보기관 직원들이 본인들의 실제 견해를 익명으로 시장에 전달할 수 있다고 여겨졌다. 첫 번째 PAM 시장은 이집트, 요르단, 이란, 이라크, 이스라엘, 사우디아라비아, 시리아, 그리고 터키의 경제, 민간 및 군사 안정성에 대해 증권을 거래하는 것이었다. 1년 간 진행되는 예측 시장으로 분기별로 계약이 발행되었다.

각 나라에 대해서 군사 활동, 정치 불안정성, 경제 성장, 미국의 군사 및 경제 개입에 대한 총 5개의 증권이 있었다. 정치 불안정성 척도는 대규모 시위, 정치적 체포, 실업률 등을 추적한다. 다른 계약들은 세계 무역 수치, 테러 공격으로 인한 사망자 수, 해외 파견 미군의 사망률 등에 대한 예측을 다뤘다. PAM은 2003년 9월 100명의 투자자를 시작으로 11월에는 1,000명, 2004년 1월까지는 최대

10,000명의 투자자를 유치했다.

이코노미스트 인텔리전스 유닛(시사 경제 주간지 이코노미스트의 계열사)이 PAM의 데이터 분석을 진행한다. 트레이더들의 익명성이 중요하기 때문에 은행비밀주의 효력 아래 있는 리히텐슈타인 같은 해외 은행이 PAM 투자자들의 금액을 보유하고 있다가 성공적인 예측이 이뤄지면 금액을 지불한다. 이 은행이 PAM 투자자들의 신상 정보를 알고 있는 유일한 단체다.

DARPA는 테러리즘에 대한 시장에는 연관된 순환적 문제가 있다는 것을 알아챘다. 만약 CIA가 알 카에다의 암살 시도로 인해 이라크 총리의 위험이 증가했다는 시장 예측에 대해 조치를 취하려고 하면 군사 및 민간 안보가 증가하게 된다. 이는 암살 시도를 막을 수도 있지만 투자자들의 예측을 무효로 만든다.

이 순환성 문제는 안보를 어떻게 서술하느냐에 따라 발생한다. DARPA의 솔루션은 암살에 대한 계약을 만들지 말고 3개월 간 기간 중 어느 때라도 총리 주변의 경비력이 50퍼센트 이상 증가할지에 대해 질문하는 것이었다. 증가된 보안력은 공격 위험을 반영해 증가된 것이라 생각할 수 있다. 아직 몇몇 순환 문제가 남아 있다. 증가된 보안력 시장에 투자하는 것이 순환성을 야기할 것이다. 더 향상된 보안을 위해 충분한 돈을 쓰고자 하는 투자자는 다른 투자자를 압도해 보안이 증가될 것이라 확신시킬 수 있다. DARPA는 투자의 달러 가치가 충분히 낮아서 순환성을 눈치 챈 개인들이 여전히 지속해 투자하기를 바랐다.

PAM 시장은 다음과 같은 연관 질문에 기반을 두고 운영될 수도 있다.

"만약 A가 발생한다면(미국이 이라크에 2년 이상 머무른다면), B가 발생할 확률이 X퍼센트다(시리아 대통령이 시리아 군 고위 지휘부에 의해 타도 당할 확률)."

한 시장은 미국의 군 철수 혹은 미군이 2004년 1분기까지 철수하지 않는 경우 2004년 4분기에 시민들의 불안정 수준에 대해 물었다.

만약 2003년 연합군의 이라크 침공 논란 동안 시장이 운영되었다면, 침공이 이루어질 때 혹은 침공하지 않을 때의 3개월 간 이집트, 시리아, 바레인 정부의 안정성에 대해 여러 질문들이 나올 수 있었을 것이다. 아니면 침공 여부에 따라 3개월 뒤 세계 원유 예측 가격을 물어볼 수도 있었을 것이다.

첫 PAM 웹 사이트에는 95개의 샘플 질문들이 게재되었다. 질문들 중 가장 눈에 띄는 3개는 2004년 1분기까지의 팔레스타인 리더 야세르 아라파트의 암살, 2003년 4분기까지 세계 어느 나라에든 발생한 북한의 미사일 공격, 2003년 4분기까지 요르단 왕 후세인의 타도를 다뤘다. DARPA가 프로젝트 진행 상황에 대해 국회에 보고했을 때 사용한 한 질문은 "테러리스트들은 생물학 무기를 이용해 다음 해 이스라엘을 공격할까?"였다. 웹 사이트에 암살과 생물학 전쟁에 대한 가정적인 질문들이 PAM의 운명을 확정지었다.

상원의원 와이든과 그의 동료 바이런 도건(민주당-노스다코타)이 이 예시에 대해 알게 되었을 때, 이들은 격노했다. 이들은 국방부가 개인들이 '테러리스트 주식'에 베팅할 수 있는 '테러 시장'을 계획했다며 이를 비판하는 공개서한을 발표했다. 긴급히 소집된 2003년 7월

28일 기자회견에서 와이든은 '기술 로드맵' 운동에서 박차고 나왔다. 그는 PAM을 일컬어 "잔학 행위와 테러리즘에 베팅하는 연방 도박장이며 말도 안 되고 터무니없다."고 했다. 그는 "다른 나라에서 도박장을 열어 미국 정치인의 암살 확률에 대해 내기를 하면 어떤 일이 일어나겠느냐?"며 물었다.

이 질문은 상원의원 와이든이 당시 몰랐을 수 있지만 사실 더 흥미로운 질문이다. 미국 내 정치 암살에 대한 시장은 가치가 있을까? 첩보 기관은 누구를 보호하고 있건 간에 그들의 생명을 위협과 관련된 정보면 전부 원하지 않을까? 이런 시장에서 가격이 더 높을수록 위험 수치는 더 높다고 볼 수 있다. 가격이 더 빠르게 상승할수록, 위협은 더 긴박하다. 암살 타깃에게 경고가 전달되고 보호 기관은 미리 조치를 취할 수 있다.

DARPA는 이전에 시장 예측 아이디어를 옹호해 온 은퇴 해군 소장 존 M. 포인덱스터(John M. Poindexter)가 이끌었었다. 현재 그는 시장 예측과는 거리를 두고 있으며 그의 상사인 국방부 차관 폴 월포위츠(폴 Wolfowitz)에게도 거리를 둘 것을 촉구한 것으로 알려져 있다. 월포위츠는 와이든-도간의 기자 회견이 발생한 동일한 날에 상원 외교 위원회 앞에 섰다. PAM에 대한 질문을 받았을 때, 그는 당일 오전 신문을 통해 PAM을 처음 알았다고 말했다. 또 그는 "여러분들의 충격을 충분히 공감합니다. 프로그램에 대해 자세히 확인할 예정이지만 이미 PAM은 이미 철회 수순을 밟고 있습니다."라고 말했다. 그 다음날 펜타곤은 PAM을 취소시켰다. 이후 밝혀진 사실은 대통령의 경제 자문 위원회(Council of Economic Advisors; CEA)가 PAM의 철회를 막기 위해 공식 지지 성명을 내는 것을 논의하고 있었으나 위원회가 행동을 취하기 전에 이미 정치 결정이 내려졌다고 한다.

대부분의 신문 사설들은 PAM에 대해 비판적이었는데, 분석적인 내용보다 감정적이고 도덕적인 이슈에 더 초점을 두었다. PAM이 궁극적으로 무엇을 성취하려 했는지에 대한 언급은 거의 없었다. 산타페뉴멕시칸지(Santa Fe New Mexican)에 실린 헤드라인, "닥터 스트레인지러브(스탠리 큐브릭 영화 제목, 전쟁광을 의미) 이상한 도박장에서 포착되다"는 필자가 제일 마음에 들어 한 기사 제목이다. 더 나은 논평을 낸 인도 신문사 비즈니스라인은 PAM은 자유 시장 경제의 가장 큰 지지자인 미국 내에서 제안된 자유 시장의 한 기획안이었을 뿐이라고 지적했다. 이어서 비즈니스라인은 형편없는 정보에 대해 제공되는 다른 보상금들에 여러 문제가 따른다고 언급했다. 이라크연맹은 사담 후세인 포획에 2,500만 불의 보상금을 걸었고 후세인의 두 아들 우다이(Uday)와 꾸사이(Qusay) 포획에 각각 1,500만 불을 내걸었다. 이후 이 보상금들은 모두 지불되었다.

상원의원 와이든은 그가 염려했던 부분은 PAM 예측 시장 자체의 목적이 아니라 테러리스트들이 내부자 거래에 개입하거나 그들이 발생시킬 사건의 예측 가격을 움직여 이득을 취할 수 있는 가능성이었다고 추후 밝혔다. 또한 적들이 예측 시장의 결과를 조작하기 위해 거래를 할 수도 있는 가능성도 우려했었다. 그의 주장은 가능하기는 하나 발생 가능성은 극히 적은 일이었다. 정유 공장을 폭파하거나 초대형 유조선을 납치하려는 테러리스트들은 PAM에 100불을 투자하느니 석유 선물을 구매하거나 보험 회사 주식을 공매하는 것이 더 큰 이익이라는 것을 금방 알 수 있기 때문이다.

사실 와이든이 언급하지 않은 다른 잠재적인 시장 조작 문제가 또 있다. 테러리스트들은 확실히 일어날 결과에 반대로 투자하면서 펜타곤을 오도하려고 할까? 프린스턴대학의 정치학 교수인 아담 메이로위츠(Adam Meirowitz)는 "이교도들 사이에 대혼란을 야기 시키는 것은 정말 재미있다."며 농담했다. 아니면 테러 단체 주변에 있는 천 명의 다른 투자자들은 시장가격이 심하게 잘못 책정된 것을 보고 현실에 맞게 가격을 되돌려 놓을까?

노벨 경제학 수상자 조셉 E. 스티글리츠(Joseph E. Stiglitz)는 PAM에 대해 다음과 같이 비판했다.

"만약 예측 시장이 그렇게 좋은 아이디어라면 왜 [상업] 시장이 아직 이를 만들지 않았는가?"

이에 대한 답은 사기업이 데이터 판매를 기대하며 PAM 유형의 예측 시장을 만들어 얻을 수 있는 이익이 전혀 없다는 것이다. 다른 사람들이 무료로 정보를 얻을 수 없게끔 이들이 시장 관찰을 할 수 없게 막을 방법이 없다.

가상 머니 시장에서 PAM의 질문들을 제공할 수 있지만 정보를 갖고 있는 투자자들이 참여함으로써 얻는 인센티브가 매우 적다. 인트레이드 같은 현금 거래 시장은 수익 기회를 줄 수 있지만 정보 소유자가 참여하는 데 있어서 익명성을 보장하기에 충분하지 않다. 이런 종류의 시장은 보조금을 지원해 투자자의 신원을 보호할 수 있는 조직에 의해 운영되어야 한다.

만약 웹 사이트의 테러리즘 문제가 PAM을 퇴출시키지 않았다면,

하원의원들이 내부 정보기관 시장을 외부 커뮤니티로 확장하려는 아이디어를 알게 되었을 때 PAM이 완전히 소멸되었을 수 있다. 시장을 외부로 확장시키는 논리는 간단하다. 수익 가능성과 자신이 다른 이들 보다 더 똑똑하다는 것을 입증할 수 있는 기회에 이끌린 중동 문제 전문가 외국인들을 유치하는 것이다.

이 투자자들은 정보 요원일 필요가 없다. 테헤란에서 일주일에 한 번 비행하는 상업용 항공기 승무원들도 서구인에 대한 적개심 수준 변화를 금방 알아챌 수 있다. 시리아 석유사 경영진은 갑작스레 미국 기업보다 중국 기업에게 돌아가는 탐사 권리에 대해 알고 있을 것이다. 정권 교체를 고려하는 사람들도 시장에 투자할 수 있다. 그렇다. 이들은 자객을 포함한다. 앞서 설명된 몇 나라에서는 암살을 통해 정권 교체가 이루어진다.

외부 투자자들이 시장에 기여할 수 있었던 다른 사례는 2001년 이라크가 서양 수출 규제를 위반하며 특수 고강도 알루미늄 튜브를 수입했는지 여부에 관한 질문이다. 많은 이들은 합법적인 산업 용도를 갖고 있었다고 생각했지만 미국 정보기관들은 이라크가 핵 프로그램에 사용하기 위해 튜브를 수입했다고 주장했다. 이 주장은 2003년 2월 유엔에서 발표한 미국의 대량살상무기확산방지 구상에 포함됐다. 이후 발생한 사건들은 핵 프로그램 사용 설이 잘못되었음을 입증했다. 튜브는 유엔 수입 제한 규정에 위배되긴 했지만 합법적인 민간 용도로 취득한 것으로 나타났다. 만약 시장이 있었더라면 분석가들은 이 의견에 투자했을지 모른다.

만약 PAM이 살아남았다면, 어떤 다른 정보기관 문제들을 다룰 수 있었을까? 예측 시장을 옹호하는 CIA 브리핑 자료에서 분석가 푸옹 페이 예(Puong Fei Yeh)는 대만 해협을 둘러싼 권력 균형과 균형이 미국에 반하고 중국에 우호적으로 기울었는지 분석했다. 그는 다음 과 같은 시장 계약을 제안했다.

"중국이 성공적으로 초음속 해상발사 순항미사일을 발사한다는 조건 하에, 3개월 내 대만 해협에서 발생한 충돌에서 중국은 미국을 상대로 승리할 것이다."

이 계약의 높은 주가는 3개월 내 충돌이 발생할 경우 대만 해협의 권력 균형이 중국에 더 기울어 있다고 생각하는 투자자들이 많음을 의미한다. 만일의 사태에 대한 조항은 초음속 해군 순항미사일 발사 는 중국의 성공에 결정적인 요소이며 미 해군은 이에 대응할 수 있 는 미사일 대응책을 갖고 있지 않음을 나타낸다. 순항미사일 비상 상태는 두 번째 계약으로 시험해볼 수 있다.

"중국의 현재 연구 개발 속도에 비추어 볼 때, 중국은 [향후 6개월 이내에] 해상발사 미사일 테스트에 성공할 것이다."

세 번째 질문으로는 대만 해협에서의 충돌 가설을 시험해 볼 수 있다.

"중국 지도부는 대만이 독립을 선언할 경우 [1년 안에] 무력으로 대만을 흡수하려 할 것이다."

예의 제안은 모든 예측 시장의 핵심 요건, 즉 명확하고 좁게 초점 을 둔 질문의 필요성을 보여준다. 2001년에 다음을 제안할 만큼 선 견지명을 가진 사람은 아무도 없었을 것이다.

"알 카에다는 향후 [6개월 내에] 상업용 항공기를 납치해 세계무역센터로 돌진할 것이다."

하지만 "알 카에다는 2001년 미국을 상대로 테러 공격을 감행할 것이다."를 첫 질문으로, "테러리스트들은 2001년 민간 여객기를 납치해 비행 폭탄으로 사용할 것이다."를 두 번째 질문으로 하여 연속적인 계약을 시장에 제시했다면 더 좁은 시야의 상세 결과를 보여줄 수 있었을 것이다.

2001년에는 이런 질문들을 던질만한 합당한 이유가 있었다. FBI가 위협에 대한 팁을 미리 받았었을 뿐만 아니라 메릴랜드 주 포트미드에 위치한 미국 국가안보국(NSA)도 2001년 하반기에 알 카에다의 중대 작전이 미국의 이익에 반해 개시될 것을 암시하는 대화를 도청했었다. 항공기를 자살 폭탄으로 사용하는 아이디어는 1978년 군사문헌에서도 논의된 바 있으며 톰 클랜시(Tom Clancy)의 1996년 베스트셀러 소설 『긴급명령(Clear and Present Danger)』의 주요 내용이었다.

또한 이라크 반란 세력을 잠재우는 데 성공한 연합국의 성공을 예측하기 위해 시장이 사용될 수도 있었을 것이다. 다음의 연속 질문들을 통해 이라크 민간 안정과 경제 성장을 측정할 수 있었을 것이다.

1) "2008년 바그다드에서 발생하는 반란군의 폭탄 테러 발생률은 2007년 수준의 50% 이하로 감소할 것이다."

2) "이라크의 쿠르드족이 지역이 아닌 곳에서 생산되는 원유량은 2007년 하루 575,000배럴에서 2008년 적어도 90만 배럴까지 증가할 것이다."

이 질문들은 이전 기간에 비해 퍼센티지 증가율을 바꾸면서 6개월, 1년, 2년 계약으로 제안될 수 있었다. 만약 애널리스트들이 단기적으로 연합군이 저항 세력과의 싸움에서 지고 있지만 부시 대통령이 중기에 증가시킨 미군 병력이 성공적으로 작용할 것이라 믿는다면, 단기 계약의 주식 가격은 장기 계약의 가격보다 더 낮을 것이다. 반대로 만약 분석가들이 생각하기에 반란군이 증가된 미국 병력에 맞설 수 있다면, 단기 계약 주가는 장기 계약보다 높을 것이다. 다른 시점의 계약 가격들은 정치가들과 군 사령관들에게 진척 상황에 대한 실시간 평가를 제공할 수 있다.

인트레이드는 이란에 대한 미국이나 이스라엘의 공습 가능성 관련 시장을 운영할 수 있었다. 임박한 공습 계획에 대해 누가 알고 있을까? 수천 명이 알고 있을 수 있다. 대부분은 군대 소속이라 군법회의나 정보 유출 혐의로 기소될 위험을 감수하고 싶지 않을 것이다. 하지만 이 수천 명에게는 친구와 가족들이 있다. 또 공군 기지에는 기내 급유기 배치 또는 기지 내의 증가된 활동, 혹은 공군 예비군들의 호출을 눈치 챌 수 있는 민간 직원들과 기지 주변에 많은 사람들이 있다.

친구 및 가족들은 공습 시장에 연관된 순환성에 대해 인지하지 못할 수 있다. 여기서 '순환성'이란 만약 습격이 임박한 것으로 보일 때, 관련 정보가 유출되면서 계약 가격을 상승시키고 변동된 가격은 이란 인들에게 그들의 자세를 완화시키라는 경고와 동기부여를 제공한다는 의미다. 다른 나라의 외교관들은 상황을 중재할 기회를 얻을 수 있다. 중재 동안 이 계약의 가격을 계속 확인하면서 양쪽은 서로의 성명과 행동이 갖는 영향을 더 잘 이해할 수 있다.

다른 테러 관련 계약이 떠오른다. 지난 몇 년간 발생한 두 건의 미국 외교 정책 실수에 예측 시장을 적용해 보자. 첫 번째 실수는 도널드 럼스펠드, 폴 울포위츠, 그리고 다른 이들이 알카에다와 오사마 빈 라덴을 대충 넘겨보고 탈레반이 내포한 장기적 위협을 이해하지 못한 것이다. 두 번째 실수는 파키스탄 북서쪽에 위치한 와지리스탄 지역이 이슬람 극단주의자들의 안식처가 될 것으로 예상하지 못한 것이다. 돌이켜 보면 중앙아시아의 많은 전문가들은 이 두 사실을 이미 알고 있었던 것으로 보인다. 적절히 서술된 질문들을 통해 PAM은 이 문제들을 일찍이 지적했을 수 있다.

고려는 되었으나 실제 사용되지는 않은 시장 옵션이 하나 있다. 이것은 미국 정보기관 내부에서 진행되는 DARPA 주도의 예측 시장과 모든 사람들에게 개방된 상업 시장이었다. 두 시장은 동일한 질문을 동시에 묻는다. 두 시장은 동일한 증권 가격과 예측 결과를 보일 것이다. 이는 선거 시장에서 그랬듯이 어느 정보기관 프로그래머도 각 시장에서 가격이 같아질 때까지 사고 팔 수 있는 연계 매매 봇(hedging bot)을 만들 수 있기 때문이다.

PAM의 첫 사촌은 인텔피디아(Intellipedia)로 미국 정보기관들이 사용하는 3개의 위키다(위키는 액세스가 있는 사람이면 누구든지 내용을 편집할 수 있는 협동 웹사이트). 인텔피디아는 위키피디아의 소프트웨어를 사용하고 정보기관 토픽에 대해 익명으로 정보를 수집한다. 인텔피디아는 사람들이 알고 있는 것을 공개하도록 유도하여 더 나은 답을 얻고자 하는 예측 시장과 동일한 목적을 갖고 있다. 운영 첫 해에 1,200명의 기고가들이 만든 약 3만 페이지의 콘텐츠를 생성했다. 인텔피디아는 기밀이며 정보기관 직원들만 접속할 수 있다. 인텔피디아는 참여자들에게 예측 시장 같은 인센티브를 주거나 구조화된 질문을 제공하지는 않는다. 하지만 의회의 허풍을 끌어들이지 않는 이점이 있다.

PAM에 제안된 것과 같은 예측 시장 계약은 현재 사적으로 운영되고 있다. 적어도 3개의 워싱턴 기업이 미국 정보기관들에게 기밀 시장 데이터를 제공한다. 몇몇 애널리스트들은 이전 DARPA 직원들이다. 이 시장들이 정보기관 내부에서만 내부적으로 운영되고 있는지 혹은 일부 외부 투자자 그룹에게도 공개되어 있는지 그 여부는 확인되지 않고 있다.

이 시장들은 암살이나 테러에 대한 계약도 제공할까? 조지 W 부시 행정부의 임기 마지막 연도에 정부 관리들은 베네수엘라 대통령 휴고 차베스의 조롱과 위협, 그리고 코노코(Conoco)와 엑손(Exxon)을 베네수엘라에서 몰아내려는 그의 행동을 모두 무시했다. 워싱턴에서는 이 정부의 점잖은 무시의 이유로 예측 시장 결과라는 이야기가 돌았다. 차베스가 자신의 군대에 의해 암살될 확률이 매우 높은 것으로 결과가 도출된 것이다. 만약 사실이라면, 높은 가능성이 실제 결과로 이어지지 않은 시장 중 하나였다.

PAM 프로젝트가 조롱당하고 중단되었을 때, DARPA의 전문가들은 복수를 준비했다. 누군가가 상업 예측 사이트 TradeSports.com에 갑자기 '프로젝트에 매우 비협조적인 상사, 존 포인덱스터가 과연 3개월 이후에도 여전히 자리를 지킬 수 있을지에 대해' 시장을 운영한다면 매우 재미있는 시장이 될 거라며 아이디어를 준 것이다.

이 시장은 2003년 7월 29일 포인덱스터가 3개월 뒤 해고될 확률

40퍼센트를 갖고 시작되었다. 이틀 후 가격은 80퍼센트까지 올랐다. 그날 오후 그의 사퇴에 대한 소문이 돌기 시작했다. 루머가 시장 가격 증대를 야기한 건지 아니면 시장이 루머를 생성한 건지 그 여부는 알 수 없다. 그날 사직서는 접수되지 않았다. 8월 12일 주가는 96퍼센트로 뛰어 올랐다. 그리고 포인덱스터는 그날 늦은 오후 사직서를 발표했다.

테러리스트들의 연락을 감시하기 위한 목적의 미국 정부 정보기관 도구는 구글 트렌드와 비슷하지만 비약적으로 규모가 더 큰 비자발적인 예측 시장의 한 형태로 사용되고 있다. 부시 대통령의 테러리스트 감시 프로그램의 일환으로 국가안보국(NSA)은 9·11 테러 당시 미국 주요 통신 회사의 정보를 수집하고 분석하기 시작했다. 대통령 명령에 따라 NSA는 미국 전화 통화, 이메일, 웹 검색 기록, 및 기업의 사적 네트워크 트래픽을 모두 감시할 수 있었다.

NSA는 국방부 소속으로 국토안보부와 협력하여 미국 영토 내에서의 감시 금지를 피했다. 2008년 7월 의회는 프로그램에 참여한 모든 사람들과 AT&T처럼 협조한 회사들에게 소급적 면책을 주었다. 2010년 말까지 NSA 데이터베이스에는 약 4.1조에 달하는 통화 기록이 담겨 있는 것으로 추정됐다. 이 프로그램의 목적은 복잡한 알고리즘을 사용하여 테러리스트와 연관되었다고 추정되는 키워드를 찾는 것이었다. 2007년 이 목적은 국가의 감정 상태와 연관된 키워드의 빈도수를 분석하는 데까지 확장되었다. 각 통화자들이 사용하는 단어들은 그들의 미래 활동, 걱정, 마음 상태 등을 나타낸다. 스텔라 윈드(Stellar Wind)라는 코드명의 이 NSA의 프로젝트는 2009

년 댄 브라운(Dan Brown)의 베스트셀러 『로스트 심벌(The Lost Symbol)』의 줄거리 요소로도 사용되었다. 책에서 이 프로젝트는 국가의 감정 상태를 측정하기 위한 "'국가의 온도를 측정'하는 방법으로 묘사된다. 책의 주인공 트리쉬 던(Trish Dunne)은 "예를 들어 테러 공격과 같은 상황에서, 정부는 미국민의 정신적 변화를 측정하고 테러가 가진 정서적 영향에 대해 대통령에게 더 나은 조언을 할 수 있다"고 말한다. 영국의 보안 기관 M16은 이와 유사한 '에셜론(Echelon)'이라는 시스템을 운영한다.

2008년 금융 붕괴 이후, NSA는 미국 금융 시스템에 대한 신뢰 지수 측정 용도로 커뮤니케이션 데이터베이스를 시작한 것으로 보고되고 있다. 이 NSA의 비자발적 시장은 매일 35억 개의 새로운 예측을 평가한다. 만약 이 시스템이 스카이프와 같은 인터넷 전화(VoIP)를 모니터링 할 수 있도록 확장된다면 이 수치는 40억 개가 된다.

스텔라 윈드가 얼마나 많은 테러리스트들을 감지하는지는 알기 어렵다. 키워드나 감정 측정 문구들은 영어가 모국어인 사람들이 영어로 소통할 때 제대로 작동하기 때문이다. 또한 암호 코드를 사용하지 않고 "해리 삼촌은 화요일 오후 3시에 도착할 것이다."와 같은 단순한 문장으로 소통하는 테러리스트들에게만 잘 작동한다. 하지만 이 시스템은 다른 작업을 감시하는 데 사용될 수 있다. 이에 필요한 것은 올바른 키워드와 지표를 선택하는 것이다.

필자는 테러리스트들을 색출하기 위해 일하는 NSA 분석가들 중에서 얼마나 많은 이들이 이 책의 초안을 가로챘을지 궁금하다. 이 책의 가제가 『사담 시장(The Saddam Market)』이었기 때문이다(책 초안에는 사담 후세인의 포획 시기에 대한 성공적인 예측 시장을 설명하는 장이 있었다). 각 장들을 다른 이들의 의견을 구하기 위해 인터넷을 통해 많이 전송했는데 제목에는 "사담 시장"이 들어갔다.

만약 시장이 '존 포인덱스터가 그의 직업을 얼마나 오래 유지할 수 있을지'에 대해 예측할 수 있다면, 더 심오한 정부 정책에 대해서도 사용될 수 있을까? 정답은 '예'이다. 다음 장에서 이에 대한 예시를 설명한다.

3-3
정부 기관 관련 예측 시장들

예측 시장은 언젠가 공공 및 민간 관리 영역에서 혁명을 일으킬
것입니다.

– 로빈 한슨(Robin Hanson), 조지메이슨대학교 교수

정부는 어느 레벨에서건 좋지 않은 결정이 발생했을 때 그 원인으
로 정보 불일치를 꼽는다. 고려 중인 대안이 가져올 수 있는 결과에
대한 정보가 너무 적거나, 의사 결정자가 접할 수 있는 정보가 연구
원이나 로비 그룹이 제공한 정보에만 국한되어 있는 것이다. 시장이
결코 민주주의의 심의 과정을 대체할 수는 없겠지만, 전체 정부 차
원에서 시장을 활용해 이 정보 문제를 해결할 수 있는 방법이 있다.
정부 직원들이 내놓은 예상치와 크게 다른 결과를 시장이 나타낸다
면, 그 주제는 다시 재검토하는 것이다.

지방 정부 수준에서는 범죄율을 예측하고 어떻게 이 수치를 줄일
수 있는지 고안하는 데 시장을 효율적으로 사용할 수 있다. 경제학
자 M. 토드 헨더슨, 저스틴 울퍼스, 그리고 에릭 지트제위츠는 대단

히 흥미로운 가능성들을 제시했다. 현재 얼마나 많은 범죄가 발생할지 예측하는 것은 고위 경찰관의 경험과 직감을 이용하거나 최근 범죄 발생 위치들이 겹치는 지도에 기반한 양적 분석을 사용한다. 이는 시대를 거스르는 기술로 프로세스에 연관된 사람들의 편향에 크게 영향을 받게 된다. 이 방법은 자동차 절도나 사소한 절도 행위에 효과를 잘 낼 수 있으나 강도, 폭행, 살인에는 잘 작동하지 못한다.

뉴욕 주 브루클린의 프로스펙트 하이츠(Prospect Heights) 지역에서 보고된 절도 수가 향후 3개월 간 전년도 같은 기간에 비해 더 증가할지 시장에서 간단히 물어볼 수 있다. 경찰 관계자, 학자, 범죄학자 그리고 일반 대중(현재 및 잠재적 범죄자 포함)이 이 시장에 모두 투자할 수 있다. 시장 가격은 각 트레이더들이 갖고 있는 정보를 종합해 반영한다. 올해 범죄율이 낮을 것이라 믿을 만한 이유가 있는 사람은 (프로스펙트 하이츠 강도단의 전략가가 은퇴해 마이애미로 갔다) 범죄학자와 더 높은 예산을 획득하려는 경찰 관계자들이 높은 범죄율에 투자할 때, 이들을 대상으로 돈을 얻을 것을 기대하며 계약을 공매할 것이다.

현재까지 범죄 예측 시장이 운영된 적은 없는 것으로 알고 있다. 하지만 현재 우리가 예측 시장에 대해 알고 있는 모든 정보는 이 범죄 시장이 잘 운영될 수 있다는 것을 암시한다. 현재 범법 행위에 관련한 정보가 경찰에 잘 전달되지 않도록 막는 장애물들이 많이 있다. 범죄에 관해 가장 가치 있는 정보를 가진 사람들 −순찰 경찰관, 이웃 활동을 관찰하거나 술집에서 우연히 대화를 엿들은 시민들, 그리고 범죄자들− 은 군이 관계자들에게 보고하지 않는다. 그렇게 함으로써 부담해야 하는 시간과 위험에 대한 잠재적 비용이 너무 크고 개인적으로 얻을 수 있는 이익은 적다. 시장은 정보를 밝히는 데 경제적 인센티브를 제공한다. 이와 동일하게 중요한 부분은 시장은 익명성을 제공한다는 것이다.

투자자들은 소지한 정보에 관해 누구에게 접촉해야 할지 고민할 필요도 없다. 만약 프로스펙트 하이츠에 사는 사람이 근래 부두에 도착한 선박에서 화물을 납치할 계획을 우연히 들었다면, 누구에게 전화할까? 지역 경찰에게 해야 할까? 아니면 뉴욕 주 경찰? FBI? 주류·담배·화기 및 폭발물 단속국? 해안 경비대? 지역 선거구 정치인? 아니면 부두에 있는 사설 경비원? 이야기를 한다고 하더라도 정보를 엿들은 사람들의 신원을 밝힐 의사가 없는 경우, 전달한 정보가 가짜라고 치부되거나 정신이 이상한 사람이라는 오해를 받지 않을 수 있을까? 가장 쉬운 해결책은 아무 말도 하지 않는 것이다.

범죄율 예측은 테러를 예측하는 것과 유사한 점이 있다. 여기서 예측된 것은 기본적인 범죄율과 예상되는 경찰의 반응이다. 범죄율이 더 증가할 것이라는 예측에 경찰은 더 많은 경찰관을 배치하며 응할 수 있다. 하지만 경찰의 대응은 이 예측을 뒤엎을 만큼 중대하지 않을 것으로 보인다. 투자자들은 테러 예측과 증가한 반테러 활동의 연결 고리를 무시하듯이, 이들은 범죄 예측과 더 많은 경찰수의 연결점을 무시할 가능성이 높기 때문이다.

시장은 정보를 단순히 종합하는 데 그치지 않고 시장 가격을 확인하는 모든 이들에게 알린다는 근본적인 문제도 있다. 강도들은 어떤 지역이 높은 예측 범죄율을 갖고 있는지 확인하고서 더 낮은 예측 범죄율과 더 적은 수의 경찰관들이 배치된 지역으로 활동을 옮길 수 있다. 그러나 이는 범죄 계획자들의 능력을 너무 믿은 것일 수도 있다.

범죄에 관한 공공 정책 역시 예측 시장을 통해 연구할 수 있다. 한 시장에서는 브루클린 지역에서 발생하는 길거리 강도 사건을 묻고 두 번째 시장에서는 해당 지역에 추가 10명의 경찰관을 배치하는 조건에서 강도 사건을 묻는다고 가정해보자. 다른 계약은 범죄율이나 더 연장된 최저 형기, 갱단 퇴치 노력, 해당 지역의 정부 투자 신입 사원 채용 건들을 변수로 두고 시장을 운영할 수 있을 것이다.

이런 시장에서 감옥에 있거나 가석방으로 풀려난 범죄자들이 이득을 취하도록 허가해도 괜찮을까? 이는 테러리스트들 거래 허용 여부와 비슷한 정치적으로 민감한 사안이다. 하지만 범죄자들은 미래 발생 가능 범죄 패턴에 대해 많은 정보를 갖고 있다. 이런 정보를 밝히는 것에 대해 인센티브를 주는 것은 법정에서 공범자에 반하는 진술을 하는 대가로 감형을 제안하는 것과 크게 다르지 않다.

주 정부 레벨에서도 운전자들에게 안전한 운전 속도를 예측하게 함으로써 고속도로 규정 속도 설정에 시장 접근법을 사용할 수 있을까? 밤낮 상관없이 동일한 속도 규정을 적용하는 현 시스템은 별로 만족스럽지 않다. 토론토 주변 4차선과 6차선 고속도로의 최고 제한 속도는 시속 100km이다. 이 규정은 1950년대 2차선 고속도로의 규정 속도보다도 낮은 수치다. 현대의 더 잘 설계된 도로와 21세기 자동차들의 뛰어난 방향 조종, 타이어, 브레이크 시스템에 불구하고 말이다. 정치인들은 치명적인 사고의 원인으로 손가락질 받고 싶지 않기 때문에 제한 속도를 올리려고 하지 않는다. 대신 그들은 경찰관들이 법 적용에 있어 더 관대하길 기대한다.

경찰관들은 평소에는 규정 속도의 20km를 초과하는 경우에만 단속한다. 그러다가 주기적으로 과태료 공세를 펼치는데 이는 더 많은 수익을 만들라는 정치 압력 때문에 이루어지는 경우가 많다. 속도 위반자들은 쉽게 잡힌다. '20km 초과' 때문에 안심하기 때문이다. 과태료 벌금을 받은 운전자는 더 높은 보험금을 내야 하고 교통순경을 싫어하게 된다. 그러면 경찰들은 더 많은 수익을 내라는 정치 압력을 싫어하게 된다.

엄격한 법 집행과 함께 속도 제한을 120km로 변경하는 것은 문제를 야기한다. 이 속도가 대부분의 조건에서는 적정하지만 비, 안개, 눈 같은 특정 상황의 경우에는 100km조차도 위험하다. 대부분의 운전자들은 도로 상황에 맞춰 안전한 속도를 선택한다. 사고가 날 경우 잃는 것이 많기 때문이다.

매 10km마다 설치된 길가의 속도감지기가 주행 차들의 평균 혹은 중간 속도 값을 확인해 이를 현재 속도 규정으로 표시한다면 어떤 일이 벌어질까? 120km나 80km처럼 더 높거나 더 낮은 허용 가능 제한치가 있을 수 있다. 이 수치는 운전자들이 생각하는 안전 수치에 대한 종합 지혜를 사용한다. 이 시장 접근법은 경찰들의 업무를 더 쉽게 만들 수 있다.

경찰은 단속을 위해 각 구간마다 지정된 속도 목록이 필요할 것이나 엄격하게 관리할 수 있는 현실적인 제한 속도를 갖고 일하게 될 것이다. 안전한 속도에 대한 운전자 집단 예측은 교통경찰이 마음대로 킬로미터를 '선물'로 주는 것보다 더 논리적으로 보인다.

조금 덜 논란이 될 만한 주 정부의 예를 살펴보자. 교도소 부서에

서 엄중 경비 교도소를 도심과 멀리 떨어진 곳에 짓는 것을 제안한
다. 부서 직원들은 새로운 장소의 장단점이 담긴 브리핑 자료를 준
비한다. 부서 관계자들은 이때 그들이 내린 결과를 시장을 통해 확
인할 수 있다. 이를 통해 교외 지역에 교도소가 위치해 있는지 여부
와 상관없이 실업률, 부동산 가격, 수용자의 재범률을 예측하는 것
이다. 교외 지역에 교도소가 위치한 경우 가족들이 수감자들을 방문
하기 어렵고 가족의 유대관계를 유지하기 힘들어지기 때문에 이 문
제와 재범률은 연관이 있다.

누구와 결혼해야 하는지에 대한 주 정부의 입장을 나타내는 시장
은 어떤가? 필자의 대리인 존 피어스(John Pearce)는 한 결혼식에 가서
초대 손님들이 "신부가 누구랑 결혼하는지 보세요. 이들의 결혼은
오래 못 갈 거예요."라고 말하는 것을 들었다. 그리고 피어스는 매
우 현대적인 방식의 예측 시장 활용법을 제안했다. 일반 결혼식에서
주례자가 "이 두 사람이 합법적으로 함께하면 안 되는 적법한 이유
를 갖고 계신 분은 지금 이야기하거나 영원히 침묵해주십시오." 할
때는 매우 긴장되는 순간이다. 1967년 영화 '졸업'에서 더스틴 호프
만의 유명한 캐릭터가 그랬듯이 과연 전 애인이 나타나 그의 사랑을
외칠 것인가? 아직은 이혼하지 않은 배우자는 과연 실현될까?

존은 결혼식의 주례사가 묻는 이 부분에서 지정된 사람이 일어나
가족과 친구들을 대상으로 미리 진행된 예측 시장 결과를 발표하는
시간으로 대체하자고 제안한다. 시장에서는 이 커플이 결혼 후 5년
뒤에도 여전히 함께할 것이라 예상하는지 묻는다. 만약 밝혀진 확률
이 80퍼센트 미만이라면 정부 승인 결혼보다는 혼인서약으로 진행

한다. 5년이 지난 후 여전히 그들이 함께일 경우, 부부는 재혼인 서약을 하거나, 5년 뒤 80퍼센트를 넘었을 경우 합법적으로 결혼한다. 그렇다. 존은 이걸 진지하게 말한 것은 아니다. 하지만 이 아이디어는 정부 시장을 활용할 수 있는 다른 기발한 방법이 무엇이 있을지 생각하게 만든다.

연방 정부 차원에서 예측 시장은 의료 정책 부문에서 가장 어려운 문제 중 하나인 정부 운영 처방약 프로그램의 장점에 대한 인사이트를 제공할 수 있을까? 오바마 대통령이(2008년 대선 캠페인에서 여러 차례 말했듯이) 의료 개혁안의 일부로 보건부가 미국 내 처방약의 비용을 부담하고 배포한다고 가정해보자. 이 프로그램을 통해 주요 약품들은 쉽게 구할 수 있게 될 것이다. 환자나 보험사에서 가격 인상에 대한 저항이 없을 것이기에 때문에 의약품 가격 조정이 필요할 수 있다. 질병의 발병률과 중증도는 떨어지겠지만 낮아진 이윤으로 인해 신약을 시장에 출시하는 데 필요한 수백만 달러를 지출하는 제약 회사들의 인센티브가 줄어들 것이다.

정책 입안자들은 어떻게 이런 안건들의 균형을 측정할까? 이해가 충돌하지 않는 전문가를 찾기란 어렵다. 공공 보건 기관 의사와 다른 많은 의사들이 오바마의 제안을 지지한다. 제약 회사 직원들과 많은 대학 연구원들은 현상 유지를 선호한다. 예측 시장은 덜 편향된 추정치를 산출할 수 있다. 양측의 전문가들은 익명으로 본인들의 견해를 나타낼 수 있기 때문이다. 예측 시장 사용은 정책 입안자들이 의사 결정 과정에서 이데올로기와 정치, 그리고 자신들이 갖고 있는 편향을 제쳐둘 수 있도록 한다.

연방 정부 기관이 비상사태를 예측하고 이를 피하는 데 예측 시장을 사용할 수 있을까? 캐나다원자력공사 AECL(Atomic Energy of Canada Limited)과 관련된 2008년 공포스러운 이야기는 연방 정부가 이 방법을 시도해보아야 함을 말한다. AECL은 온타리오 주 초크리버(Chalk River)에 위치한 원자로를 운영하는 국영기업이다. 이 원자로가 가동되면, 전 세계의 방사성 동위 원소의 절반을 넘는 양을 생산한다. 이는 암, 심장병 및 골절과 같은 많은 의료 문제들을 영상화하고 진단 스캔하는 데 사용된다. 동위원소의 대체재는 아직 없으며 반감기는 며칠 밖에 되지 않고 많이 쌓아둘 수 없다.

50년 된 초크리버 핵 시설은 지진 단층 위에 지어졌다. 지난 세기 동안 이 지역에 큰 지진이 발생하지는 않았지만 진도 3.0-3.6 정도의 작은 지진들은 많이 있었고 가장 근래의 지진은 2008년 1월 발생했다. 지진은 물건들을 흔들어 놓을 정도였지만 쓰러뜨릴 정도로 강하지는 않았다.

2007년 11월 18일 유지관리를 위해 원자로를 잠시 폐쇄했다. 조사관들은 시설 확인 중 비상 전원 공급 장치에 냉각 펌프를 연결하는 의무 안전 업그레이드가 전혀 이루어지지 않은 것을 발견했다. 펌프는 지진이 발생했을 때처럼 전력 공급이 불가능해진 경우 사고를 막기 위해 필요하다. 조사관들은 원자로 재가동을 허가를 내주지 않았고 전 세계적으로 동위 원소 부족 사태를 낳았다. 캐나다 의회는 조사관들의 결과를 기각하고 원자로를 재가동시키도록 지시했다.

AECL의 고위 매니저들은 비상 전원 공급 장치에 연결하는 펌프를 갖춰야 하는 필요성을 이해하지 못했다고 주장한다. 워싱턴 DC

에 위치한 컨설팅회사 Talisman International의 조사원은 많은 직원들이 펌프가 연결되지 않았던 사실을 알고 있었다고 보고했다. 일부는 안전에 대한 심각성을 알고 있었지만 고위 경영진이나 다른 사람들에게 이를 알릴 의무는 없다고 느낀 것이다. 필자의 이전 대학원생 중 한 명은 현재 원자력 엔지니어로 일하고 있는데 이 사태를 보고 "잘못된 일을 보지 않고 듣지도 말라."는 원자력 산업 내의 표준 작업 절차이며 특히나 상사와 이야기하는 젊은 엔지니어에게 많이 나타난다고 말했다. 원자력 폐쇄는 아무도 나쁜 소식을 윗선에 전달하고 싶어 하지 않고 이를 밝힐 수 있는 다른 매캐니즘은 존재하지 않는 대표적인 케이스를 나타낸다.

AECL의 문제는 콜럼비아호 사고 조사위원회(Columbia Accident Investigation Board; CAIB)의 조사 결과를 연상시킨다. CAIB는 콜럼비아 우주선 참사는 미 항공우주국(NASA)가 이미 기관 및 공급 업체 커뮤니티 내에 존재하는 정보를 활용하지 않아 발생한 문제라고 결론지었고 NASA의 위계적 구조로 인해 낮은 레벨의 엔지니어들이 갖고 있는 정보가 기관 위쪽으로 퍼지지 못함을 의미한다고 말했다.

예측 시장은 어떻게 AECL의 문제를 완화시킬 수 있었을까? 정비정지 기간에 대한 질문을 통해 숨겨진 문제를 찾아낼 수 있었을 것이다. 다른 질문으로는 향후 3개월 혹은 6개월 동안 동위 원소에 대한 수요를 충족시킬 수 있을지 물어서 시장 결과를 통해 경고를 전달할 수 있었을 것이다. 공장 엔지니어, 마케팅 직원, 기업 파트너, 동위 원소를 사용하는 산업 종사자들이 시장에 투자할 수 있다.

AECL은 이 사건으로부터 배우고 커뮤니케이션 절차를 개선했을까? 답은 '아니오'다. 18개월 후인 2009년 5월 15일 시설 내 심각한 누수가 감지되어 원자로를 다시 폐쇄해야 했다. 관계자들은 처음에는 부식된 튜브를 수리하는 옵션을 고려할 수 있도록 약 1개월 간 사용 중지한다고 밝혔다. 그러자 직원들이 다른 많은 부식 문제를 지적하여 가동 중단 기간을 '6개월에서 1년'으로 연장했다.

로스앤젤레스의 채프먼 법대의 톰 W. 벨(Tom W. Bell)은 다른 연방정부의 사례를 보여준다. 국방부는 무기 조달 프로그램의 초과 비용을 예측하는 방법과 1982년 국방 조달법(Defense Procurement Act)의 Nunn-McCurdy 수정안을 위반할 정도로 막대한 규모가 될 것인지에 대해 지속되는 걱정을 갖고 있다. 이런 위반 사항은 프로그램을 위험에 빠뜨릴 수 있으며 어떤 상황에서는 프로그램 취소로 이어질 수 있다.

벨은 "향후 6개월 안에 VXXX 헬리콥터 프로그램(예)이 Nunn-McCurdy 위반을 초래할 것이다."라는 질문으로 국방부가 예측 시장을 만들 것을 제안한다. 공급업체 혹은 하청업체 직원들 또는 연관 지식을 가진 사람들이 이 질문에 참여해 거래할 수 있다(혹은 벨이 제안한 대로 의무적으로 거래하도록 할 수도 있다). 위반 가능성이 높은 경우 프로그램 매니저와 행정 부서들에 발생 가능 문제에 대해 현 모니터링 방법보다 더 빠르게 알릴 수 있다.

사건이 공판 전 연방 대법원의 판결을 예측하는 데 시장이 사용될 수 있을까? 만약 그렇게 할 수 있고 그 예측이 믿을 만하다면, 시장을 통해 소송인은 절차에 드는 막대한 시간과 수백만 달러의 소송비용을 아낄 수 있다.

이 시장이 성공할 수 있다는 첫 지표는 법대 학생들의 성과에서 비롯된다. 퍼시픽대학교의 미리암 쉐리(Miriam Cherry)와 리걸 타임스(Legal Times)의 로버트 로저스(Robert Rogers)의 연구가 지적한 것처럼, 대부분의 법대 기말고사에는 하나 이상의 '이슈 찾기(Issue Spotter)' 문제를 포함하고 있다. 이 문제를 풀기 위해서 학생들은 가상의 법정 소송 사건을 읽고 법적 문제를 추출하고 수업 동안 배운 법적 판례에 근거하여 분석해야 한다. 문제 해결의 핵심은 가장 중요한 이슈를 찾아내는 학생의 능력이다. 사건에서 연관성 있는 이슈를 모두 찾아내는 학생들은 거의 없다. 하지만 학생들의 시험을 모두 종합해 보면, 학생 전체가 모든 이슈를 찾아냈음을 알 수 있다. 종종 수업 학생들이 교수가 가르치려던 내용보다 더 나아가 이슈를 찾아내는 경우도 있다. 반 전체의 합의점은 항상 정확한 법 결정에 도달한다. 전체 법대 학생들은 시험에서 최고 성적을 받는 학생 한 명보다 훨씬 더 똑똑하고 때로는 교수보다도 더 똑똑하다.

2009년 11월, 펜실베이아 주립대의 딕킨슨 로스쿨의 조쉬 블랙맨(Josh Blackman)이 Fantasy SCOTUS라 불리는 시장을 하나 만들었다. 시장에서는 대법원이 하급 법원의 판결을 확정 혹은 뒤집을지, 표결은 어떻게 될지(5-4, 7-2), 각 판사들은 어떻게 투표할지에 대해 예측한다. 이 시장의 최고 참여자들은 항소 법원 서기들이다(대법원 서기는 참여할 수 없다). 블랙맨은 법원 결정을 예측하는 다른 정보들보다도 이 시장 결과가 더 우수하다고 말했다.

이전 장의 예시들에 비해서 이 예시는 간단한 예측 문제에 속한다. 투자자들은 예를 들어 수백만 명의 사람들이 개봉 예정 영화를 어떻게 평가할지에 대해 예측하지 않아도 되고 그저 9명의 판사들이 어떻게 투표할지 예측하면 된다. 판사들의 이전 투표 기록, 정치 및 종교 선호도는 이미 알려져 있다. 게다가 예측 가능한 수가 한정적이다.

오직 두 가지의 옵션만 존재한다. 하급 법원의 결정을 확정하거나 뒤집는 것이다(하급 법원의 배심 재판 결과 예측에는 시장이 쉽게 사용되지 못한다. 배심원들이 누구인지, 갖고 있는 사상과 편향, 혹은 판사가 어떤 지침을 이들에게 전달할지 전혀 알 수 없기 때문이다. 참고할 수 있는 이전 배심원 기록도 있지 않다).

어떤 사람들이 실제 SCOTUS 시장에 투자자로 초대될까? 대심원에서 사건을 변호해 본 사람, 법원에 대해 연구하는 학자들을 포함할 수 있다. 필수 요소인 다양성은 이 그룹 내의 각기 다른 배경과 정치 성향에서 찾을 수 있다.

쉐리와 로저스가 지적했듯이, 성공적인 예측에 대한 보상으로써 전문가로 인정하는 것만으로도 이 시장이 잘 구동될 수 있다. 가장 정확한 예측을 하는 사람을 대법원 예언의 워렌 버핏으로 알리는 것이다.

경제학자 로빈 한슨은 그가 'Futarchy'라 부르는 시장에 기반한 정부 체제를 제안했다. 이 체제에서는 선출된 대표자들이 어떤 이슈가 국가 정책의 일부분이 되어야 하는지 결정하고 이후 국가 예측 시장이 이 목표를 어떻게 달성할지 방법을 정한다. 민주적 절차를 통해 우리가 원하는 것을 명시하고 예측 시장을 통해 이를 어떻게 얻을 수 있는지 보여준다. 한슨은 예측 시장 결과가 경고 역할에 그칠 것이 아니라 입법자에게 구속력을 갖춰야 한다고 제안한다.

'Futarchy'는 유권자들이 국민 투표 질문을 직접 시작할 수 있는 유명한 캘리포니아 주 시스템을 연상케 한다. 만약 국민 투표가 통과되면 주 정부 헌법이 수정되어 보통 지출을 막거나 과세 과정에 제한을 가하게 된다. 이에 따른 결과는 집필 중인 2011년 중순을 기준으로 캘리포니아 주는 너무 많은 국민 투표로 인한 지출과 제한된 세제 권한으로 파산했다. 캘리포니아 주의 채권 등급은 'A-'로 50개 주 중 가장 낮았고 정크 본드보다(혹은 그리스보다) 간신히 높은 수치였다.

하지만 캘리포니아 주 국민 투표 시스템에서는 기업이나 다른 이익 단체들이 대부분의 안건들을 후원하고 수백 명의 계약자들을 고용해 주민 이름을 받아 오게 하고 사인한 사람들의 수에 따라서 고정액을 지불한다. 그리고 후원사는 안건의 한 측면만 홍보한다. 결국 이 시스템은 '외부 영향력이 없는' 시장이 전혀 아니며 Futarchy의 예로 볼 수 없다.

한슨의 논리는 흥미롭다. 그는 같은 제목의 기사에서 "우리는 가치에 투표하고 신념에 돈을 걸어야 할까?"라는 질문을 던진다. 대부분의 정부 결정은 사실과 가치 결합되어 있다. 지구 온난화가 실제 일어나는 현상인가? 만약 그렇다면 선출된 공직자들은 이에 대해 어떻게 대처할 것인가? 첫 번째는 사실에 대한 것이고 두 번째는 가치에 대한 것이다. 만약 양도 소득세가 반으로 줄면 새로운 기술에 대한 투자에는 어떤 영향을 미칠까? "투자에 어떤 일이 발생할까?"는 사실 부분이고 세금 감면 여부는 가치의 문제다. Futarchy 시스템은 총기 규제와 아프가니스탄에 대한 미국 개입 등 다양한 정책 이슈에 사용될 수 있다. Futarchy 아이디어는 엄청난 관심을 받아 뉴욕 타임즈가 선정한 2008년 유행어로 선정되었다.

3-4

미래 전망 관련 예측 시장들

몇몇 실패가 발생할 것이라 예상합니다. … 하지만 국제적으로 활발한 대형 은행들 사이에서 그런 종류의 심각한 문제가 있을 것으로 생각하지 않습니다."

            – 벤 버냉키(Ben Bernanke), 미국 연방준비제도이사회 이사, 2008년 2월 28일

고다드 교수는 작용 반작용의 법칙도 반응하기 위해 진공이 아닌 다른 게 필요하다는 사실도 모릅니다. 고등학교에서 배우는 기초 지식이 없는 것 같습니다.

            – 1921년 로버트 고다드의 로켓 추진 연구에 대한 뉴욕타임즈 사설.
최악의 타임즈 사설로 지명됐다. 타임즈는 아폴로 승무원들의 달을 향한 여정을
계기로 1969년 6월 17일 정정 자료를 실었다.

일정 기간 동안 S&P 500과 같은 개괄적인 지수는 거의 모든 투자 펀드 조합을 능가할 것이라는 게 일반적인 재무 통념이다. 세계에서 가장 똑똑한 투자가라고 불리는 버크셔 해서웨이의 투자 펀드 CEO

인 워렌 버핏도 이에 동의한다. 그는 S&P 500 지수를 결정하는 개인 투자가들의 집단 지성은 그 어떤 전문가 그룹보다 뛰어날 것이라고 믿는다.

2008년 1월 1일 버핏은 이 믿음에 백만 불을 걸었다. 이 내기를 받아들인 사람은 헤지펀드를 운영하는 뉴욕 시 자산 관리 회사, 프로테제 파트너스(Protégé Partners) LLC의 테드 사이데스(Ted Seides)였다. 버핏은 10년 동안 뱅가드 500 인덱스 펀드(S&P 500 지수를 추종하는 저비용 펀드)는 사이데스가 고른 5개의 헤지펀드의 평균 수익률을 넘어설 것이라는 데 내기를 걸었다. 사이데스가 고른 5개의 펀드는 공개적으로 밝혀지지 않았으나 이 중 하나가 프로테제인 것은 확실하다. 5개 펀드 각각은 뮤추얼 펀드의 펀드이므로 가장 최고로 꼽힌 펀드의 단면과 비교하게 된다. 이 내기는 버핏 개인과(5개 펀드가 아닌) 프로테제 회사 사이에 벌어졌다.

양측은 각각 32만 불을 걸었다. 합계 64만 불은 미국 재무성 무이자 채권을 구매하는 데 사용되었고 2018년 내기가 종료되는 시점까지 누적 이자 포함 백만 불로 불어날 예정이다. 만약 프로테제가 이긴다면 이 돈은 런던의 자선 단체인 Friends of Absolute Return for Kids에 기부되고, 버핏이 이기는 경우 Girls Incorporated of Omaha에 기부된다.

우리는 어떤 펀드가 포함되어 있는지 모르기 때문에 이들의 10년 간 실적을 알 수 없다. 프로테제 펀드를 S&P 500 지수와 비교해보면 결과는 엇갈린다. 스타트업으로 시작해 내기를 시작한 5년 반 동안 프로테제 펀드는 수수료 제외 후 수익이 95퍼센트 올랐다. 뱅가드 펀드는 동일 기간 기준 64퍼센트 상승했다. 이 비교만 보면 프로 테제가 승리하게 된다. 만약 2009년 1월에 1년을 더하거나 2011년 1월에 3년을 더 추가하게 되어 2008년 시장 붕괴를 포함시키면 뱅 가드가 이기게 된다.

이 내기의 구조는 타협을 통해 확정되었다. 버핏은 최초 10개 펀 드를 포함할 것을 제안했는데 그랬다면 그의 우승 확률이 크게 향상 되었을 것이다. 이 제안은 50년(10년 곱하기 5펀드)이 아니라 100년(10 곱하기 10)의 펀드 세월을 망쳐 놓았을 것이다.

버핏은 10년 기간을 주장했다. 더 짧은 기간을 선택하는 것은 개 인이 뮤추얼 펀드를 선택할 때 1, 3, 혹은 5년 전 결과에 기반해 결 정하는 이 실수를 반복하는 것과 같다. 이는 농구 슈퍼스타 르브론 제임스를 2011년 NBA 파이널에서의 평범했던 5개의 마이애미 히 트 게임을 기반으로 실력을 평가하는 것과 같다. 투자 성과에 있어 서는 긴 시간이 실력을 더 잘 보여준다.

프로테제는 10년 기간 동안 펀드 5개 중 3개만 S&P 500을 넘으 면 되는 것을 역으로 제안했다. 이 제안은 프로테제의 확률을 더 높 일 수 있었다. 이는 르브론의 실력을 패배한 팀을 상대로 한 기록으 로 평가하는 것과 같다.

승리를 주장하는 버핏은 매니저들이 높은 수수료를 청구하는 구 조를 원인으로 꼽았다. 재간접 펀드는 보통 1퍼센트의 연간 관리 수 수료와 자본이득의 5퍼센트 수수료를 부과한다. 기본 펀드는 보통 1.5퍼센트 정도인 관리 수수료와 이들이 달성한 이익의 20퍼센트를 청구한다. 뱅가드 펀드는 투자자들에게 오직 0.7퍼센트만 부과한다.

내기 이후 처음 3년 동안은 엇갈린 결과가 나왔다. 경제적으로 혼란스러웠던 2008년 프로테제는 24퍼센트 버핏의 뱅가드 인덱스 펀드는 37퍼센트 하락했다. 2009년 프로테제는 16퍼센트, 뱅가드는 27퍼센트 증가했다. 2010년 프로테제는 9퍼센트, 뱅가드는 15퍼센트 증가했다. 3년 간 프로테제는 4.2퍼센트, 뱅가드는 8퍼센트의 전체 손실을 얻었다.

버핏은 10년 뒤 그가 앞설 확률을 60퍼센트로 계산했다고 말했고 프로테제는 자신들이 이길 확률을 85퍼센트로 계산했다. 이 내기를 관리하는 샌프란시스코 재단인 롱 베츠(Long Bets)는 이 내기 결과에 대해 직접 시장을 운영한다. 이 내기가 공시된 첫날부터 지속적으로 80퍼센트에 약간 못 미치는 수준으로 예측자들은 버핏의 우승을 점치고 있다.

10년 기간 동안 왜 S&P 500과 같은 인덱스가 투자 펀드를 앞설지에 대한 다른 이유가 있다. 투자는 기술과 운으로 구성된 활동으로 보인다. S&P 500을 구성하는 집단 투자 결정으로 행운과 불운은 평균치가 되고 집단 투자자들의 지성이 결국 이기게 된다.

지금까지 독자들은 적어도 하나의 눈썹은 치켜 올렸을 것이다. 주식 종목 선정은 체스 같은 기술 활동이 아니라 슬롯머신처럼 순수한 운으로 이루어진 액티비티인가? 아니면 포커처럼 기술과 운의 조합인 건가? 한 활동이 운이나 기술을 포함하는 정도를 확인하려면 의도적으로 질 수 있는지 보면 된다. 체스를 둘 때 일부러 지는 것은 쉽다. 슬롯머신에서는 불가능하다. 체스와 슬롯머신 중 주식은 어떤 것과 더 비슷할까?

2008년 시카고의 자산 관리 투자 회사 아리엘 인베스트먼츠(Ariel Investments)의 설립자인 존 로저스(John Rogers)는 직원 71명에게 2분기에 실적을 내지 못할 것 같은 주식 10개를 고르라고 요청했다. 이 중 성공한 사람은 단 19명이었다. 52명은 주식에서 지려고 노력했지만 실패했다. 일부러 지려고 한 주식 포트폴리오의 평균 수익률은 30퍼센트였고 이는 동일 기간 S&P 500 수익의 2배치였다. 적어도 짧은 기간 안에는 좋은 주식을 고르는 것에는 운이 더 많이 작용하는 것으로 보인다.

버핏-프로테제의 내기를 관리하는 롱베츠는 비영리재단 롱나우 파운데이션(Long Now Foundation)의 일부이며 장기 트렌드에 대해 알기 위해 시장을 어떻게 사용할 수 있는지 보여주는 예이다. 재단은 2002년 4월 잡지 와이어드(Wired)의 편집자 케빈 켈리(Kevin Kelly)와 호울얼스카탈로그(The Whole Earth Catalogue)의 스튜어트 브랜드(Stewart Brand)에 의해 설립되었다. 회사 자금은 아마존 CEO 제프 베조스가 지원했다. 재단의 목표는 장기 예측의 품질을 향상시키는 것이었다. 아이디어는 간단하다.

논쟁적인 예측을 제공하고, 자신의 주장을 게시하고 현금으로 자신의 확신을 뒷받침하는 것이다. 논쟁에 대한 판결은 재단이 내린다. 웹 사이트 www.longnow.org는 미래적 블로그 사이트가 되었다.

롱베츠는 사회적 혹은 과학적으로 중요한 예측에 중점을 둔다. 참가자에게는 그들이 선택한 옵션에 대해 결정 이유와 논리를 묻는다. 예측이 맞건 틀리건 간에 각 투자자의 선택 이유를 포착하기 위해 이들의 생각 방식을 쫓는 것은 매력적이다.

이 사이트는 예측을 게시하는 데 50불을 부과한다. 만약 어떤 이가 이 예측에 도전하고 싶어 한다면 내기가 성사된다. 최저 내기금은 1천 불이다. 최저 금액이 높은 이유는 불확실한 투자자들을 열의를 꺾어서 롱베츠가 높은 수준의 주장과 이슈에만 집중할 수 있도록 함이다. 예측의 최저 기간은 2년이며 대부분 5년 이상이다. 확률은 항상 균등하고 결과는 항상 승리/패배이다.

2002년 '내기에 투표하기' 기능을 추가했다. 이것은 결과에 투표하는 사람들을 위한 자아 투자(돈이 포함되지 않음)이다. 각 예측자들은 스스로를 밝히고 자신의 결정에 이르게 한 논리를 설명해야 한다. 롱베츠는 많은 생각이 타당한 이유에 들어갈 것으로 기대한다. 개인은 오직 한 번만 투표할 수 있고 진행 후에는 선택을 바꿀 수 없기 때문에 장기 예측 측면에서 매 3개월 주기로 투표율을 확인한다.

예측한 사건이 발생하거나 기간이 만료되어 내기 조건이 충족되면, 내기금은 우승자가 선정한 자선 단체에 기부된다. 내기꾼이 이겼다고 해서 상금을 받는 게 아니기 때문에 불법 도박이 아니다. 이익의 절반은 롱베츠의 관리 비용으로 사용된다.

널리 알려진 또 다른 롱베츠 내기는 마이크로소프트의 CTO 크레이그 먼디(Craig Mundie)가 구글의 에릭 슈미트를 대상으로 "상업 항공기 승객들은 2030년까지 무인조종(파일럿이 존재하지 않는) 비행기를 타고 여행하게 될 것이다."에 2,000불을 건 일이다. 슈미트는 현실화되는 것이 기술적으로 어렵다고 하지는 않는다. 항공기는 컴퓨터의 조종을 통해 이미 이륙, 장거리 비행, 착륙을 하고 있다. 군사용 드론은 매일 수백 번 무인으로 조정되고 있다. 파일럿이기도 한 슈미트는 비상 상황에서 승객들을 안정시키기 위해 파일럿 한 명은 꼭 있어야 할 것이라고 말한다. 슈미트는 승객이 좌석에 앉았을 때 "기장, 기장, 기장입니다."라고 말하는 모노톤의 녹음을 듣고 행복하지 않을 것이라며 업계 농담을 했다.

먼디는 결국 승객들이 인간이 컴퓨터를 예측하는 위험을 아예 제거하고 싶을 정도로 기계를 믿게 될 것이라고 생각한다. 롱베츠가 운영하는 것은 미래 대중의 첨단 기술 수용 정도에 관한 예측 실험이다. 일종의 편안함 테스트이다. "기술은 안전합니까?"가 아니라 "대중은 기술이 안전하다고 믿습니까?"라고 묻는 것이다.

2010년 먼디의 무조종사 베트는 28퍼센트 지지를 얻었고 슈미트의 유조종사는 71퍼센트 지지를 얻었다. 슈미트의 파일럿 필요 베트는 2009년 US에어웨이 항공기 1549가 뉴욕 라과디아 공항에서 이륙하다가 거위 떼와 충돌 후 엔진 동력을 상실했으나 파일럿 설리 설렌버거(Sully Sullenberger)에 의해 허드슨 강에 안전하게 착륙한 사건 이후 지지도가 상승하였다.

모든 예측 시장처럼 특정 기간 동안 진행되는 내기는 조심스럽게 서술되고 내기가 될 만한 자격이 있어야 한다. 유명 블로거이자 Userland.com의 CEO인 데이브 와이너(Dave Winer)와 뉴욕 타임즈 디지털의 CEO인 마틴 니센홀츠(Martin Nisenholtz)의 롱베트는 다음과 같다.

"2007년의 상위 5개 뉴스 기사를 대표하는 5개의 구글 검색 키워드 또는 문구에서 [웹 로그]는 뉴욕 타임즈 웹 사이트보다 더 높은 순위에 오를 것이다."

이 내기는 독자들이 아마도 가장 존경 받는 상업 인쇄 매체의 뉴스 기사보다 인터넷상의 비상업적인 블로그를 더 신뢰하게 될 것이라는 전제로 시작되었다.

2007년 판결을 위해 문제가 주목을 받게 되었을 때, 한 가지 문제점은 2007년 주요 기사 리스트 중 어떤 것을 사용할 것인가였다. 롱베츠는 여러 후보 중 AP통신의 리스트를 선택했다. AP의 목록은 2002년에 존재했기 때문이다. 상위 5개 기사는 역순으로 중국 수출, 유가, 이라크 전쟁, 모기지 사태, 그리고 버지니아 공대 총기난사 사건이었다.

이 다음 질문은 "웹 로그가 무엇인가?"였다. 위키피디아도 웹 로그일까? 타임즈 블로그와 다른 상업 블로그도 포함시키는 건가? 아니면 비상업 웹 사이트만 포함시키나? 롱베츠는 뉴욕타임즈 웹 사이트와 위키피디아를 제외하고서 2002년 당시 블로그로 인정된 것은 모두 포함하기로 결정했다.

만약 구글 페이지 순위를 합산하면 블로그가 4:1로 이기는 상황이었다. 만약 뉴욕타임즈의 페이지 순위를 평균 낸 경우, 블로그가 크게 이겼다. 만약 사용자가 제출한 콘텐츠와 상업 콘텐츠의 순위를 평균 낸 경우에는 상업 뉴스 매체가 이겼다. 롱베츠는 3개의 경우 중 2개에서 데이브 와이너와 블로그가 이겼다고 판결했다.

이 내기가 끝난 5년 후 진정한 승자는 2002년 베트 몇 개월 전 설립된 위키피디아였다. 위키피디아는 2007년 5개 뉴스 중 4개에서 모든 매체보다 앞섰다.

다른 롱베트는 컴퓨터가 성공적으로 인간을 흉내 낼 수 있는가에 대한 것이다. 더 구체적으로는 컴퓨터가 2029년까지 튜링 테스트를 통과할 것인지 묻는다. 1950년 수학자 앨런 튜링(Alan Turing)은 기계가 인공지능을 갖추었는지 판별할 수 있는 방법을 제안했다. 이 테스트에서 (그리고 롱베트 내기에서) 3명의 심사위원이 기계와 인간을 텍스트 기반 메시지 시스템을 이용하여 인터뷰한다. 심사단은 개인 및 사회적 관계, 예술, 과학에 대해 질문한다. 심사위원들은 어떤 응답자가 탄소 기반 생명체인지 찾아내려고 노력한다. 심사위원을 속이거나 불확실성을 야기한 컴퓨터 프로그램은 튜링 테스트를 통과하게 된다.

컴퓨터가 이런 시험을 통과할 수 있다는 아이디어는 2005년 레이 커즈와일(Ray Kurzweil)의 『특이점이 온다: 기술이 인간을 초월하는 순간(The Singularity Is Near: When Humans Transcend Biology)』 출판과 함께 다시 주목을 받았다. 커즈와일은 컴퓨터의 힘 증가는 기계 지배를 초래할 것이라고 주장한다. 커즈와일은 컴퓨터가 튜링 시험에서 이긴다는 데에 10,000불을 걸었다. 그는 30년 내에 우리는 '2001 스페이스 오디세이'의 HAL 9000보다 더 업그레이드된 버전인 스스로 배울 수 있는 컴퓨터를 갖게 될 것이라고 주장하며 "소프트웨어 개발과 인간의 두뇌를 본 따 컴퓨터를 모델링하는 문제만 남았다."고 얘기했다.

로터스 소프트웨어 창립자인 미치 케이퍼(Mitch Kapor)는 이에 동의하지 않는다. 케이퍼는 인간의 경험 없이 컴퓨터는 본질적으로 인간의 문제인 것에 대해 답할 수 없다고 말한다. 그는 컴퓨터 같은 두뇌 아이디어는 "심장을 펌프로 보는 것과 같이 그저 메타포일 뿐이며 만약 컴퓨터가 인간을 앞설 수 있다고 믿는다면 그건 우리 인간을 스스로 저평가하는 것"이라고 이야기한다. 이 튜링 테스트 내기는 물론 컴퓨터 개발에 대한 것이 아니라 미래 인간과 기계의 사회적 역할에 관한 것이다. 2010년 롱베츠에서 커즈와일의 '컴퓨터 승리' 베트는 56퍼센트를 얻었고 케이퍼의 '컴퓨터는 우릴 앞설 수 없다' 베트는 44퍼센트 지지를 얻었다.

인간 수준의 인공지능은 세분화된 분야에서 이미 입증되었다. 게리 카스파로프는 1997년 IBM의 딥블루와의 체스 게임에서 패배한 후 "기계가 놓는 수에서 깊은 지능과 창의성을 보았고 인간 체스 선수와 그 능력을 구분하기 어려웠다."고 밝혔다.

이 책의 독자들은 스스로가 컴퓨터가 아님을 증명하기 위해 확실히 역튜링 테스트를 거치고 통과했을 것이다. 온라인 구매나 블로그를 포스팅할 때 왜곡된 문자를 박스에 입력해야 한다. 이는 스팸 유포자들이 비밀번호를 훔치거나 티켓마스터에서 주요 티켓 구매를 위해 인간을 흉내 내는 소프트웨어를 만드는 것을 막기 위함이다. 인간은 패턴 인식 소프트웨어보다 이런 문자를 더 잘 읽는다.

이 온라인 퍼즐은 CAPTCHA라 부른다. 카네기멜론대학 교수인 루이스 폰 안(Luis von Ahn)이 지었는데 Completely Automated Public Turing Test to Tell Computers and Humans Apart(컴퓨터와 인간을 구분하기 위한 완전 자동 공공 튜링 테스트)의 약자이다. CAPTCHA를 통과하면 화면 건너에 사람이 있다는 것을 뜻한다. 하지만 이는 잠깐의 성공이다. 컴퓨터 기능이 빠르게 따라잡기 때문에 CAPTCHA 시스템은 6개월마다 업데이트 되어야 한다. 2014년까지 컴퓨터 프로그램은 인간에 맞서 CAPTCHA를 풀 수 있을 것으로 예상되어지고 있다.

다른 롱베츠 내기 도전은 이국적인 주제를 다룬다. 이론 물리학자 프리먼 다이슨(Freeman Dyson)는 다음을 주장한다.

"외계 생명체의 첫 발견은 행성이나 행성의 위성이 아닌 완전히 다른 곳에서 일어날 것이다."

다이슨의 말에 따르면 외계 생명체가 존재한다면 아마 진공 상태에서 사는 데 적응했을 수 있다. 만약 그렇다면 그 생명체는 몸을 따뜻하게 유지하기 위해서 햇빛을 모을 수 있는 렌즈나 거울을 갖고 있을 것이다. 그러면 이 물체는 좁은 광선의 햇빛을 태양 쪽으로 반사시킬 것이다. 만약 망원경이 이 밝은 반사를 발견한다면 생명체를 의미하는 것이다. 헤드라이트 빛이 반사된 동물의 눈을 보는 것과 같다. 2010년 현재로서 29퍼센트의 롱베츠만이 다이슨의 견해를 지지하고 있다.

몇몇 매우 똑똑한 사람들이 롱베츠 웹 사이트에서 내기를 걸기도 한다. 지금까지 워렌 버핏, 크레이그 먼디, 에릭 슈미트를 언급했었다. 이들 외에도 마이크로소프트 사의 이전 CTO였던 네이선 미어볼드(Nathan Myhrvold), 마이크로소프트의 수석 연구원 고든 벨(Gordon Bell), 체리 래인 디지털(Cherry Lane Digital)의 짐 그리핀(Jim Griffin)이 참여했다. 사업이나 사회에 중요한 문제에 대해 제안하고 1,000불에 세계에서 가장 똑똑한 사람들의 통찰력을 얻고 이들의 예측 결과를 알 수 있는 곳이 또 어디 있겠는가?

롱베츠가 받아들이지 않은 한 예측은 빠르게 상업 시장으로 이전되었다. 와튼 비즈니스 스쿨 교수 스캇 암스트롱(Scott Armstrong)은 추후 10년의 평균 온도를 예측해야 한다면, 세계기상기구(IPCC)가 예측하고 노벨상 수상자이자 이전 미국 부통령인 알 고어가 인용한 섭씨 3분의 1 상승 예측보다 '오늘과 같음'이라는 답이 더 정확할 것이라고 결론 내렸다.

암스트롱은 고어에게 이 단순한 무변화 예측이 고어의 IPCC 예측치보다 더 정확할 것이라는 데에 2만 불을 걸었다. 이 내기의 승자는 2018년 예측학술대회에서 가려지고 내기 금액은 신탁에 맡겨져 우승자가 선택한 자선단체에 기부되는 조건이었다. 고어는 이에 자신은 돈내기는 하지 않는다며 답했다.

이후 인트레이드는 '고어 대 암스트롱' 제안에 대한 예측 시장을 만들었는데 10년이 아닌 3년 기간으로 설립했다. 암스트롱의 가격은 62불에 머물렀다. 고어 편에 서는 것은 100불을 얻기 위해 38불을 지불하는 것과 같았다. 고어가 지구 온난화에 대해 이야기할 때 사용하는 엄청난 과학적 정보를 감안하면 이는 꽤 좋은 투자로 보인다. 확인 결과 장기적으로 기온이 상승하고 있음에도 불구하고, 지난 150년간 그 어떤 '무변화' 10년 예측을 했더라도 68퍼센트 확률로 이겼을 것임이 밝혀졌다. 무변화 3년 예측은 사실일 가능성이 매우 높다.

장기 예측을 위한 시장 활용이 주는 이점은 분명하다. 장기 이후에 오는 다음의 단어들에 대해 생각해 보라: 시장 트렌드, 자본 시장, 경기 순환, 의료 트렌드, 주택 착공, 중국 시장 개발, 민간 시장 점유율.

이점을 얻기 위해 필요한 것은 창의성과 독창적인 사고다.

Part 4

예측 시장을
운영하라

📈 4-1
어느 누구도
예측 결과를 듣고 싶어 하지 않는다면

예측 시장에 대해 가장 신비한 점은 미국 기업이 얼마나 이에 대해 적은 관심을 보였는 지다. 기업들은 잠재적으로 우수한 정보 출처에 대부분 무관심하다.

– 제임스 서로위키, 책 『대중의 지혜』에서

이론상에서는 이론과 실제에는 차이가 없다. 실제에서는 있다.

– 요기 베라(Yogi Berra), 야구 매니저 겸 철학가

강연에서 예측 시장의 경이로움에 대해 이야기할 때마다 받는 첫 번째 질문은 왜 여전히 많은 회사들이 이 개념에 대해 불편해하는 지와 관련되어 있다. 이 잠재적으로 큰 가치가 있는 정보원에 대해 왜 무관심한 걸까? 경영진은 주식을 거래하는 주주들이 정보를 종합하고 회사의 가격을 설정한다는 아이디어는 받아들이지 않는가. 이 질문의 답은 무지가 아니다. 모든 대형 조직 내부에는 예측 시장의

개념과 성공에 대해 잘 아는 사람들이 있으며 이 중에는 마이시스에서 포춘 엘킨스가 그랬듯 내부 시장을 성공적으로 이끌 수 있는 사람들도 있다(2-3장 참조).

한 가지 장애물이라면 낮은 직급의 직원들이 경영진 결정에 의견을 낼 수 있는가에 대한 뿌리 깊은 의심이다. 고위 관리자들은 전문성을 중요시하며 의문스러울 때는 컨설턴트를 고용한다. 다른 주요 장애물은 기업 문화다(4-2장에서 소개).

이 책을 위해 1년 반 동안 연구하면서 필자는 여기에 세 번째 이유가 있다는 것을 발견했다. 매니저들은 문제 사항들을 인지하고 있을 수 있으나 이에 대한 답을 마주하고 싶어 하지 않아 한다. 진실은 당신을 자유롭게 할 수 있으나 당신은 답을 듣고 싶지 않아할 수 있다.

대표적인 예로 예측 시장 소프트웨어와 솔루션을 제공하는 회사의 부사장을 들 수 있다. 이 회사를 마이클 코퍼레이션이라 부르자. 2007년 마이클의 두 임원은 미시간 주 어번힐즈에 있는 크라이슬러에서 넓은 범위의 회사 문제들의 확인을 도울 수 있는 시장을 설립이 가치 있음을 설득하는 발표를 했다. 발표는 잘 진행됐고 크라이슬러 임원들은 흥미를 가진 듯 싶었다.

이틀 뒤 마이클은 크라이슬러로부터 두 줄의 이메일을 받았다.

"시장 설립을 진행하고 싶지 않습니다. 크라이슬러에 관심 가져주셔서 감사합니다."

마이클 부사장 중 한 명이 크라이슬러 참석자 중 한 명을 알고 있었다. 그는 전화해서 무슨 일이 일어난 건지 물었다.

"프레젠테이션이 잘 진행된 줄 알았는데요."

"맞아요, 마이클은 정말 잘 했습니다. 예측 시장 아이디어도 좋아 보였고요."

"그럼 왜 거절하신 건가요?"

"정말 이유를 알고 싶으신가요? 당신들은 예측 시장이 짚어낼 수 있는 많은 문제들, 그리고 해결되어야 하는 질문들을 언급했습니다. 하지만 그 방 안에 있던 그 누구도 이 질문이 해결되길 원하지 않아요. 회사는 그 정보를 처리할 수 없습니다."

필자는 대화를 다른 말로 바꾸어 표현했지만 대략적인 아이디어는 동일하다. 크라이슬러에 대해 공평하게 말하자면, 필자는 크라이슬러의 전략기획 매니저인 브라이언 월러스(Brian Wallace)가 잉클링 시장을 회사 미니밴 부서에 도입해 내부 수요 예측에 활용하자고 주장했다는 사실을 나중에 알게 되었다. 크라이슬러에는 세 가지 좌석 옵션의 혼합 퍼센티지에 대한 예측 시장이 있다. 표준 벤치 시트, 스토우 앤 고(Stow-And-Go), 스위블 앤 고(Swivel-And-Go). 알고 싶어 하지 않는 태도는 전사적이지 않았다. 적어도 디자인 문제로까지 번지지 않았다.

하지만 시장이 자동차 회사에 어떤 것을 제공할 수 있을지 생각해보라. 자동차 회사는 일반적으로 새로운 자동차 디자인 테스트를 위해 자동차 클리닉이라 불리는 잠재 구매자로 이루어진 비용이 많이 드는 포커스 그룹을 운영한다. 예측 시장 회사 크라우드캐스트(Crowdcast)는 제너럴 모터스(GM)를 위해 예측 시장들을 운영하는데 여기서 엔지니어와 관리자들은 자동차 클리닉의 결과치는 무엇일지 같은 정량적인 결과를 예측한다. 경쟁적 이유로 GM이나 크라우드

캐스트는 시장 결과에 대해 밝히지 않지만 만약 결과가 정확하다면 (그리고 GM이 지속적으로 시장을 운영한다면), 회사는 비용과 시간을 큰 폭으로 절약할 수 있음을 뜻한다.

문제를 확인하기 꺼려하는 기업 중에는 성공한 기업도 있고 어려움을 겪는 기업도 있다. 세계 2대 항공기 제조업체의 경험을 생각해 보라. 두 회사 모두 예측 시장에 대해 알고 있었고 둘 모두 불완전한 정보에 의존하는 비용을 알고 있었으나 둘 모두 시장을 사용하지 않기로 결정했다. 첫 번째 회사는 2-4장에 소개된 787 드림라이너를 생산하는 보잉 사(社)다. 두 번째 항공우주 회사는 보잉의 경쟁사이자 에어버스 여객기를 생산하는 EADS(European Aeronautic Defence and Space; 유럽항공방위우주회사)다. EADS는 2006년 787과 경쟁할 새로운 항공기를 개발할 것이며 보잉 사와 견줄만한 세계적인 공급 업체 네트워크를 사용할 것이라고 발표했다. 새로운 에어버스는 2012년 전달 예정이었다.

예측 시장 팬들은 EADS가 진척 사항 확인을 위해 내부 시장을 활용할지 지켜보았다. EADS는 시장을 사용하지 않았다. 보잉이 예측 시장에 무엇을 배웠을지 EADS가 이미 '보잉 787에서 얻은 교훈'이라는 내부 연구를 통해 알고 있었기 때문이다. 보잉의 스케줄 지연에 대한 교훈적인 이야기와 자사의 A380 슈퍼점보의 2년 완성 지연 경험(이로 인해 EADS는 20억 유로의 벌금을 내고 수익을 잃음)은 내부 시장 설립에 충분한 동기부여가 되지 못했다.

왜 EADS 내에서 아무도 예측 시장을 옹호하지 않았을까? 왜 아무도 알고 싶어 하지 않는 걸까? 일부분 베스트바이의 제프 서버츠가 걱정했던 것과 같은 금기 사항 때문이었다. 기업에게 중요한 계획이 실패할지 여부를 묻는 것은 본질적으로 위험하다. 질문이 더 중요할수록 금기와 더 관련이 있다. 만약 에어버스가 "첫 여객기를 언제 전달할 수 있을까?"라고 물었을 때 직원들과 공급자 주도 시장이 "예정일보다 8개월 뒤."라고 답할 수 있다면, 해당 질문 자체를 하기 거부하는 매니저들이 있을 것이다. 이런 질문이 나올 수 있는 내부 시장을 제안하는 것조차 배반하는 것으로 간주될 수 있다.

왜 EADS의 고위 경영진 혹은 이사회는 '상의하달'식 시장을 설립하지 않을까? 정부 소유의 프랑스–독일 관리 구조는 상향식 정보에 수용적이지 못했을지 모른다. 혹은 경영진은 완성 기한에 대한 회사 사장의 공적 위치를 부정할 수 있는 시장에 관심이 없었는지도 모른다.

한 EADS 임원은 미국 경영대에서 WYSIATI(what you see is all there is; 보이는 것이 전부다)이라 부르는 유럽의 최고 경영진들이 갖고 있는 편향을 지적했다. 임원들은 문제에 대해 활용 가능한 증거를 기반으로 일관된 서사를 만들고 이야기 속 알 수 없는 부분은 자신의 경험과 인식으로 채운다. 시장 기반 결과는 다른 경험과 가치관을 지닌 여러 사람들을 포함함으로써 이 결과 편향을 극복할 수 있다. 적어도 다른 결과에 투자할 몇몇 참가자들에게는 이 편향들이 뚜렷이 보일 것이다.

EADS는 조기 경고 시장을 설치할 또 다른 이유가 있었다. 새로운 에어버스를 발표했을 때 EADS는 유럽에서 가장 거대한 국방 조달 프로젝트인 군용 수송기 A440M를 개발 중이었다. 이 프로젝트도 잘 되고 있지 않았다. 2010년 초에 이미 A440M의 첫 비행 테스트는 계획보다 4년 늦춰지고 9억9천만 유로만큼 예산을 초과한 상황이었다.

회사는 2009년 3월까지 A440M를 시험 비행하기로 약속했다. 기한을 놓친 경우, EADS는 17억 유로(21억 불)의 페널티를 내야 했다. 고객들은 주문을 취소하고 57억 유로(71억 불)의 선수금을 회수할 권리가 있었다. 만약 계약이 취소되면 고객들은 록히드 마틴의 C-130 수송기나 보잉의 C-17을 주문할 것이다.

보잉과 마찬가지로 에어버스 A440M의 주된 문제는 외부 공급 업체들이었다. 이 경우에는 엔진을 설계하고 생산하는 사람들이 문제였다. 프랑스 제조업체 Snecma, 영국의 롤스로이스, 스페인의 ITP, 독일의 MTU Aero Engines로 이루어진 컨소시엄이 담당했는데 EADS는 엔진 생산이 예정보다 훨씬 늦어지고 있던 사실을 몰랐다고 말했다.

3월의 시험 비행은 진행되지 못했다. 에어버스는 파리 에어 쇼 전시 기간과 맞출 수 있도록 3개월 더 시험 비행 기간을 연장해 줄 것을 협상했다. EADS의 CEO인 루이스 갤로이스(Louis Gallois)는 새로운 데드라인은 맞출 수 있다고 주장했다. 추측하건대 회사 엔지니어와 엔진 설계에 참여하는 이들로 이루어진 한 유럽 예측 시장은 마감 기한에 맞출 확률을 2퍼센트로 보았다. EADS는 결국 데드라인을 맞추지 못했다.

파리 에어 쇼 전시는 취소되었다. 모형을 전시할 수 있었지만 항공기 내에 설치되지 않은 엔진은 크게 눈에 띌 것이었다. 이후 회사

는 시험 비행을 위한 추가 지연을 협상하고 가을이면 비행이 가능해
질 것이라고 발표했다. 이 가능성에 대한 다른 상업 예측 시장이 15
센트에 시작되었고 11월 말까지 80센트까지 꾸준히 올랐다. 항공
기는 2009년 12월 중순 비행했으나 그리 멀리 가진 못했다. 이후
EADS는 실제 서비스에 도입되기까지 추가 3년의 항공기 테스트와
4,370시간의 비행이 필요하다고 발표했다.

조직 내뿐만 아니라 경제 전반에 걸쳐 예측 시장이 크게 도움이
될 수 있었지만 아무도 문제에 대해 알고 싶어 하지 않는 상황이 많
이 있다. 가장 극적인 한 예로 2007년 신용 붕괴를 들 수 있다. 이
는 여전히 이해하기 어려운 세계 경제 시스템이 받은 큰 충격이었
다. 18개월에 걸쳐 미국 자본 가치는 40퍼센트 추락했고 상업 부동
산 가치는 40퍼센트, 주택 시장은 33퍼센트 추락했다. 이러한 자산
중 많은 부분이 마이너스 자본에 치달았는데 이는 자산의 가치가 부
채의 가치보다 낮음을 의미한다. 소유주들은 주택 및 상업 빌딩에서
손을 뗐다.

집계된 재산 총 손실은 20조 달러로 금융 붕괴 이전 자산은 50조
였다. 은행의 실패는 매일 신문 제일 첫 장에 소개됐다. 2008년 말
까지 미국 재무부와 연방 준비 제도는 금융 시스템 안정화를 위해 2
조5천억 달러를 지원했다. 시스템은 어느 정도 정상으로 돌아왔지만
시장을 선도하던 여러 회사들이 파산하거나 규모가 감소하거나 새
로운 소유주를 맞이해야 했다.

금융 위기는 희귀한 현상이 아니다. 빈번하지는 않지만 무작위로
발생하지 않는다. 이런 위기는 과한 위험 감수나 과도한 부채 비율,

규제 실패로부터 기인한다. 대부분 금융 회사는 기록적인 수익을 달성하고 규제기관은 이에 만족스러워 하며 거의 대부분의 사람들이 위험 요소들을 무시하기로 결정한다.

하지만 증권 시장은 집단적으로 똑똑하다고 알려져 있고 2007년 전 문제 상황을 직시한 몇 사람들이 분명 있었다. 그렇다면 대체 무엇이 잘못된 걸까? 문제는 바로 투자자들로 하여금 단체로 잘못된 선택을 하게 만든 정보의 홍수였다. 이는 자주 발생하지는 않지만 분명히 발생한다. 투자 회사를 관리하는 사람들은 '컨트리 클럽 효과'의 영향을 받는다. 투자자들이 친구들과 함께 앉아서 서로 자신이 벌어들인 큰 이익에 대해 자랑하는 것이다. 이런 대화는 이들이 위험에 대해 생각하는 방식을 바꾸고 내일은 오늘과 다를 것이라며 불안감을 줄인다. 투자 회사들은 경쟁자들이 벌어들이고 있다는 큰 수익을 원한다.

2008년 금융위기는 동시다발적으로 발생한 많은 이상한 일들로 인해 야기되었다. 가장 큰 기인 요소는 부채담보부증권(collateralized debt obligations; 이하 CDO)과 모기지 담보부증권과 같은 금융 상품들에서 발생한 대규모 손실이었다. 위기가 오는 것을 본 사람이 있었을까? 적절히 설계된 예측 시장은 이 상태에 대해 경고할 수 있었을까? 그렇다면 시장에 관심을 갖는 사람이 있었을까? 대답은 '예, 예, 아마도 아니오'다.

미국 투자 은행 JP모건이 1998년 최초 현대의 CDO 판매를 시작했다. 이 증권은 모기지보다는 회사채를 포함한 것이다. JP모건은 액면가 100억 불에 307개의 기업 대출을 공동으로 모아 이에 대한 증권을 발행해 팔았다. 이자는 회사채 수입에서 발생했다. 기본 대출은 모두 주요 신용 등급 기관에서 트리플 A를 받은 회사로 이루어져 있었다.

CDO의 매력은 공동 구매라는 장치가 구매자에게는 증권이 가질 수 있는 위험을 최소화할 수 있는 장치로 보인다는 것이다. 한두 개 회사는 체납할 수 있으나 대부분은 대출 이자를 계속 지불할 것이라는 게 그 이유다. JP모건은 CDO를 좋아했는데 그 이유는 증권이 체납되더라도 잔차위험은 AIG 보험회사가 처리해줄 것이기 때문이다. AIG는 적은 보험료를 받고 서브프라임 증권을 보장해주겠다고 했다. 이 보험 비용은 연간 1달러 당 2센트에 불과했다. AIG가 잔차위험을 감당해주므로 JP모건은 발행한 100억 불 어치 CDO에 대해 1억6천만 불만 예비금으로 할당해두면 되었다. 만약 개인 융자였다면 8억 달러를 확보해야 했을 것이다.

AIG 또한 CDO를 좋아했다. 처음에는 잔차위험 보험을 제공하며 많은 돈을 벌었다. 1센트의 10분의 2는 별로 큰 금액이 아닌 것처럼 보이지만 이 숫자에 100억을 곱하면 연간 2천만 달러의 프리미엄이 된다. 그리고 채무 불이행이 발생하지 않았다. JP모건은 판매에 대한 수수료를 받고 자사 자본을 늘려 나갔다. 모두가 돈을 벌었다. 1999년까지 1,000억 불에 달하는 CDO가 판매됐다.

하지만 모두가 이기는 이 시나리오에도 문제가 있는데 이는 바로 경제에서 '상관관계'(Correlation)라 불리는 것이다. JP모건과 CDO를 구매한 사람들은 모두 한 회사의 채무 불이행은 다른 회사채가 체납되는 것과 연관이 없다는 가정 하에 판매 및 구매했다. 하지만 이에 대해 생각한 사람이라면 이 가정이 옳지 않다는 것을 알 수 있었다. 이후 우리가 보았던 것처럼 만약 크라이슬러가 청구액을 지급하지 못하면 공급자들은 큰 재정 문제를 떠안게 된다. 월급을 받지 못하거나 해고된 공급업체의 직원들은 소비를 줄인다. 레스토랑, 건축물 공급업체 및 골프 코스들은 몇몇 은행원들과 함께 파산할 수 있다.

장기 채무 불이행이 연속적으로 나타날 경우 지속됐을 때 CDO 소유자에게 배상할 충분한 돈을 AIG나 JP모건 그 누구도 갖고 있지 않았다. 이 채권은 기업 채무 불이행에 상관관계가 없는 경우에만 기본 대출보다 안전했다. 만약 상관관계가 있다면 미지불된 CDO의 달러 가치가 상승했을 때 잠재 손실도 더 커졌다.

투자 은행들은 이 상관관계 문제에 대해 알고 있었을까? 물론이다. 첫 CDO 발행 일 년 뒤 JP모건은 보유 증권의 달러 가치를 크게 줄였다. AIG는 보험료를 5배 이상 인상해 연간 1달러 당 1.1센트를 받으며 높아진 위험에 대응했다. 예측 시장이 있었다면 회사채 기반 CDO가 갖고 있는 문제를 나타냈을까? 만약 상관관계가 없음을 가정하는 믿음에 대해 알고 있는 시장이 은행가나 투자자들이 참여했다면 아마 그랬을 것이다.

JP모건은 기업 CDO를 줄이면서 주택 모기지 담보 CDO라는 새로운 상품을 만들었다. 이는 수천 개의 주택 모기지를 묶어서 투자자에게 모기지 담보 대출을 판매하는 것이었다. 이 증권의 대출 이자는 모기지 차용인의 모기지 상환 자금에서 발생했다.

JP모건과 다른 투자 은행들을 위한 이 시장의 좋은 특징은 기업 CDO의 경우 투자자들은 기본 대출을 받은 회사가 누구인지 알고 싶어 했지만 주택 담보 대출금을 갚는 주택 소유주의 신용 기록이나 이름을 묻는 사람은 아무도 없다는 것이었다. 저당담보부채권 시장은 수익성이 더 높았다. 모기지를 묶고 이에 대한 증권을 판매하며 많은 돈을 벌 수 있었는데 증권 소유자를 대신해 대출 지불금과 상환금 관리를 통해 추가 수입을 얻을 수 있었다.

JP모건은(그리고 저당담보부채권과 관련된 다른 투자 은행들은) 다른 지역의 모기지 론을 묶어 위험을 분산하려고 했다. 오하이오 주 클리블랜드가 경기 침체를 겪었을 때 캘리포니아 주 새크라멘토는 여전히 굳건할 것이라는 이론이었다. 하지만 이 증권에도 매우 현실적인 상관관계 위험이 있었다. 경기 침체 상황에서 실업률은 상승하고 주택 가격이 하락하며 채무 불이행이 모든 곳에서 증가한다. 만약 모기지 실패 위험이 나라 전 지역에서 높은 상관 관계를 보인다면 모기지담보증권을 구매한 기관과 이를 보장한 기관에 수십억 달러에 달하는 거대한 위험을 안기는 셈이다.

JP모건은 이 위험에 대해 알고 있었고 4개의 모기지담보 CDO를 판매했다. 그리고 이후 자사의 모기지 묶음의 등급이 떨어지자 시장에서 퇴장했다. 2006년 말, JP모건과 골드만삭스는 서브프라임 모기지 시장의 위험을 인지하고 새로운 금융 상품을 만들었다. 이 상품은 회사들이 자사 돈으로 모기지 가격 하락에 내기를 걸 수 있게 하여 실제로 주택 모기지 가격이 약해지면 수익을 얻는 구조였다.

AIG 몰락과 정부 구제 금융이 발생하기 1년 전, JP모건은 여러 CDO 가치 하락 – 그리고 모기지 발행자의 주식을 공매함으로써 얻은 추가 수익 – 에 대해 보상하기 위해서 보험 회사로부터 72억 불을 받았다. 모기지의 품질이 추락했다고 말하는 것은 대출 기준이 추락한 정도를 축소해 말하는 것이다. 구멍의 가장 밑에는 이자 전용, 역상각(Negative-amortization), 변동 이자율 서브 프라임 모기지라는 상품이 있었다. 이를 쉽게 말하면 새로운 주택 소유주가 5년 동안 모기지 지불, 이자 혹은 원금 상환을 하지 않아도 되는 옵션을 가질 수 있는 대출이었다. 이자는 보통 첫 2년 간 6퍼센트에 머물다가 이후 11퍼센트로 증가해 높은 대출금이 남게 되었다.

이런 대출을 누가 원했을까? 대부분은 수입이 없는 차용자였다. 대학생, 새로운 이민자, 장기 실업자들이 이 대출을 이용했다. 이 시나리오에 숨어있는 상품의 위험성은 금융 MBA 학위가 없어도 알 수 있다.

이 상품보다 아주 조금 위에는 '거짓말쟁이' 모기지라고도 불리는 수입 선언 모기지(stated income mortgage)가 있었다. 이 상품을 만든 사람들은 신청자들에게 수입 증명이 필요 없다며 홍보했다. 투자자들이 서브프라임 모기지 패키지 구매를 희망하는 한, 그 어떤 질문도 하지 않았고 이들은 높은 단기 수익을 올렸다. 역시 이 상황의 결과를 예측하는 데 MBA 학위는 필요하지 않다.

JP모건이 주택 모기지 담보 CDO 시장에서 퇴장하자 다른 은행들이 모기지 담보 채무와 자동차 할부금으로 된 모기지 시장에 뛰어들었다. 2006년에만 5천억 달러의 CDO가 판매됐다.

많은 이들이 이 상황의 위험성에 대해 경고했다. 이르게는 2005년 워렌 버핏은 파생 상품과 이 상품이 가진 고유 위험을 '대량 살상 무기'라고 불렀다. 마찬가지로 2005년 리만브라더스의 고정 수입 증권 팀 부장인 마이클 겔밴드(Michael Gelband)는 컨트리와이드(Countrywide)와 뉴센트리파이낸셜(New Century Financial) 같은 공격적으로 모기지를 대출하는 기관들이 '가짜 돈'에 기반한 1조 달러의 경제 활동을 만들었으며 이들은 실패할 것이라 확신한다며 경고했다. 투자 은행 리만브라더스의 한 부서가 모기지 담보 CDO를 판매하는 동안 다른 부서는 모기지를 발행한 회사 주식을 공매했고(이 주식 가격이 떨어지면 더 낮은 가격에 다시 재구매할 요량으로 공매) 엄청난 돈을 벌었다. 그 사이 모기지 판매 담당의 리만 부서는 계속해서 서브 프라임 모기지를 묶어 판매했다.

2006년 뉴욕의 페리 캐피탈 창립자(Perry Capital)이자 가장 성공하고 영향력 있는 투자자 중 한 명인 리차드 케인 페리(Richard Cayne Perry)는 컨트리 클럽 효과에 영향 받지 않고 서브 프라인 모기지 증권을 공매하기 시작했다. 페리는 자신의 행동에 대해 공개적으로 밝혔고 자신의 이야기를 들은 사람들에게 모두 똑같이 할 것을 추천했다. 그를 따른 사람은 적었다. 페리는 자신의 길을 갔고 공매를 시작한지 5개월 만에 10억 불을 벌어들였다.

증권거래위원회는 파산한 회사들을 조사하며 많은 양의 내부 경고 이메일을 발견했다. 한 고위 관리자는 "이 카드로 만든 집이 무너질 때면 우리가 모두 부자로 은퇴했길 바랍니다."라고 적었다.

알맞은 질문을 묻는 예측 시장이 있었다면 이 문제를 강조할 수 있었을까? 그렇다, 만약 그 시장이 금융에 조금이라도 아는 사람들로 이루어져 있었더라도 가능했을 것이다. 이런 예측 시장을 설립해 운영해 보겠다고 나선 사람은 없었을까? 아마 없었을 것이다. 시장이 위험성을 나타내면 투자 은행들의 주식을 폭락할 테니 확실히 투자 은행들은 예측 시장에 관심이 없었을 것이다. 그리고 워렌 버핏이나 리차드 케인 페리의 경고를 무시하는 사람들이 과연 익명 시장의 경고에 주의를 기울였을까?

시사 해설자들의 유머와 경멸의 대상이 된 2008년 금융 붕괴와 아이슬란드의 지급불능 사태에 대해 짚어보자. 6주 간의 금융 붕괴 끝에 아이슬란드는 국가 총생산의 8.5배에 달하는, 국민 1인당 30만 달러의 빚을 진 것과 다름없는 상태에 치달았다. 아이슬란드 3대 은행은 파산하여 국유화되었다. 아이슬란드의 통화인 크로나는 유로화 대비 가격이 70퍼센트 추락했다. 주식 시장 가치는 82퍼센트 하락했다. 많은 이들이 아이슬란드 사태가 발생할 것임을 알고 있었다. 2003년 코펜하겐의 단스케뱅크(Danske Bank)는 아이슬란드 금융 시스템이 실패할 것이라는 보고서를 발행했다. 2008년 1월 베어스턴즈(Bear Stearns)의 헤지펀드 부서는 6개의 다른 투자 은행들과 회의를 개최하여 아이슬란드에서 곧 발생할 금융 붕괴에서 어떻게 수익을 얻을 수 있는지에 대해 논의했다. 펀드와 개인들은 아이슬란드 은행 주식과 그들이 찾을 수 있는 모든 다른 아이슬란드 기관들의 주식을 공매했다.

아이슬란드 사람들에게 경고하려 한 사람들이 여럿 있었으나 대부분 그 경고를 듣고 싶어 하지 않았다. 2008년 5월 시카고대학 경제학자 로버트 알리버(Robert Aliber)는 레이캬비크의 아이슬란드대학에서 진행한 공개 강의에서 아이슬란드의 경제를 거대한 거품으로 설명했다. 알리버가 말하길 "9개월 예상합니다. 여러분의 은행은 죽었습니다. 아이슬란드의 은행가들은 멍청하거나 욕심이 과합니다."
잡지 베니티페어의 기사는 지역 은행가들이 알리버의 코멘트를 기사에 싣지 말라고 요청했다고 주장했다. 어찌되었든 알리버는 틀렸다. 9개월이 아니었다. 3개월이었다.

아이슬란드의 붕괴 1년 전, 알맞은 질문을 물을 수 있는, 적절히 설계되고 외국인들에게 개방된 예측 시장이 있었다면, 어쩌면 아이슬란드의 경제를 구제하는 데 기여할 수 있었을지 모른다. 알리버의 강연이 진행될 때 시작한 시장은 이미 많은 사람들이 아는 것을 강조하는 데 그치거나 더 빠른 붕괴를 야기했을 수도 있다.

이 장에서 확인할 수 있는 한 가지 확실한 점은 정보 폭포효과 혹은 명성 폭포효과가 흔히 일어나고, 실수에 대한 대가가 치명적인 조직 내에서는 시장을 운영하는 것이 바람직하다는 것이다. 보잉과 리만브라더스를 생각해보라. 시장은 적어도 폭포효과를 완화할 수 있는 공개 결과를 도출하거나 효과를 막고자 하는 사람들이 인용할 수 있는 자료로 사용될 수 있다.

하지만 정말로 기관이 알고 싶어 하지 않는 경우에는 어떻게 해야 할까? 회사 내부의 기술 전도사가 위험을 무릅쓰고 시험 예측 시장을 열어 무해한 질문으로 시작해 천천히 더 의미 있는 질문으로 옮겨가야 할까? 이런 시장은 소수가 주의를 기울일지 모르는 경고 신호를 제공할 수 있지만 높은 직급의 커버 없이는 이런 시장은 기술 전도사의 커리어를 제한할 수도 있다.

📊 4-2
베이징보다 더 많은
적기(赤旗)가 있는 상황에서

오늘날의 규제 환경에서는 규칙을 위반하는 것은 사실상 불가능합니다. 위반이 감지되지 않는 경우는 없으며 확실히 상당한 기간 동안 감지되지 않는 것은 불가능합니다.

　　　　　　　　　　　　　　　　— 버나드 매도프(Bernard Madoff), 전설의 폰지(Ponzi) 투자자

한 사람의 마음을 바꾸는 것과 그럴 필요가 없는 것을 증명하는 것 중에서 선택해야 할 때, 대부분의 사람들은 증거 수집에 바쁘다.

　　　　　　　　　　　　　　— 존 케네스 갈브레이스(John Kenneth Galbraith), 미국 경제학자

우리 시대의 가장 위대한 현실도피 이야기 중 하나는 역사상 최대 규모의 투자 사기를 범한 사기꾼 버나드 매도프에 관한 것이다.

매도프는 폰지 사기라는 용어를 대중에게 다시 각인시킨 사람이다. 폰지 사기에서 초기 투자자는 실제 투자가 아닌 이후에 참여한 투자자들의 돈으로 엄청난 수익을 얻는다. 그의 이름을 불멸로 이끈

찰스 폰지(Charles Ponzi)는 20세기 초 사기꾼으로 고객들에게 45일 내에 50퍼센트 또는 90일 이내에 100%에 이르는 수익을 약속했고 고객들은 둘 중 선택할 수 있었다. 폰지는 국제우편쿠폰을 다른 나라에서 할인된 금액에 구매하여 미국에서 사용할 수 있다고 말했다. 이 사기 사건에서 이해하기 어려운 점은 이후의 폰지 사기처럼 명백히 가짜인 전제를 왜 모두들 받아들인 것인가이다.

2009년 3월 12일 매도프는 유가 증권 사기와 650억 달러에 달하는 10건의 고객 사취 행위로 유죄 선고를 받았다. 이 금액의 절반 이상은 회수되었다. 법정에서 발표한 그의 성명에서 매도프는 1990년대 처음 분할 태환(Split-strike Conversion) 전략으로부터 큰 수익을 얻을 수 있다고 홍보하며 사기를 시작했다고 밝혔다. 그는 실제 고객의 돈을 거의 투자하지 않았고 대부분 그의 은행 계좌에 예치해두고 연간 20%의 높은 수익률에 대한 금액을 지불하는 데 사용했다고 고백했다.

책 『거짓말쟁이의 포커(Liar's Poker)』의 저자인 마이클 루이스(Michael Lewis)와 헤지펀드 그린라이트캐피털(Greenlight Capital)의 회장인 데이비드 아인혼(David Einhorn)은 2009년 1월 뉴욕타임즈에 멋진 칼럼을 기고했다. 이들은 매도프를 폭로하기 위해 자신의 경력의 상당한 시간을 소비한 해리 마르코폴로스(Harry Markopolos)의 우울한 이야기를 들며 '현실 부정 및 알고 싶어 하지 않는 태도'에 대하여 기술했다.

마르코폴로스는 보스턴에 있는 램파트 인베스트먼츠(Rampart Investments)의 존경 받는 투자 책임자였다. 1999년 마르코폴로스의 상사는 매도프의 높은 투자 수익에 대해 알게 되었고 마르코폴로스에게 이를 똑같이 할 수 있는 공식을 만들어보라고 지시했다. 마르코폴로스는 매도프가 밝힌 전략으로는 수학적으로 불가능한 수익률이라는 것을 금세 깨달았다. 그 후 9년 동안 마르코폴로스는 버나드 매도프는 사기꾼이라는 점을 그의 상사와 증권거래위원회에 설득하려 노력했다. 마르코폴로스는 각각의 주장된 결과가 현실 불가능하다는 것을 설명했다. 어렵지도 극단적인 것도 아닌 그저 수학적으로 불가능했다. 매도프가 발표한 전략에 대한 수치를 계산해보면 1년에 20퍼센트 수익은 불가능하다고 그는 주장했다. 마르코폴로스는 매도프가 7년 동안 단 3개월의 손실만 보고했다고 말했다.

"매도프의 수익은 까피스트라노(Capistrano)에 돌아오는 제비만큼이나 꾸준했습니다."

매도프가 보고한 옵션 거래들은 종종 보고된 전체 거래량을 초과했고 동일한 구매일, 행사가격, 만기일을 갖고 있는 거래가 많았다. 매도프의 피더펀드(Feeder fund)들은 보고된 옵션 거래량이 해당일에 거래 가능한 전체 시장의 옵션 양보다 많다는 성명서를 받았다. 다시 말해서 매도프가 주장하는 그의 주요 전략인 연계매매를 할 수 있을 만큼 충분한 옵션이 존재하지 않았다는 뜻이다.

수천 건의 거래가 증권거래소의 일일 거래 범위를 뛰어넘는 가격에 발생한 것으로 확인되었다. 매도프는 또한 토요일 및 다른 휴일에 발생한 것으로 추정되는 거래 확인서를 보여주었다. 그리고 마르코폴로스는 매도프가 500억 불 규모에 달하는 그의 거대 기업을 감사하기 위해 1인 회계법인을 고용한 것을 확인했다.

2005년 마르코폴로스는 SEC에 '세계 최대 헤지펀드는 사기'라는 제목의 17장에 달하는 편지를 보냈다. 그는 이 서신에서 매도프의 결과에 대한 두 가지 시나리오를 제시했다. 마르코폴로스는 이후 그의 9년 동안의 여정을 『No One Would Listen』이라는 책에 담아냈다.

편지에 나온 첫 번째 시나리오에서 마르코폴로스는 투자 브로커로도 일한 매도프가 불법으로 고객의 비용으로 거래를 함으로써 프런트 러닝(Front-running)을 일삼았다고 설명했다. 프런트 러닝이란 매도프에게 한 고객이 증권을 구입해달라고 요청했을 때 매도프가 고객의 주문을 처리하기 전에 자신의 포트폴리오로 구입했다는 뜻이다. 만약 주식 가격이 밤새 상승했다면 매도프는 주식을 유지하고, 고객 대신 주식을 더 높은 가격에 매입했다. 가격이 하락한 경우 기존 증권을 고객 계정에 넣는 식이었다. 두 번째 시나리오는 높은 수익금이 새롭게 확보한 투자자 자본으로부터 나오는 폰지 사기에 대한 것이었다.

마르코폴로스는 유럽에서 많은 매도프 투자자들이 이미 분할태환 전략(Split-strike strategy)으로는 그가 발표한 수익금을 실제 성취하는 것은 불가능하다는 사실을 알고 있었다고 말한다. 하지만 그들은 매도프가 프론트러닝을 한다는 것을 받아들이고 자신들이 수혜자라고 생각했다. 매도프가 다른 고객들에게도 사기를 범하는지에 대해서는 더 깊이 알아보지 않았다.

마르코폴로스의 편지는 뉴욕의 증권거래위원회(SEC) 지부장인 메간 청(Meagan Cheung)의 책상에 올려졌다. 청은 "사기의 증거가 발견되지 않았다."는 간략한 SEC 조사 자료에 서명했다. 마르코폴로스는 이후 '증거 없음' 결과에 대해 다음과 같이 적었다.

"내가 제출한 자료로는 조사자들에게 매도프의 사기 행각을 발견하고 이를 폐쇄시키는데 질문 3개를 하는 시간보다 더 적게 걸렸을 것이다. 폰지 사기의 심각한 피해는 매도프 수사에 대해 의도적으로 회피한 SEC 때문이다."

2009년 6월, 매도프는 150년 형을 선고 받았다. 양형 후, 청의 상사이자 SEC에서 금융업자들과 중개업자들을 감시하는 부서의 장인 로리 리차즈(Lori Richards)는 매도프 사업의 자금 관리 측면을 제대로 조사하지 못한 것에 대한 책임으로 사퇴했다. 3개월 뒤 매도프에게 사기를 당했던 두 명의 투자자는 SEC와 미국 정부가 사기 행각을 발견할 수 있는 증거가 충분히 많았음에도 발견하지 못했다며 두 기관을 상대로 10억 불 보상을 요구하며 고소했다.

심지어 매도프에 대해 우려를 표한 최초의 사람은 마르코폴로스가 아니었다. 1992년부터 2008년까지 SEC는 7개의 유사한 경고를 전달 받았었다. 하지만 매번 기관은 잘못된 게 없다는 결론을 내렸다. 두 건의 경고는 브로커나 금융 피더펀드가 펀드 실사를 진행하는 것을 매도프가 거부함으로써 촉발되었다. 프랑스 은행 소시에테 제네랄(Société Générale)은 마르코폴로스와 똑같이, 오랜 기간 높은 수익을 지속적으로 내는 것은 불가능하다며 매도프 펀드 가입 자제를 요청하는 경고 서한을 자사 고객들에게 2003년 발송했다.

HSBC은행은 외부 및 자사 임원들이 2006년과 2008년 두 차례에 걸쳐 전달한 경고에 조치를 취하기 위해 매도프의 사업을 확인하고자 회계법인 KPMG를 고용했다. 매번 KPMG는 "이해할 수 없는 잠재적 사기성이 있는 펀드 수익"이라며 이에 관한 상세 경고를 전달했다. HSBC는 매번 경고를 무시하고 매도프에게 돈이 돌아가는 피더 펀드를 계속 진행했다. 매도프 사기 피해자들의 투자금 환수를 담당하는 신탁 기관은 KPMG의 경고뿐만 아니라 다른 외부 경고들도 무시하는 태만을 지적하며 HSBC와 유럽 기관들을 대상으로 90억 달러의 손해 배상 청구를 제기했다. HSBC의 입장은 이 주장에 근거가 없다는 것이다.

예측 시장은 매도프에 대한 경고 신호를 제기할 수 있었을까? 올바른 질문과 정보를 많이 갖고 있는 투자자들만 있다면 가능하다. 하지만 SEC와 다른 주요 은행이 주기적으로 고객들을 안심시키면서 20퍼센트의 연간 수익률을 즐기고 있을 때, 과연 이런 시장 운영을 고려하는 사람이 존재했을까? 시장의 경고는 정확성의 역사가 입증된 존중받은 제3자가 전달해야만 했을 것이다.

설명된 예시들은 모두 경제와 금융의 세계의 이야기들이다. 하지만 의도적으로 경고 표시를 무시하는 것은 훨씬 더 널리 퍼져있다. 필자가 제일 좋아하는 예는 위엄 있는 의학계에서 발생한 일로, 많은 독자들에게 친숙한 궤양과 관련된 일이다.

20세기 대부분 동안 모든 의사들은 궤양이 스트레스와 생활 방식, 그리고 특히 과도한 음주와 매운 음식 섭취로 인해 발생한다고 생각했다. 모든 의사들이 이렇게 배웠고 이를 의심한 사람은 아무도 없었다. 궤양 치료 방법은 제산제 복용, 제한된 식단, 그리고 위장의 궤양 부분 제거 수술이었다. 약 15퍼센트의 환자들이 수술로 사망했다.

1985년 2명의 호주 의학 연구원인 베리 마샬(Barry Marshall)과 로빈 워렌(Robin Warren)은 브뤼셀의 주요 의학 컨퍼런스에서 생활 방식에 대학 학설은 잘못되었다고 발표했다. 이들은 궤양은 작은 박테리아로 인해 발생하며 쉽게 치료 가능하다고 말했다. 의사 청중들은 그들의 주장을 믿을 수 없었다. 어떤 이는 마샬이 미쳤다고 했다. 위장의 산성 환경에서 박테리아는 생존할 수 없기 때문이다. 다른 이들은 두 연구원이 연단에서 내려올 때 강연 프로그램을 던지고 야유했다.

마샬과 워렌의 연구는 우연적이면서도 혁신적이었다. 이들은 부검을 진행하면서 당시까지 알려지지 않은 새로운 박테리아 종이 위염증, 십이지장 궤양 또는 위궤양을 앓고 있는 거의 모든 환자들의 하부 위장에 있는 것을 발견했다. 이 세균은 이후 헬리코박터 파일로리균이라 명명되었는데 이런 병이 없는 환자에게는 이 균이 존재하지 않았다.

마샬은 페트리 접시에 세균을 배양하고 쥐에게 먹였으나 쥐에게서 궤양은 발견되지 않았다. 이후 그는 대부분의 연구원들이 절대 하지 않을 일을 했다. 페트리 접시의 내용물을 직접 마신 것이다. 3일 뒤 그는 극심한 위염 증상을 나타냈고 항생제를 며칠 복용하자 금세 증상은 사라졌다. 그는 그의 환자들에게 항생제를 처방했고 몇 주 안에 환자의 80퍼센트가 완치되었다. 이 현상을 설명할 완벽한 증거가 있을까? 이 장의 시작 부분에서 소개된 갈브레이스의 인용구 메시지를 과소평가하지 말라(한 사람의 마음을 바꾸는 것과 그럴 필요가 없음을 증명하는 것 중에서 선택해야 할 때, 대부분의 사람들은 증거를 수집하느라 바쁘다).

마샬과 워렌은 연구 결과를 기술해 유명한 영국의 의학 학술지 랜싯(Lancet)에 제출했는데 이 논문은 거절당했다. 이들은 논문을 다시 작성해 더 진보적인 뉴잉글랜드저널오브메디슨(New England Journal of

Medicine)에 제출했다. 그리고 또 거절당했다. 각 학술지의 검토 위원들은 모든 이들이 박테리아가 궤양 발생 원인이 아님을 안다고 말했다.

두 연구원의 논문 작성 후 20년 동안, 마샬과 워렌의 환자들 그리고 다른 호주와 뉴질랜드 환자들은 항생제 복용과 분비액 억제제를 통해 완치됐다. 하지만 20세기가 끝나가는 시점까지 몇몇 유명한 영국 의대들은 여전히 생활 방식이 궤양을 야기한다는 이론을 가르치고 있었다.

왜 박테리아 설명은 받아들여지기까지 그렇게 오랜 시간이 걸렸을까? 마샬은 위장병전문의들과 외과 의사들은 그들이 이미 옳다고 알고 있는 것에 대해 큰 기득권을 갖고 있었기 때문이라고 말한다. 이들은 자신들이 이미 알고 있는 것이 알만한 가치가 없는 것이라는 사실을 알고 싶어 하지 않았다. 궤양 치료법은 현상 유지에 관심이 없는 연구원들의 노력과 항생제 방식을 사용하고 효과를 입소문낸 새로운 의사들 덕에 바뀔 수 있었다.

잘 설계된 예측 시장은 10년 더 빨리 올바른 답을 알릴 수 있을까? 당연하다. 항생제 및 분비 억제제 처방을 통해 큰 성공을 본 의사들은 자신들이 옳다고 알고 있는 답에 투자하고 재투자했을 것이다. 하지만 이런 증권을 제시할 수 있는 위치에 있는 사람이 누가 있었을까? 시장이 알리는 정답을 보고 불신자들은 과연 그들의 믿음을 바꾸었을까?

두 연구원들이 자신들의 발견을 처음 알린지 20년 만인 2005년, 베리 마샬과 로빈 워렌은 스톡홀름 왕궁에서 위궤양과 박테리아의 연관성을 밝힌 공로로 노벨 의학상을 수상할 때 이들을 향해 종이를 던지던 성난 의사들을 추억하며 웃을 수밖에 없었다.

그렇다면 제도와 문화가 확고히 자리 잡고 있을 때 어떻게 예측 시장을 활용할 수 있을까? 매도프의 수익이나 항생제 및 분비 억제제 사용과 같은 사례에 적절히 설계된 시장이 있었다면 올바른 답을 제시했었을 것이다. 하지만 이런 시장은 명망 있는 그룹에 의해 운영되고 자격을 갖춘 전문가들에게만 개방되어야 할 것이다. 금융 그룹이나 의학 협회들이 자신들의 이익에 반하여 이런 시장은 운영할까? 이를 제공할 위치에 있는 사람이 누가 있었을까?

📈 4-3
스콜피온을 찾아라

> 여전히 순찰 중인 죽은 선원들에게 살아남는 자들은 언제나 그
> 들의 기억을 간직할 것이라 전해라.
>
> – 잠수함 승무원의 기도, 작자 미상

예측 시장이 소고기의 무게를 예측할 수 있고 '누가 백만장자가 되고 싶은가?'의 답을 제공할 수 있고 날씨 기온도 예측할 수 있다면, 참사의 원인과 상세 이유에 대해서도 예측할 수 있을까? 시장 투자자들이 갖고 있는 정보가 많지 않은 상황에서도 여전히 설득력 있는 답을 제공할 수 있을까? 이 이야기는 정교한 예측 시장 결과를 받아들일 때 필요한 회의적인 자세에 관한 경고다.

적절한 시장이 참사 원인을 밝힐 수 있다는 아이디어는 우주왕복선 챌린저 호 참사에 대한 주식 시장 반응을 통해 지지를 얻었다. 1986년 1월 28일 동부시간 기준 오전 11시 39분, 챌린저호는 플로리다 케이프 커내버럴에서 이륙한지 73초 만에 폭발했다. 25분 뒤 나사는 챌린저호의 위치 확인이 불가능하다는 발표 외에는 더 자세

한 내용은 공개하지 않았다. 하지만 가장 큰 예측 시장 중 하나인 뉴욕증권거래소는 비극 발생 몇 분 뒤, 그리고 조사위원회가 보고서를 발표하기 몇 달 앞서 사고 원인을 바로 밝혀냈다.

우주선 발사 프로그램과 관련한 주요 공급체 가운데 주식이 상장된 기업은 4군데였다. 록웰 인터내셔널(Rockwell International)은 우주선체와 엔진을 납품했고 마틴 마리에타(Martin Marietta)는 외부 연료 탱크를, 모튼 티오콜(Morton Thiokol)은 로켓 추진 장치를 제공했고, 록히드 마틴은 지상 지원을 제공했다. Journal of Corporate Finance에 게재된 마이클 말로니(Michael Maloney)와 해롤드 멀헤린(Harold Mulherin)의 논문에서 보고된 것처럼, 폭발 직후 4개 회사의 주식은 3~6퍼센트 하락했다. 이중 모튼 티오콜 주식은 판매 주문은 밀려들어오는 반면 이를 성사시킬 수 있는 구매 주문이 없어 거래 중단이 되었다.

거래일이 끝나갈 때쯤 티오콜은 전일 최고가에서 12퍼센트 하락한 가격에 거래를 재개했다. 다른 3개 부품 회사들은 2~3퍼센트 하락하는 데 그쳤다. 티오콜의 주식은 참사 이후 24시간 안에 시장 가치 2억 달러를 잃었다.

이후 몇 달간 록웰, 마틴 마리에타, 록히드의 주식은 가격을 회복했으나 티오콜은 그러지 못했다. 시장은 마치 티오콜이 이 참사에 전적으로 책임이 있고 재앙에 상응하는 금융 페널티를 부과하는 것처럼 대했다.

폭발 5개월 후인 1986년 6월, 이전 미국 국방부 장관 윌리엄 로저스(William Rogers)가 의장을 맡은 사고조사위원회는 챌린저호 참사는 티오켈의 로켓 추진 장치에 포함된 O링 접착 결함으로 인해 야기되었다는 보고서를 발행했다. 발표 이후 나사는 티오켈과 2억 불 배상금에 합의했는데 이는 참사 직후 하락한 회사의 자산 가치 금액과 동일하다.

티오켈 내부자들은 무엇이 문제를 일으킨 건지 알아채고 바로 회사 주식을 팔아버린 걸까? 증권거래위원회의 조사자들처럼 말로니와 멀헤린도 이에 대해 조사했으나 내부자 판매는 발생하지 않은 것으로 확인되었다. 주식 가격 폭락은 다양한 투자자들로 이루어진 시장이 얼마나 빠르고 정확하게 새로운 정보에 대하여 반응하는지를 재확인시킨다. 챌린저호는 시장이 참사를 둘러싼 정보를 예측할 수 있음을 보여주는 전형적인 예가 되었다.

1968년 북대서양에서 사라진 미국의 원자력잠수함 스콜피온을 찾으려는 노력은 역사상 가장 놀라운 예측 시장 이야기이자 가장 중요한 교훈적 이야기다. 몇 달 간의 수색 끝에 침몰한 잠수함의 위치를 확인할 수 있었는데 미 해군 과학자 존 크라벤(John Craven)이 운영한 정교한 예측 시장을 통해 잠수함을 찾을 수 있었다는 뉴스 기사가 나돌았다.

크라벤과 그의 예측자들은 잠수함의 마지막 위치, 방향, 속도, 혹은 심각한 사고의 경위에 대해 전혀 모르는 상태에서 시장을 시작했다. 상대적으로 아마추어 그룹의 예측을 통해 잠수함의 위치를 찾은 것에 대해 제임스 서로위키는 그의 책 『대중의 지혜』에서 "믿기 힘들 정도로 놀랍다."고 기술했다. 이 이야기는 뉴욕 타임즈와 비즈니스 위크에도 시장의 경이로움에 대한 증거로 인용되었고 20년 동안 예측 시장 관련 발표를 지배했다.

필자를 포함해 백여 명의 경영대 교수들은 대학원생들 수업 및 경영자 과정에 스콜피온 이야기를 사용해왔으나 어떻게 실제로 이 수색 시장이 운영되었는지에 관한 정보는 빠져있었다. 이 이야기는 항상 시장이 거의 유효한 정보가 없는 상태에서 침몰한 잠수함의 위치를 찾는 데 사용될 수 있다면, 잘 설계된 예측 시장은 엄청나게 거대한 잠재성을 갖고 있다는 결론으로 마무리됐다. 당시에는 놀라운 기사 제목을 넘어 더 자세한 정보를 찾아보지 않았던 것으로 보인다. 하지만 그들은 확인해 보았어야 했다.

존 크라벤은 이 이야기의 중심 캐릭터다. 존 크라벤은 투니스 크라벤(Tunis Craven)의 손자다. 투니스 크라벤은 남북전쟁 당시 군함 터컴서(Tecumseh)의 선장이었는데 모빌만 전투 중 남부연합군에 의해 배가 침몰해 사망했다. 존 크라벤은 영재였다. 그는 11살에 고등학교에 입학했고 15살에 졸업했다. 17살이 되었을 때 미국 해군 사관학교에 지원했는데 탈락했다. 그는 코넬과 칼텍에 입학해 해양 엔지니어링 박사 학위를 받았다. 그는 폴라리스 미사일 프로그램의 프로젝트 매니저였고 이후 미 해군의 특수 프로젝트 사무실의 총괄 과학자로 임명되었다.

15년 동안 크라벤은 최고 기밀인 냉전 해군 프로젝트를 감독했다. 스콜피온호 수색 프로젝트 성공 이전에 이미 그는 1966년 1월 스페인 말로마레스 부근 심해에 미국 B-52 폭격기가 잃어버린 수소 폭탄 수색 과정에 의사결정 이론 사용으로 유명했다. 미국의 전략 공군 사령부의 항공기는 지중해 상공에서 KC-135 공중급유기로부터 공중 급유를 받으려던 중 충돌했다. 두 항공기 모두 파괴되었다. 폭격기는 4개의 Mk 28 수소 폭탄을 탑재하고 있었다. 3개는 지상에서 수거했으나 나머지 한 개는 바다에 떨어져 찾을 수 없었다.

크라벤은 공중 충돌한 위치, 기체의 속도, 고도, 공기 온도, 심해 깊이 등을 정확히 알고 있었기 때문에 잃어버린 수소 폭탄을 찾기 위해 의사결정 이론을 사용할 수 있었다. 알 수 없는 변수는 몇 개의 낙하산이 펴졌으며, 그에 따라 바람이 얼마나 폭탄을 이동시켰는가 였다.

크라벤은 펴진 낙하산의 개수를 확인하기 위해 예측 실험을 진행했다. 그는 지도에 그려진 각각의 격자 방안에 확률을 할당했다. 기존 수색 구간은 가로 10킬로미터, 세로 5킬로미터였다. 크라벤의 예측 그룹 실험은 복잡하지 않았지만 결과는 놀라웠다. 수색 구간을 절반으로 줄인 것이다. 이는 잠수정의 5주치 수색 시간을 줄인 것과 같다.

크라벤의 '가장 가능성 높은' 위치 주변에서 진행한 10번째 다이빙에서 연구 잠수함 앨빈(Alvin)은 원통형 물체를 감싸고 있는 한 개의 낙하산을 발견했다. 수소 폭탄은 수심 700미터 아래 있었다. 앨빈의 승무원들이 낙하산을 걸려고 하자 폭탄은 바다 깊이 떨어져버렸다. 폭탄은 결국 3주 뒤 회수되었다.

스콜피온이 1968년 5월 22일 사라졌을 때, 미 해군 대서양 함대의 절반이 잠수함을 찾는 임무를 받았다. 수색은 5개월간 계속 되었다. 공식 수색이 끝난 지 한 달 뒤 크라벤이 다시 작은 그룹을 모았다고 한다. 이 그룹에는 해군 선장, 갑판원, 구조 전문가, 2명의 수학자, 그리고 해양 학자로 이루어졌는데 이 중 단 두 명만이 핵잠수함을 타본 경험이 있었다.

크라벤은 잠수정 위치를 찾을 수 있는 질문 기반 내기 시장을 설립했다. 크라벤은 예측치와 스콜피온의 마지막 확인 위치를 통합하기 위해 표준 통계 기법인 베이즈 의사결정 이론(Bayes Decision Theory)을 사용했다. 이 기법은 1702년 수학자 토마스 베이즈가 고안한 것으로, 이 기법을 통해 '증거'가 되기 위해 필요한 요소가 무엇이며 주어진 정보가 증거에 충족하는지를 평가할 수 있다. 베이즈의 방법과 다른 통계 수치들을 함께 비교해야 하는데 이는 베이즈는 하나의 증거에서 추출할 수 있는 최대 정보치를 제한하기 때문이다. 인지과학자들은 매우 이성적인 추론 과정을 보이는 사람들을 베이시안 추론가(Bayesian reasoner)라고 부르기도 한다. 베이즈의 방법이 받아들여지기까지 오랜 시간이 걸렸다. 그는 1761년에 죽었는데 이후 한참 뒤 그의 이론은 게재되었다.

크라벤이 시장 실험을 통해 확인한 위치는 해군의 기존 수색 집중 지역에서 160킬로미터 떨어지고 90도 꺾인 곳이었다. 미국 함선 미자르(Mizar)를 해당 위치로 파견했고 내려 보낸 카메라를 통해 예측 지역에서 200미터 떨어지고 3,000미터 깊이에 위치한 잠수정을 발견할 수 있었다. 잠수정은 두 동강 나 있었고 잔해는 해저 100미터 지역에 널브러져 있었다. 시신 및 잠수정 부품은 수습하지 못했다.

모두가 동의하는 사실은 다음과 같다. 1959년 12월에 진수된 스콜피온호는 스킵잭(Skipjack)급 원자력잠수함으로 적의 잠수정과 군함을 확인 및 공격하기 위해 고안되었다. 1968년 10월 스콜피온호는 미국 6함대와 함께 작전을 수행하기 위해 지중해에 배치되었다. 1969년 5월 7일, 최근 확인된 소련의 소형 해군 기동 함대의 동향을 확인하라는 지시에 따라 스콜피온호는 우회하여 모항(母港)인 노포크(Norfolk) 해군기지로 되돌아오고 있었다.

5월 21일 스콜피온호는 기지와 마지막 무선연락을 취했고 이후 연락은 두절되었다. 5월 22일 오후 해군은 비공식 수색을 시작했다(언론에 발표하지 않았다는 뜻이다). 5월 23일 해군정보국은 전 해군에 걸친 수색을 시작했고 모든 수중 도청 장치(음향탐색시스템 혹은 SOSUS) 데이터 및 스콜피온호의 통신 자료 수집을 지시했다. 6월 5일 해군은 스콜피온호와 99명의 탑승 선원들에 대해 '실종 추정' 상태를 발표했고 이후 5개월간 잠수정의 마지막 위치를 찾기 위한 수색이 진행되었다.

확인할 수 있는 유일한 정보는 실종 전날의 잠수정 위치였다. 크라벤이 본인의 수색 방법을 시작할 당시의 스콜피온호 수색 범위는 가로 500킬로미터, 세로 30킬로미터였는데 이는 수소폭탄 수색 지역의 33배에 해당하며 그 범위를 줄일 수 있는 그 어떤 정보도 없는 상태였다.

크라벤은 스콜피온호에 어떤 일이 발생했을까에 대해 여러 가지 시나리오를 놓고 내기를 하는 예측 실험을 진행했다. 질문들은 마지막 통신 후 잠수정이 얼마나 멀리 어느 방향으로 잠수정이 움직였을지, 사고 발생 당시 잠수정이 있던 깊이, 긴급 상황에 선장이 어떻게 대처했을지(밸러스트 탱크에 공기를 채우려 시도했을까? 등), 사고 후 해저에 쓰러진 잠수정의 기울기 등을 포함했다. 잠수정에 무슨 일이 일어났을 지가 주요 변수였다. 이는 어떻게 복잡한 문제를 조각으로 나누어 시장에 맡길 수 있는지 보여주는 전형적인 예이다.

크라벤 실험의 참여자들은 각 변수에 대해 자신의 의견을 밝히기 전까지 서로 의견을 상의할 수 없도록 제한되었다. 각 질문에 대한 그룹 전체 의견 결과를 바탕으로 가장 정확한 예측을 한 사람에게는 시바스 리갈 스카치위스키 한 병을 선물로 증정했다.

그룹 전체 의견에 따라 상을 수여하는 것은 경제학자 존 메이너드 케인스(John Maynard Keynes)가 '미인 선발대회'라 불리는 것의 한 예이다.

케인스는 1920년대 참가자들이 수백 장의 사진 중 가장 예쁜 6명의 여성 얼굴을 골라야 하는 뉴욕 타임즈 신문 경쟁을 예로 사용했다. 다른 참가자 전체의 선택과 가장 근접하게 선택한 사람이 상을 타는 방식이었다. 케인즈는 이 방식으로 인해 참가자는 아름다움 자체가 아니라 "다른 판정가들은 누가 가장 예쁘다고 생각할까?"를 고려하게 된다고 말했다. 다른 참가자들이 모두 같은 질문을 할 것이다. 우승 전략은 다른 사람이 생각하기에 가장 예쁜 6명의 얼굴을 선택하는 것이다. 케인스는 주식 시장 투자 역시 미인 대회와 같다고 말했다. 영리한 투자자는 그가 생각하기에 제일 좋은 주식을 사지 않고 그가 생각하기에 다른 투자자들이 최고라고 선택해 결국 가격이 올라갈 주식을 산다는 것이다.

스콜피온호의 경우, 각 그룹 멤버들의 잠수정 위치 예측은 사실 잠수정이 얼마나 멀리 움직였느냐가 아니라, 다른 사람들이 얼마나 멀리 움직였다고 생각하는지에 대해 추측하는 것이었다. "다른 판정단은 어떻게 결론 내릴까?"에 대한 질문인 것이다. 크라벤은 이후 각 참가자의 전문성에 대한 그의 판단에 따라 참가자들의 내기 결과에 가중치를 다르게 주었는데 정확히 어떤 방식으로 진행했는지는 알려지지 않았다. 이후 밝혀진 사실은 크라벤이 공표한 전체 그룹 예측치는 각 개인이 낸 예측과는 완전히 동떨어진 것으로 알려졌다. 다시 말해서 발표된 것과 동일한 시나리오를 상상한 개인은 없었다는 뜻이다.

이는 크라벤이 실험 전 미리 스콜피온호의 대략적인 침몰 지점을 알았다는 뜻이 된다. 이를 뒷받침할 증거는 나중에 공개된 수중 SOSUS 데이터와 카나리아 제도와 뉴펀드랜드(Newfoundland)에 있는 청취국에서 입수한 정보를 통해 확인되었다. 수중 음향 시스템은 폴라리스 미사일 착수 및 러시아의 탄도 미사일 실험 위치를 찾기 위해 개발되었으며 스콜피온호 수색에 있어서는 1.6킬로미터 반경에서만 위치 확인이 가능했다. 미국의 함선 한 대와 잠수함 2개를 포함한 총 11개의 소련 해군 선박이 스콜피온호가 침몰한 것으로 추정되는 위치 주변에 있었다. 이들의 청음 장치들의 정보를 모두 합쳤다면 수중 폭발이나 선체 붕괴가 일어나는 정확한 지점을 찾아낼 수 있었을 것이다.

스콜피온호의 침몰이 사고였다면 러시아 해군은 그 사건이 자신들과 연관이 없다는 것을 강조하기 위해 배의 위치 정보를 미 해군에 전달할 수 있었을 것이다. 군사 전문 리포터이자 논란의 2007년 책 『스콜피온호의 침몰(원제: Scorpion Down: Sunk by the Soviets, Buried by the Pentagon)』의 저자인 에드 오프리(Ed Offley)에 따르면 소련 해군은 모스크바에 잠수정이 정확히 어디에 침몰했는지 보고했다고 한다. 미국은 이 정보를 소련에게서 가로챈 후 내용을 해독해 위치를 파악했다.

왜 미 해군은 스콜피온호의 위치를 알았다는 사실을 부인하고 5개월 간 실제 위치 근처에서 가짜 수색을 한 걸까? 잠수정에 발생한 일에 대해서 4개의 이론이 있는데 이 중 2개는 해군의 그런 선택을 설명해줄 수 있다.

첫 번째 이론은 '열주어뢰'(Hot-running torpedo) 혹은 내부 폭발이다. 해군의 첫 공식 설명이기도 했다. 이 이론은 스콜피온호의 재래식 어뢰인 Mark-3에 동력을 공급하는 2개의 휘발성 화학 물질이 사고로 섞이면서 엄청난 열을 발생시켰고 이로 인해 어뢰가 잠수정의 발사관 안에서 폭발했다고 설명한다. 두 번째 이론은 스콜피온호의 250파운드짜리 배터리 폭발을 상정한다. 두 가설 모두 발생했을 시, 기관실과 선체 중앙부에 엄청난 침수가 발생할 수밖에 없는 시나리오다. 영국과 소련도 이런 폭발 문제로 잠수정을 잃은 적이 있다. 2002년 8월 침몰한 러시아 핵잠수함 쿠르스크(Kursk)호 역시 어뢰 폭발로 인해 침몰한 것으로 결론 나 언론의 큰 조명을 받았었다.

세 번째 이론은 불량 어뢰에 대한 것이다. 이 이론은 침몰에 관한 해군 특별조사위원회의 보고서가 1993년 클린턴 정부 때 기밀 해제되면서 조명을 받았다. 이 이론에 따르면 배터리로 작동하는 음향 유도 어뢰가 발사관 내에서 작동되기 시작했고 관에서 발사된 어뢰는 자동으로 무장한 후 음향 신호를 찾기 시작했다. 그리고 제일 가까운 엔진 소음은 스콜피온호에서 나왔을 것이다. 이런 사고는 선장이 어뢰를 비활성화할 수 있게 해주는 시스템의 실패를 자아냈을 것이다. 조사위원회의 보고서에 따르면 불량 어뢰 이론은 존 크레이븐이 옹호했다고 한다. 사실확인서 내에서는 이 이론이 지지를 받지 않았지만 가능한 침몰 원인 중 첫 번째로 기록되었다.

네 번째이자 가장 논란이 큰 설명은 스콜피온호 침몰을 다룬 두 책에 나오는데 이는 소련 해군 소속의 공격용 잠수함 에코 2가 스콜피온호를 추적해 침몰시켰다는 것이다. 이 이론의 한 버전에서는 소련 해군 본부와 정치 관리의 사전 승인을 받고 진행되었다고 하고 다른 이론은 소련 정부는 공격에 대해 몰랐다는 설이다.

이 주장을 하는 사람들에 따르면 소련이 스콜피온호를 침몰시킨 이유는 단순히 11주 전 소련의 골프 2 탄도미사일 잠수함 K-129가 진주만에서 560킬로미터 떨어진 곳에서 미국 해군 전함 스워드피시(Swordfish)호에 의해 침몰당한 것에 대한 복수라고 설명한다. 이에 대해서도 2가지 버전의 이야기가 존재한다. 하나는 스워드피시호가 대잠전연습 중 실수로 핵탄도미사일 3개를 싣고 있던 소련 잠수함과 부딪쳤다는 것이다. 두 번째는 스워드피시호가 갑작스럽게 방향을 바꾸며 K-129에 접근했고 결국 해저산과 충돌하는 결과를 초래했다. 미 해군 전술 설명서에서 'Shouldering'(어깨로 밀치기)이라 부르는 이 작전은 미사일을 싣고 있는 미국 함선 '부머'(Boomer)가 너무 가까운 곳에 있는 적 잠수함의 항로를 변경시키기 위해 최후의 수단으로 사용된다. 스워드피시호가 K-129 침몰 2주 후 일본 요코스카에 정박했을 때 돛과 잠망경이 심각하게 손상된 것을 확인했다고 한다. 스워드피시호의 선장인 존 리그스비(John Rigsbee)는 이에 대해 동해에서 작은 빙산을 스쳐서 손상된 것이라고 설명했다.

에드 오프리는 적대행위설을 지지하며 스콜피온호 근처에 있던 에코 2라 불리는 두 번째 잠수함의 존재를 입증하는 기밀 SOSUS 녹음과 전문가들이 '틀림없는' 고속 어뢰 추진기 소리라고 하는 SOSUS 테이프를 증거로 든다. 다른 사람들은 적대행위 이론은 스콜피온호의 위치 확인에 걸린 오랜 시간을 설명할 수 있다고 말한다. 선체 손상이 폭발 보다는 내파(Implosion)에 의했을 거라는 우려가 있었다. 하지만 밝혀진 결과 피해의 범위로는 그 어떤 결정도 내릴 수 없었다.

오프리의 책에서 그는 전 소련 해군 잠수함 장성에게서 그들이 스콜피온호를 침몰시켰는지에 대한 확답을 받을 수 없었지만 실제로 소련이 침몰시켰음을 암시하는 많은 힌트가 존재한다고 말한다. 연관 정보는 작가이자 은퇴한 미 해군 대위인 피터 허쳐슨(Peter Huchthausen)가 진행한 은퇴한 소련 제독 빅터 디갈로(Viktor Dygalo)와의 인터뷰에서 찾을 수 있다. 제독은 스콜피온호와 K-129의 침몰에 대하여 추가 조사를 중단시키기 위해 두 나라의 고위 해군 장교들 간의 비공식적인 합의가 있었기 때문에 실제 이야기는 절대로 밝혀지지 않을 것이라고 말했다. 허쳐슨은 디갈로를 인용하며 "살아남은 가족들을 위해 이 슬픈 문제들을 해결하는 것을 영원히 잊어버리십시오."라고 말한다.

당시 냉전의 긴장 수준을 고려했을 때 미국 대통령 린든 존슨이 소련 해군이 미국의 핵잠수함을 의도적으로 침몰시켰다며 비난하는 것은 미국과 소련 관계에 심각한 타격이 되었을 것이다.

스콜피온호를 찾는 예측 시장이 실제로 정확하다면 존 크레이븐은 시장의 수호 성인 중 한 명으로 추대되어야 한다. 만약 해군이 이미 스콜피온호가 어디에 있었는지 알았다면, 존 크레이븐의 높은 직급과 기밀 정보 접근 가능함을 고려했을 때 이미 그 정보를 알고 있었을 가능성이 높다. 그리고 실제 그랬다면, 가장 유명하고 많이 인용되는 이 예측 시장 실험은 미군이 해군 법규를 위반한 사실을 러시아로부터 숨기고 비극을 매듭짓는 동시에 냉전 긴장감을 완화시키기 위해 크레이븐이 찾은 시장 사용의 혁신적인 방법일 수 있다. 어느 쪽이든 대단한 이야기지만 불투명한 예측 시장 결과를 마주할 때 반드시 의심해보아야 하는 것의 중요성을 역설하는 충고로서 읽혀져야 할 것이다.

예언자가 되자

만약 내가 그것을 믿지 않았다면 결코 실제로 보지 못했을 것이다. 모든 것을 바라보는 시각은 통찰력과 이해력의 대체재로 사용될 때 위험한 사치가 될 수 있다.

— 마샬 맥루한(Marshall McLuhan), 문화 전문가

사실을 알고 싶어 하는 사람들이 있는 상황에서 왜 예측 시장은 더 보편적으로 받아들여지지 않는 걸까? 시장이 도입되었다가 서포트를 거의 받지 못한 경우가 꽤 있다. 이런 경우들을 아는 사람이 많지는 않으므로 이는 상기 질문에 대한 대답은 아닐 것이다. 시장을 성공적으로 운영하는 사례를 보다 잘 이해할 수 있도록 연구가 필요한 것은 사실이나, 똑똑한 IT 직원들은 이 문제를 일주일 안에 해결할 수 있을 것이다. 적용 문제 외에도 기업 문화와 사람들 간의 문제가 도사리고 있다.

가장 다루기 어려운 문제는 임원들에게 그들의 전문성 가치가 항

상 정답을 내놓고 방 안에서 가장 똑똑한 사람이 되는 것에 달려있지 않다는 부분을 설득하는 것이다.

"우리가 회사에서 가장 똑똑한 사람이 아니라는 점은 쉽게 인정할 수 있습니다…. 우리는 이것이 미래에 어떻게 발전해 있을지 비전을 갖고 있습니다. 하지만 그 지점에 다다를 수 있도록 어떤 식으로 개발하고 어떤 기술을 어떻게 사용해야 하는지에 관한 문제는 두 사람이 책임질 수 있는 것 보다 훨씬 큽니다."라고 말하는 짐 라보이와 조 마리노의 만트라를 어떻게 다른 사람들이 받아들이게 할 수 있을까? 어떻게 하면 경영진들이 신입 사원들의 통찰력과 지식에 접근하고 싶어 하도록 만들 수 있을까?

필자의 추천은 제프 서버츠의 베스트바이 경험(2-2장)을 템플릿으로 사용하는 것이다. 기술 전도사가 먼저 경영진의 지지를 확보하며 예측 시장을 시작한다. 이 전도사는 듣는 모든 이들에게 시장은 경영 지식이나 특권 또는 회사 전문가들의 역할을 대체하기 위한 것이 아님을 강조한다.

기업이 시장 도입을 고려할 때마다 시장을 도입한 사람은 시장이 묻는 질문이나 밝혀진 결과에 의해 누가 당혹스러움을 느낄 수 있는지 고려해야 한다. 기업 시장이 뿌리를 내리기 위해 가장 중요한 조건은 중간 관리자들이 시장의 존재 혹은 시장이 밝힐 수 있는 정보에 의해 위협을 느끼지 않아야 한다는 것이다. 서버츠가 베스트바이의 태그트레이드 시장 프로젝트를 추진하기 위해 밟았던 단계들을 기억해보라. 그는 작은 규모로 자신의 조직 기능 내에서 시작했다.

위협감을 느끼는 것은 운영 관리자뿐만 아니다. 시장은 기존의 주어진 특권에 도전하기 때문이다. 크라우드캐스트의 총괄 과학자인 레즐리 파인(Leslie Fine)은 최고 관리자들이 더 나은 정보에 대한 필요를 인지하여 시장을 수용하고 하위 직원들이 열정적으로 시장 참여 신청을 하는 경우에도 중간 매니저들이 시장 도입에 주요 장해물이 되는 경우가 종종 있다고 말한다.

"중간 관리자들은 조직 내의 안정적인 정보 흐름 상태를 위협하는 것은 모두 꺼려합니다."

이 두려움은 이차적인 경영 분야에 있는 매니저들에게도 동일하게 적용된다. 전문 예측가와 예측 시장이 자신의 전문 분야를 위협할 수 있다고 보는 사람들은 모두 예측 시장 도입에 반대할 것이다. 이들이 왜 자신들의 업무를 즐거운 인터넷 활동으로 대체시킬 수 있는 의견을 지지하겠는가?

초기에는 새로운 시장을 부풀려 홍보하는 것보다 대단치 않게 말하는 것이 필요하다. 그리고 나서도 구글이나 베스트바이처럼 적극적이고 지속적인 최고 경영진의 지원이 있지 않은 이상, 혹은 시장이 마케팅 연구 같은 다른 한 도구로 자리 매김 할 수 없다면, 시장 지지자들은 싸움에 맞서기 위해 자신의 커리어를 위험에 내맡기고 싶어 하지 않을 것이다.

지지를 얻는다는 것은 "당연히 우리는 의견 불일치를 장려하고 현상(Status quo)에 이의를 제기하는 것을 장려합니다."라는 단순한 경영진의 주장을 넘어서는 더 큰 도움을 말한다.

텍사스테크(Texas Tech University) 경영대의 마이클 기버슨(Michael Giberson)은 "현상에 도전하라"라는 말 자체가 현상이라고 말한다. 실제로 이 원칙이 지켜졌다면 조직 내에서 이미 정보가 원활하게 흐르고 있을 것이고 시장에 대한 필요는 없을 것이기 때문이다.

직원들이 수치심을 느끼지 않도록 하려는 최선의 노력이 있었다 하여도, 결국 문제가 되는 답이 나타날 것이고 이 때 시장 관리자는 이 결과를 어떻게 다룰지 고심해야 할 것이다. 관리자는 "오직 투자자들의 10퍼센트만이 첫 보잉 787이 일정대로 인도될 것이라고 생각한다." 혹은 "오직 40퍼센트 직원들만 고객 중심 전략이 비용을 정당화할 것이라 생각한다."라고 공개적으로 발표할 준비가 되어 있어야만 한다. CEO가 주도하는 프로젝트에 도전하는 것은 투자자들로 하여금 가라앉는 시장을 버리고 시장 운영자가 물에 빠져 버리는 것을 의미할 수 있다.

시장에 대한 관심을 유지하기 위해서는 참여자들의 의견이 실제 변화를 만든다는 것을 그들이 직접 알아야 한다. 그들에게 시장 결과를 알리고 누가 티셔츠를 상으로 받았는지 알려야 한다. 이 말은 즉, 시장 관리자는 해당 정보를 공표하는 사람이 갖는 영향력을 예상하고 있어야 한다는 뜻이다.

첫 번째 문제보다 더 중요한 다른 문제는 재미있는 질문을 던질 때 조심해야 한다는 것이다.

"누가 NBA 파이널에서 우승할까?" 식의 질문을 계속 한다고 가정해 보자.

만약 시장이 투자자들이 전혀 연관 지식이 없는 분야에 대해 질문한다면, 투자자들은 이에 답하려고 노력하겠지만 결과는 의미가 없을 것이고 경영진과 투자자들 모두 시장 자체에 흥미를 잃게 될 것이다. 박사 학위를 갖고 있든, 6살 어린이들이든, 천리안을 가진 사람들이든 당신이 모을 수 있는 그룹 사람들에게 다음 주 우승 복권 번호를 예측하라고 시켜보라. 히드로 공항에서 보잉 777에 막 탑승하려는 승객들에게 케네디 공항으로 가는 최적의 비행경로를 묻는 것은 조종사의 전문적 판단을 향상시키는 데 도움이 되지 않을 것이다. 종합할 정보가 거의 없거나 전무한 경우 시장은 추정 시장이 되고 투자자들은 전화 여론 조사원에게 주는 짧은 관심만 기울이게 될 것이다.

쓰레기-인, 쓰레기-아웃에 약간 부족한 형태이나 예측 시장을 바라보는 데 있어 부정적인 시각을 야기하기 쉬운 것은 미디어의 관심을 받는 데 성공한 공개 이벤트에서 재미있는 시장을 제공하고서 결국 실제로 어떻게 결정이 내려졌는지에 대해서는 별로 공개하지 않는 것이다. 예측된 이벤트에 대한 결정이 비밀스럽게 결정 기준을 공개 없이 의사 결정자 단독 혹은 소규모 그룹에 의해 내려지면, 예측 프로세스는 시장 회의론자들의 큰 비웃음을 사며 실패한다.

대부분의 경우 낮은 투명성을 가진 시장은 미디어 예측을 따른다. 2012년 하계 올림픽 개최지로 모스크바, 뉴욕, 마드리드, 파리, 런던 중 어느 곳이 될지 묻는 인트레이드 시장을 보자.

파리의 증권 가격은 시장 기간 동안 지속 상승했고 63퍼센트의 우승을 예상하는 가격에 마감되었다. 투자한 사람들은 아마 신문 기사나 TV 스포츠캐스터, 블로그에서 정보를 얻었을 것이다. 결국 런던이 승리했고 파리는 적은 표 차이로 2위를 차지했다. 이는 대중이 올림픽위원회의 결정 과정에 대해 거의 아는 것이 없음을 증명한다.

수년간, 인트레이드는 오사마 빈 라덴의 포획 혹은 사살과 연관된 시장들을 운영했으나 이 시장은 미군 특수부대에 의한 2011년 4월 그의 죽음을 예측하지 못했다. 이 사건 전날, 인트레이드 시장은 빈 라덴이 9/11 사건 10주년이 되는 2011년 9월까지 6개월 안에 사살되거나 포획될 가능성을 3.8퍼센트로 예측했다. 시장은 수 주 동안 3~4퍼센트를 오가며 안정을 유지했었다. 거래는 적은 폭에 이루어졌고 시장 규모도 적었다.

왜 이 장기간 진행된 시장은 예측에 실패했을까? 인트레이드 투자자들은 아마 소문을 종합하거나 자신들의 희망 사항을 반영해 투자했을 것이다. 시장 참여자들은 좋은 결정을 내리기 위해 필요한 정보가 거의 없었다. 특수부대원이나 공격 팀, 혹은 백악관 상황실에 있던 사람들처럼 실제로 정보를 갖고 있던 사람들은 모두 고위급의 비밀 보장에 선서한 사람들이므로 이들이 인트레이드에 로그인했을 확률은 매우 적다.

이에 대해 더 흥미로운 질문은 '시장이 과연 빈 라덴의 죽음을 중요하게 생각했는가?'이다. 빈 라덴 사건 이전에 인트레이드 내 오바마 대통령의 2012년 재당선 시장은 58퍼센트에 거래되고 있었다. 빈 라덴 사살에 관한 뉴스는 이 시장 일일 거래 규모를 두 배로 증가시켰고 하룻밤 사이에 70퍼센트 가격이 증가했다. 오바마 재당선 증권 가격은 다음날 62퍼센트로 떨어졌고 2일 뒤엔 59퍼센트를 기록했다. 노벨상 수상자인 경제학자 폴 크루그먼(Paul Krugman)은 사살 사건을 두고 "이로 인해 중요한 그 어떤 것도 바뀌지 않을 것이다."라고 했는데 시장도 그와 의견을 같이 했다.

예측 시장 설립에 대한 우려는 이미 알려진 시장의 단점을 다시 말하는 방법으로 표현되곤 한다. 이런 우려들은 회의적인 신문 칼럼니스트들이 인용하는 문제점들을 반영한다. 예를 들면 경영진이 결과를 조작할 것이다. 또는 시장 참여자 수가 너무 적을 것이고 거래량도 너무 적을 것이고 보상은 좋은 의사 결정을 하도록 동기 부여하기에 충분하지 않거나 투자자들이 시장에 가져올 유익한 정보를 갖고 있지 않다 등이다. 나열된 문제들 중 몇 개는 기업 예측 시장 설립에 관한 그 어떤 논의에서든 꼭 제기될 것이다.

새로운 시장이 시작되면, 매니저들이 실제로 벌어지고 있는 일을 감추기 위해 부하 직원들에게 특정 방식으로 투자하라고 압력을 넣거나 다른 방식으로 시장을 조작할까? 매니저들이 마감일이나 제품 출시 일을 나중에 놓치는 것보다 미리 진행 상황에 대한 경고를 받는 것을 희망할 것이라고 합리화하기는 쉽다. 하지만 매니저들은 당장 부정적인 정보를 피하기로 결정하고 기적이 일어나 프로젝트를 살려내기를 기대할 수도 있다. 일단 시장이 설립되고 경영진의 지지를 받게 되면, 시장을 조작하기는 어려워진다. 부하들에게 거짓말을 하도록 압력을 가하는 것은 너무 공개적이고 너무 모욕적이기 때문이다. 만약 거래가 익명으로 이루어진다면 압력을 가하는 것 자체가 비효과적이게 된다. 어떤 이가 조작하려고 시도했을 때 시장에 충분한 유동성이 있다면 다른 투자자들이 이 불균형을 고칠 것이다.

시장 내부자를 포함시키는 문제는 어떤가? 기업 시장의 한 가지 우려 사항은 시장 안에는 질문들에 대한 업무를 처리하여 관련 정보를 가지고 있는 직원들이 많다는 점이다. 우리는 이들이 투자하기를 바란다. 시장은 좋은 정보를 종합하기 위해 있기 때문이다. 만약 내부자들이 거래를 할 수 없게 한다면 얼마나 많은 정보를 잃게 되겠는가? 보잉의 787 여객기에(2-4장) 대해 다시 생각해 보라.

이와 연관된 다른 우려 사항은 시장 관리자가 개인이 팀의 노력을 배신하고 팀 프로젝트 평가에 반하게 투자하는 것을 원하는지 여부다. 관리자가 '반대로' 투자하는 것이 유효한 투자 행위라고 생각한다면 답은 '예'이다.

과연 시장 투자자가 너무 적거나 거래량이 너무 적어서 좋은 의사 결정에 동기 부여할 수 없을까? 인트레이드와 IEM의 좋은 결과들을 보면 작은 시장도 좋은 결과를 내기에 충분하다는 것을 알 수 있다. 마이시스, 베스트바이, 구글이 운영하는 시장들은 단 몇백 명의 투자자들만으로 좋은 성과를 낸다.

대학 통계 혹은 여론조사 연구 수업을 들은 사람들이 주로 너무 적은 시장 참여자에 관한 여러 반대 의견들을 내놓는다. 여론 조사 실행의 기본 규칙은 응답자가 많아야 하며 인구 전체를 대표할 수 있어야 한다는 것이다. 적은 수의 지원자들이 좋은 예측치를 내놓을 수 있다는 것은 매우 상식에 어긋나 보인다.

대부분의 시장들은 게임머니를 사용하거나 적은 금전적 가치를 지닌 상품을 제공하는데 이런 부분이 결국 시장의 불안정성을 야기한다는 주장에 도달하게 된다. 100원을 놓고 하는 포커나 모의 화폐를 사용하는 온라인 포커를 쳐본 사람들은 이 우려스러운 점을 아마 바로 이해할 수 있을 것이다. 낮은 보상은 성의 없는 게임 참여를 야기하고 참가자들은 안 좋은 패를 소지하고도 그것을 유지한다.

다시 한 번 말하지만 필자가 이 책에서 인용한 케이스들을 보면 게임머니를 사용하는 시장들은 실제 돈을 사용하는 시장들만큼이나 정확한 결과를 도출해내는 것을 알 수 있다. 이런 시장들은 결과에 따른 인정이나 다른 자존심을 치켜세우는 보상, 그리고 참여 결과가 중요한 결정을 내리는 데 사용된다는 점으로 투자자들을 끌어들인다. 마이시스와 구글의 예는 승자에게 수여되는 티셔츠만으로도 충분할 수 있다는 것을 보여준다.

스포츠 시장 역시 모의 화폐가 좋은 예측을 도출할 수 있다는 아이디어를 뒷받침한다. 에밀 서번-슈라이버(Emile Servan-Schreiber)와 연구진들의 연구는 NFL 전체 시즌에 대한 우승 예측에 대해서 뉴스퓨쳐스의 모의 화폐 교환이 실제 돈을 사용하는 시장인 트레이드스포츠닷컴만큼이나 좋은 성과를 보인 것을 밝혔다. 각 시장은 게임당 평균 200명 정도의 투자자들을 유치했다. 이들의 예측 정확도는 얼마나 좋았을까? 동일한 208개의 NFL 게임 결과 예측에서 1,947명의 인간 예측 자들에 대항해 순위를 매겼을 때 뉴스퓨쳐스와 트레이드스포츠의 예측은 각각 11위와 12위를 차지했다. 이미 시장 설립을 해본 사람들은 예측 시장을 수립하기 위해 관련된 모든 인간적, 조직적 장애물을 넘어서 설립시킬 가치가 충분히 있다고 말한다. 시장은 끝없는 회의와 설문 조사들을 대체하고 조직을 변화시키고 사회를 변화시킬 수 있다. 일반적으로 시장은 분산된 정보를 수집하는 데 가장 적합하며 정보가 조직 상위로 이동할 때 왜곡을 발생시키는 필터들을 제거하는 데 탁월하다.

궁극적인 질문은 '예측 시장을 채택한 회사가 그렇지 않은 회사들보다 지속적으로 더 우수한 결정을 내리는 가'이다. 우리가 갖고 있는 가장 좋은 증거는 예측 시장 사용을 시작한 회사들은 이를 계속 사용한다는 것이다. 이는 시장이 제공하는 답들이 문제에 적용되었을 때 상태가 개선되었다는 것을 암시한다. 도입한 시장을 중도에 철회한 회사들의 경우 충분한 설명과 주의 없이 도입되어 초기에 중간 관리자들의 저항으로 사용을 중단한 경우들이다. 다른 상황은 포춘 엘킨스와 마이시스처럼 예측 시장 전도사가 회사를 떠나게 되었을 때 아무도 이를 뒤이어 운영하려고 하지 않을 때다.

시장 가치에 대한 가장 직관적인 증거는 짐 라보이의 말에서 찾을 수 있다.

"회사의 미래에 대해 고민하는 (현재 그리고 이전) 직원의 숫자를 늘리는 것이 회사의 지적 대역폭을 최적화하고 참여하는 모든 직원들의 소속감을 향상시키는 열쇠입니다. 저는 제 경쟁 상대들이 여전히 전망 좋은 사무실에 있는 높은 경영자들(Wisdom of One)에게만 의존하기를 기도합니다."

시장에 대한 프레젠테이션을 할 때, 필자는 방에서 가장 똑똑한 남자(그들은 모두 남자였다)가 되어야 한다고 생각한 사람들이 내린 매우 안 좋은 결정들을 예시로 제시하며 발표를 마치는 것을 좋아한다. 필자가 좋아하는 예시 몇 개는 이미 본 책 앞장에서 소개되었다. 엔터테인먼트 산업 내에서 발생한 나쁜 예측들은 다른 사람이 더 나은 예측을 제시했을 때 비로소 밝혀졌다. 그렇지 않았다면 최초의 예측이 얼마나 근시안적이었는지 영영 알지 못했을 것이다. 나쁜 군사 예측은 신속하게 수정되지 않았고 그로 인한 피해금도 막대함을 알 수 있었다.

기술 시대였던 1878년, 옥스퍼드대의 저명한 교수인 에라무스 윌슨(Erasmus Wilson)은 이렇게 말했다.

"전등은 무시하십시오. 파리 박람회가 끝나면 전등도 같이 사라지고 완전히 종적을 감출 것입니다."

한 세대가 흐른 1898년, 영국 왕립협회의 회장인 켈빈 경(Lord Kelvin)은 다음과 같은 결론을 내렸다.

"멍청한 아이디어에 시간을 낭비하지 마십시오. 라디오에는 미래가 없고 엑스레이는 뻔한 속임수이며 비행기는 과학적으로 불가능합니다."

1923년 데이비드 사노프(David Sarnoff)의 라디오 개발을 위한 투자 요청에 대해 투자자들은 이렇게 응답했다.

"무선 음악상자는 상상 가능한 상업 가치가 전혀 없다. 불특정 다수에게 전달되는 메시지에 누가 돈을 지불하겠는가?"

엔터테인먼트 세계에는 영화사 워너브라더스의 해리 워너(Harry Warner)가 있다. 그는 신기술을 다음과 같이 말하며 거절했다.

"누가 연기자들이 말하는 걸 듣고 싶어하겠는가?"

1944년 한 모델 에이전시 매니저는 마릴린 먼로에 퇴짜를 놓으며 그녀에게 이런 충고를 한다.

"비서직 기술을 배우시거나 결혼하시는 게 좋을 것 같네요."

10년 뒤인 1954년, 한 콘서트 매니저가 엘비스 프레슬리를 단 한 차례 공연 뒤에 해고하며 다음의 충고를 전했다.

"트럭 운전사로 돌아가는 게 현명할겁니다."

이듬해 3월, 엔터테인먼트 매거진 '버라이어티'(Variety)는 프레슬리와 그의 음악에 대해 다음과 같이 결론 내렸다.

"6월이면 종적을 감출 것이다."

이후 10년이 흐른 1962년, 데카 레코드(Decca records)의 최고 책임자가 비틀즈를 본 후 이렇게 말했다.

"기타 연주 밴드는 이미 한물 지났다."

다음의 예는 흥미롭지만 역사를 뒤바꿀만한 이야기는 아니다. 연관 군력에 크나큰 영향을 미친 2개의 군사 예측 케이스들을 살펴보자. 첫 번째는 나폴레옹 보나파르트다. 1800년 그는 증기선 사용이 프랑스 해군 전력에 도움이 될 수 있다는 로버트 풀튼(Robert Fulton)의 설명을 들은 후 이렇게 말했다.

"갑판 밑에 모닥불을 펴서 바람과 조류를 거슬러 항해하는 배를 만들겠다는 말씀입니까? 실례합니다만, 저는 그런 말도 안 되는 소리를 듣고 있을 시간이 없습니다."

야전 사령관 더글라스 헤이그 경(Sir Douglas Haig)은 세계 1차 대전 당시 영국 파견군의 최고 책임자였다. 그는 이후 1차 대전에서 최악의 성과를 낸 장군으로 평가 받았다. 1916년 그의 부관은 독일군이 영국과 프랑스 기병대를 파괴하기 위해 새로 도입한 군용 탱크의 시연을 본 후 보고서를 작성했는데 헤이그 경의 승인을 받은 이 보고서는 다음과 같은 결론을 내렸다.

"기병대가 철제 마차로 대체된다는 생각은 터무니없는 이야기다. 거의 반역죄 감이다."

사령관 헤이그는 광적으로 기병대를 선호하는 것으로 악명 높았다. 그의 부관들이 제공한 정보 및 평판의 연속들보다 비공식적인 예측 실험을 사용했다면 영국군의 사상자 수를 수십만 명 더 줄일 수 있었을지 모른다.

다음의 예는 필자가 좋아하는 이야기로 비록 문학 작품 속 스토리지만 가능한 한 최대로 많은 출처를 통해 최상의 정보를 얻을 필요성을 완벽하게 보여준다.

베스트셀러 소설 쥐라기 공원에서 마이클 크라이튼(Michael Crichton)은 티라노사우루스 렉스는 시각이 좋지 않아 먹잇감의 빠른 움직임에만 반응한다고 큰 소리로 주장하며 이를 단호히 믿는 한 고생물학자를 묘사한다. 티라노사우루스가 있는 울타리에 갇혀버린 고생물학자는 완전히 멈춰서 있었다. 그리고 티라노사우루스는 그를 먹어치웠다.

이후 책에서 한 사람이 왜 그 고생물학자가 죽임을 당했는지 묻는다. 그리고 이런 답을 얻는다.

"그는 잘못된 정보를 갖고 있었어."

부록

* Bow Jones는 Dow Jones를, Spazdaq은 Nasdaq을 본따서 만든 신조어

이제 예언자들은 침묵하고 있다; 신탁이여 지구에서 멀리 떨어져 있어라; 떠나라! 델포이 무리여, 다른 곳에서 신을 찾아라.
— 요하네스 케플러(Johannes Kepler), 티코 브라헤(Tycho Brahe)를 향한 찬사 (1601)

내가 예측 시장이라는 주제에 대해 관심을 갖게 된 계기는 프란시스 갈튼의 황소 이야기나 서로위키의 책『대중의 지혜』는 아니었지만 분명 이들은 나에게 큰 영향을 미쳤다. 서로위키의 책은 예측 시장에 대해서만 다룬다(여러 그룹이 어떻게 집단 지성을 공유하고 정확한 답을 도출해내는지 보여주는 다양한 예를 소개한다).

서로위키 책의 제목은 찰스 맥케이(Charles MacKay)의 1841년 고전서『대중의 미망과 광기(Extraordinary Popular Delusions and the Madness of Crowds)』에서 따온 것이다. 맥케이는 1630년대 네덜란드 튤립 버블과 다른 재앙을 불러일으킨 군중심리를 인용하며 "인간은 무리를 지어 생각한다. 대중은 집단적으로 미쳤다가 이후 천천히 자각을 찾게된다."고 말했다. 하지만 갈튼은 달리 주장했다.

나는 2003년에서 2006년까지 3년 간 터키에서 머무르는 동안 예측 시장에 관심이 생겼다.

당시 앙카라에 있는 빌켄트 대학(Bilkent University)에서 대학원 경영 코스를 가르치며 터키 정부와 함께 일하고 있었는데 기업 간부들이 "많은 고객들이 이탈리아에서 유행하는 것을 사려고만 하는데 어떻게 터키에서 마케팅 리서치를 할 수 있겠습니까?"라고 물었다.

밀라노의 패션디자이너나 캘리포니아의 실리콘밸리의 소프트웨어 회사, 혹은 독일의 럭셔리 자동차 회사 등은 포커스 그룹과 정교한 소비자 기층을 활용하는 여러 기술들을 사용해 제품에 대한 인사이트를 얻는다. 하지만 이스탄불에 있는 회사가 어떻게 이 분야를 대상으로 유용한 시장 리서치 정보를 얻을 수 있을까?

예측 시장 방법은 조짐이 좋아보였다. 이 방식으로 운영되는 시장은 분명 미인 대회 형식이지만 "다음 시즌에 어떤 신발 디자인을 신을 것인가?"에 대한 것이 아니라 "터키 여성들은 다음 시즌에 어떤 신발 디자인을 신고 싶어 할까?"에 관한 대회인 것이다.

터키 정부 관계자들은 터키 정부와 그리스 정부 모두가 받아들일 수 있는 키프로스 평화 계획의 세부 사항에 대해 고심했다. 한 접근법은 2004년 당시 유엔 사무총장이었던 코피 아난(Kofi Annan)이 제안한 아난 계획(Annan Plan)을 더 세밀화 할 수 있도록 고안된 예측 시장을 사용하는 것이었다. 시장 사용 계획은 안타깝게도 그리스 키프로스 협상가들이 심도 있게 고려하지 않아 사용되지 못했지만 실제 적용되었을 시, 양 측이 모두 동의하려면 변경되어야 하는 단일 혹은 조건부 변경 사항이 어떤 것인지 예측할 수 있었을 것이다. 터키의 키프로스 측은 아난의 조항들을 마지못해 그대로 받아들였으나 그리스 측은 서명을 거부했다. 관계자들은 그리스의 승인을 얻기 위해서 터키 측이 더 많이 양보해야한다고 생각했다. 만약 시장을 도입했다면 양 측 관계자들은 공개적으로 논의할 수 없는 사안들을 시장을 통해 밝힐 수 있었을 것이다.

키프로스 문제는 불확실성 이상을 다루는 문제였다. 다른 접근법이 받아들여지는 가능성조차 예측할 수 없었고 다른 대안으로 무엇이 있는지도 확실치 않았다. 외교관들은 알 수 없는 미지의 문제에 직면했다. 비록 추측에 근거했더라도 여러 관계자들의 종합된 판단은 양측에 모두 도움이 되었을 것이다.

나는 의심에 차 있는 터키 MBA 학생들 및 경영대 학부생들 310명에게 시장 개념이 포커스 그룹 운영보다 더 효과적인 리서치 도구임을 보여주기 위해 단순한 예측 시장을 만들었다. 27개의 시장 질문 중 절반은 '누가 백만장자가 되고 싶은가?'와 유사하게 모호한 지식을 다루는 문제들이었는데 예를 들면 "낙타 레슬링 축제를 개최한 지역은 어디입니까?" 같은 질문이었다(그렇다. 이는 실제 사람이 낙타와 레슬링을 하는 이벤트로 낙타는 잘 무는 것으로 유명하다). 나머지 절반은 "2005년 아카데미 여우주연상 수상자는 누가 될까?"와 같은 예측들로 이루어졌다. 우승팀은 거대한 쿠키를 부상으로 받았고 나는 그들의 노력에 대해 칭찬했다.

모호한 문제 부문에서는 세 명의 학생들이 집단 결과와 동점을 이루었다. 다른 세 명의 학생들은 예측 부문에서 그룹 전체 결과와 동점이었다. 두 부문을 합산했을 때는 310명의 참여자들 각각은 집단 전체 결과보다 전부 성적이 안 좋았다. 이후 터키 학생들은 예측 시장이 터키 문화에서 효과가 있을 것이라 확신했다.

이 책은 여러 장에서 언급된 개인 및 조직들의 집단 지성을 반영하며 아래와 같이 감사를 표한다. 나의 이전 책에서는 직접 진행한 조사 결과에 대해 이야기했다면 이 책은 십여 년간 예측 시장을 실제 운영하고 생각하고 그에 대해 글을 써온 천재들에 대해 알리는 내용이다. 자신의 경험과 인사이트를 제공해준 모든 분께도 감사를 전한다.

먼저 아주 혁신적인 학자들과 연구원들에게 큰 빚을 졌다. 예측 시장에 대해 더 알고자 하는 독자들은 '로빈 한슨' 혹은 '저스틴 울퍼스'를 구글에 검색해 보라. 한슨은 예측 시장의 아버지로 불리며 해당 분야에서 가장 혁신적인 사상가 중 하나다. 그의 많은 생각과 기술들이 오늘날의 표준이 되었다. 그는 버지니아 주 페어팩스에 있는 조지메이슨대학교의 교수이자 컨센서스 포인트(Consensus Point)의 최고 책임 과학자이며 옥스포드대학교의 인류미래연구소(Future of Humanity Institute)의 연구원이다. 저스틴 울퍼스는 펜실베니아대학교 와튼스쿨에서 후학을 양성하고 있다. 나에게 영향을 준 다른 학자들 또한 알파벳 순으로 소개한다.

조지워싱턴대학교의 마이클 아브라모비츠(Michael Abramowicz), 사우스플로리다대학교의 로버트 포사이드(Robert Forsythe), 일리노이공과대학교의 로버트 한(Robert Hahn), 시카고대학교 로스쿨의 M. 토드 헨더슨(M. Todd Henderson), 칼텍의 존 레드야드(John Ledyard), 시카고대학교 로스쿨의 솔 레브모어(Saul Levmore), 스탠포드대학교의 폴 밀그롬(Paul Milgrom), 아이오와대학교의 포레스트 넬슨(Forrest Nelson) · 조이스 E. 버그(Joyce E. Berg) · 톰 리츠(Tom Rietz), 스탠포드대의 에릭 스노우버그(Eric Snowberg), 예일 경영대의 폴 테틀록(Paul Tetlock), 캘리포니아대학교 버클리캠퍼스의 필립 E. 테틀록(Philip E. Tetlock), 캘리포니아대학교 버클리캠퍼스의 할 바리안(Hal Varian), 그리고 다트머스대학교의 에릭 지트제위츠(Eric Zitzewitz).

캐스 선스타인(Cass Sunstein)은 책 『Infotopia: How Many Minds Produce Knowledge』을 포함해 어떻게 집단이 지식을 생성하는지에 관한 뛰어난 책과 글을 발표하고 있다. 선스타인은 하버드 로스쿨의 교수다. 이 책 집필 당시 그는 정보국장이라는 정식 명칭으로 오바마 대통령의 '1인 싱크탱크'로서 일하기 위해 교정을 떠나있는 상태였다.

많은 유명 작가들 가운데 제임스 서로위키와 팀 하포드는 항상 흥미롭다. 서로위키는 슬레이트(Slate) 매거진에 기고하고 잡지 더 뉴욕커(The New Yorker)에도 정기 칼럼을 연재하고 있다. 팀 하포드는 파이낸셜타임즈에 'Undercover Economist' 칼럼을 연재 중이며 슬레이트에도 기고한다. 구독하면 좋은 블로그로는 크리스 F. 매스(Chris F. Masse)가 운영하는 Mercury's Blog가 있다(www.blog.mercury-rac.com).

이 책을 위해 더욱 직접적으로 도움을 주신 고마운 분들은 다음과 같다.

뉴스퓨처스의 노리스 클라크(Norris Clark), 캘리포니아대학교 버클리캠퍼스의 박사학위 후보자 보 카우길(Bo Cowgill), 오라클의 포춘 엘킨스(이전에는 마이시스에서 근무), 크라우드캐스트의 레즐리 파인(이전에는 HP에서 근무), 베스트바이의 맷 포거티(Mat Fogerty), 아이오와대학교의 톰 그루카(Tom Gruca), 베스트바이의 브라이언 제다이크(Brian Jaedike), 조칼로(Zocalo)의 크리스 히버트(Chris Hibbert), 라이트-솔루션스의 짐 라보이, 모토롤라의 라미 리바이(Rami Levy), 뉴로포커스의 A. K. 프라딥(A. K. Pradeep), 컨센서스 포인트의 린다 레브로빅(Linda Rebrovick), 롱 베츠재단(Long Bets Foundation)의 알렉산더 로스(Alexander Ross).

상업 예측 시장의 선구자이자 인트레이드의 CEO였던 존 델라니에게 특별한 감사와 안녕을 고한다. 존은 2011년 5월 작고했다. 에베레스트 산 등정 중 정상까지 50m만을 남겨두고 쓰러졌다. 그의 아내가 며칠 전 딸을 출산한 사실도 알지 못하고 세상을 떠났다. 딸은 희망(Hope)이라는 세례명을 받았다.

언급된 모든 사람들은 나의 책이 독창성을 갖추는 데 도움을 주었다. 『피터의 원리(The Peter Principle)』를 집필한 미국 작가 로렌스 J. 피터(Laurence J. Peter)의 정신을 이어 받아 나는 항상 독창성에 대해 이렇게 말한다. 〈독창성은 당신이 무엇을 들었는지 기억하나 어디서 들었는지는 종종 까먹는 기술이다.〉

에드 두브로프스키(Ed Dubrovsky), 론딜 고진(Rondil Gosine), 조세핀 싱주 첸(Josephine Hsing-Ju Chen), 데니얼 라트너(Daniel Rattner), 그리고 지안화 유(Jianhua Yu)은 토론토의 요크대학교 슐릭(Schulich) 경영대에서 대학원 과정 이수 중 본 책 집필에 도움을 주었다. 갈렌 맥에나네이(Galen McEnaney)는 엔지니어의 눈으로 원고를 검토하고 명확성을 높일 수 있도록 많은 조언을 주었다.

나의 런던 편집자인 실리아 헤일리(Celia Hayley)는 각 장의 배열순서, 논리, 케이스 예제들에 관한 인사이트를 주었다. 완벽하다고 생각하며 보낸 원고에서 실리아가 찾아내는 빈틈들을 볼 때면 항상 겸

손함을 느낀다.

이전에 집필한 책들과 마찬가지로 나의 배우자 크리스틴 와드(Kirsten Ward)에게 큰 신세를 졌다. 실망과 야단 속에서 꿋꿋한 지지를 보내준 그녀에게 감사를 표한다. 크리스틴은 탁월한 편집가이자 비평가다. 이 책을 읽을 만하게 만든 데는 크리스틴이 달아준 코멘트 몫이 크다.

나의 편집자 팀 설리번(Tim Sullivan)과 그의 동료들인 Harvard Business Review Press의 스테파니 핑스(Stephani Finks), 에리카 트루슬러(Erica Truxler), 오드라 롱거트(Audra Longert), 앨리슨 피터(Allison Peter), 모니카 제인시그(Monica Jainschigg), 그리고 케빈 에버스(Kevin Evers)에게 진실로 감사를 전한다.

마지막으로 다른 저자들이 언급하는 구글에게도 감사를 표한다. 구글로부터 받은 도움은 이 책에 나와 있는 구글의 예시를 넘어선다. 구글의 즉석 검색 기능이 없었다면 본 책을 집필하는 데 8배가 넘는 시간이 더 걸렸을 것이고 훨씬 덜 포괄적이었을 것이다. 이 놀라운 예측 시장 기반의 검색 엔진이 만들어지기 전에는 작가들이 어떻게 작업할 수 있었을까? 세르게이 브린과 래리 페이지에게 고마움을 전한다. 브린과 페이지에게 사업 초기 단계에 자금을 투자한 썬 마이크로시스템즈의 공동창립자인 앤디 벡톨샤임(Andy Bechtolsheim)에게도 감사하다. 두 번째 사업 단계에서 벤처 캐피탈을 제공한 클라이너 퍼킨스(Kleiner Perkins)와 세쿼이아 캐피탈(Sequoia Capital)에게도 고맙다. 구글의 초기 형태만을 보고도 구글이 세상을 바꿀 아이디어라는 것을 모두 정확히 예측했다.

이후에 소개될 내용은 예측 시장에 참가하고 싶거나 시작하고 싶어 하는 독자들을 위한 정보에 대한 것이다. 다음 장은 미국의 시장들이 직면하고 있는 법률문제를 다룬다(이 상황에 대해서는 본 책 내에서 계속 언급되었다).

그 이후 시장 시작을 위한 체크리스트가 소개되고 그 다음 가능한 예측 시장 소프트웨어의 리스트와 구독하면 좋은 몇 개의 공개 예측 시장들의 리스트가 나온다. 그리고 참고문헌 소개로 책을 마무리한다.

미국 내 모든 주(州)는 패리뮤추얼 경마 베팅처럼 법령에 명시되어 법적으로 허용되는 활동을 제외하고는 모든 도박 행위를 금지하고 있다. 도박은 도박장이 내기금의 일정 비율을 수익으로 취하는 활동으로 정의된다. 이 정의는 게임머니 예측 시장이나 명목상의 상을 내거는 내부 기업 시장을 포함하지 않는다. 아이오와 전자 시장(IEM)은 정부의 상품 선물 거래 위원회(CFTC)에 의해 규제된다는 점을 제외하면 실제 돈을 사용하므로 엄밀히 따지면 도박에 해당한다. 하지만 IEM은 CFTC에 등록함으로써 도박의 범주에 들지 않게 된다.

CFTC의 규제에도 불구하고 한 주(州)는 아이오와대학을 대상으로 법적 조치를 가하겠다고 협박했다. 2000년 IEM은 힐러리 클린턴의 미국 뉴욕 주 상원의원 당선에 대한 계약을 제공했다. 뉴욕 주 법무장관은 아이오와의 법무장관에게 IEM을 기소하라고 요청했다. 아이오와 측이 응답하기를 거부했을 때 장관실에서는 뉴욕 거주자 가운데 IEM에서 거래하는 사람들을 모두 기소하겠다고 밝혔다. 클린턴 증권에 투자한 사람을 대상으로 기소하는 것이 아니라 IEM에서 그 어떤 증권이라도 거래하는 모든 사람들 말이다.

당시 아이오와 경영대 교수이자 IEM 이사회 멤버였던 조지 뉴만(George Neumann)은 뉴욕 지방 검사실에 서신을 보내 아이오와 시장은 CFTC 면제권을 갖고 있으며 이는 대학교, 단과대, 시장 참여자 모두 주(州)가 기소하는 형사 소송에 대해 보호됨을 의미한다고 알렸다. 뉴욕 법무장관실은 이 해석에 대해 동의하는지 혹은 동의하지 않는지에 대해 밝히지 않았으나 이 문제에 대해 이야기하는 것을 중단했고 IEM 투자자들을 상대로 그 어떤 행동도 취하지 않았다.

실제 돈을 사용하고 투자금의 일부를 취하는 예측 시장들도 보통의 도박 개념과 많이 다르게 운영된다. 예측 시장은 투자된 돈과 도출된 예측 결과 사이에 연결 고리를 만들어낸다. 슬롯머신을 하거나, 룰렛을 돌리거나 주사위를 던지거나 경주마에 내기를 거는 것은 사회적 편익을 가져오지 않는다. 이 주장은 시장 사용에 대한 설득력 있는 변호로 들릴 수 있으나 그 어떤 주법원이나 연방법원도 사회적 편익에 따른 이 차이점을 인정한 적이 없다.

예측 시장은 인터넷에서 이루어지기 때문에 2006년 조지 W. 부시 대통령이 서명한 불법인터넷도박법(Unlawful Internet Gambling Enforcement Act)과 같은 다른 연방법을 적용받을 수 있다. 불법인터넷도박법은 미국 내에서 발생하거나 미국인을 대상으로 하는 모든 인터넷 도박을 근절하는 것을 목표로 시행되었다.

CFTC는 인트레이드와 트레이드스포츠닷컴을 조사한 바 있는데 이들은 실제 돈을 사용하고 미국 내에서 시장을 운영하지만 실제 회사는 아일랜드에 위치해 있다. 아일랜드에서는 대부분의 도박이 합법이다. 각 조직은 예측 시장이 일종의 상품 시장이라고 주장했다. 이전에는 이 상품 시장 주장보다는 이들이 근거한 지리적 위치가 미국으로부터 법적 조사를 받는 것에서 보호했다. CFTC의 조사는 실제 돈을 사용하는 것이 아니라 트레이드스포츠닷컴이 스포츠 게임의 우승 결과에 관한 시장을 제공한 것에 더 초점을 두었다.

2006년 CFTC는 인트레이드와 트레이드스포츠닷컴의 모회사인

트레이드 익스체인지 네트워크(Trade Exchange Network; 이하 TEN)의 제안을 받아들였다. TEN은 도박 혐의에 대해서는 부인했으나 CFTC의 규정을 따르지 않고 미국인들에게 옵션 계약을 제공한 점은 인정했다. TEN은 미국 내에서는 추후 계약 제공 중단 및 미국 투자자들에게 TEN의 시장 철회 공고, 그리고 과태료 15만 불을 납부한 것에 동의했다. 2006년 트레이드스포츠닷컴은 운영을 중단했다.

합의에 일부분으로 CFTC는 인트레이드가 미국 내에서 기관 참여자 혹은 고액순자산보유자 테스트를 통과한 개인들을 대상으로 운영할 수 있도록 허락했다. 인트레이드가 제공하는 계약들은 반드시 '조작하기 어려워야'만 한다는 조항이 달렸다.

이 조항은 인트레이드와 회사 임원들을 CFTC로부터 보호할 수도 그렇지 않을 수도 있다. 인트레이드의 CEO인 존 델라니는 2008년 7월 4일 CFTC에 보내는 편지에 "인트레이드와 본인이 미국 내에서 환영받는지 매우 의심스럽다."고 밝혔다. 들라니는 미국으로 돌아가는 것에 대해 우려를 표했다.

MSNBC의 기자 존 스토셀(John Stossel)에게 말한 유명한 코멘트에서 그는 "나는 오렌지 점프수트가 잘 어울리지 않는다."고 말했다(오렌지 점프수트는 미국의 죄수복을 일컫는다).

그의 이런 걱정에는 여러 이유가 있을 수 있다. 2006년 도박법이 제정되어 미국인을 대상으로 하는 모든 인터넷 도박이 불법화된 후, 대부분의 은행들은 각별히 조심하며 인트레이드를 비롯해 이와 유사한 사이트들과 거래를 하지 않았다. 영국인 소유나 맨섬(Isle of Man)에서 운영되는 온라인 결제 시스템 넷텔러(Neteller.com)와 같은 소수의 기관만 거래를 지속했다. 캐나다인인 넷텔러 공동창립자들은 2007년 미국 내 여행 중 체포되었고 불법 도박 조장을 의도로 자금 이전을 공모했다는 명목으로 기소되었다. 이 자금 이전은 인트레이드 뿐만 아니라 여러 온라인 도박 사이트들을 대상으로 이루어졌다. 두 창립자들은 20년 형을 선고받을 가능성을 안게 되었다.

만약 CFTC가 IEM처럼 공식적으로 작은 시장을 기소에서 면죄부를 준다면 예측 시장은 불안정한 법적 지위에서 벗어날 수 있다. 2007년 5월, 노벨 경제학상 수상자들인 케네스 애로우(Kenneth Arrow), 대니얼 카너먼(Daniel Kahneman), 버논 스미스(Vernon Smith), 토머스 셸링(Thomas Schelling)을 포함하는 20명의 유명 연구원들은 예측 시장 면죄부에 대해 제안하는 서신을 연방 규제 담당자들에게 보냈다.

의미 있는 경제, 정치, 사회 혹은 의학 사건에 대한 시장에는 면죄부를 주는 제안이었다. 시장은 물론 연구에 중점을 두고 비영리적이어야 한다. 개별 투자 규모도 제한되는데 예를 들면 각 시장 내 참가자 당 2,500불까지 제한하는 식이다.

두 번째 면제는 기존에 직원들과 공급 업체 및 고객들을 대상으로만 진행되었던 시장을 사기업들이 운영할 수 있게 하는 것이다. 세 번째는 정부 기관들이 전염병이나 범죄 예방 혹은 테러리즘과 같이 공공 정책 문제에 연관된 조사 진행을 위한 방책으로 시장을 운영하는 것이다.

CFTC에 제출된 여러 제안들을 보면 스포츠 활동 내에서 극단적인 결과에 건 내기의 경우에도 면제 대상이 되어야 한다고 주장한다. 예를 들면 만약 뉴욕 주 버팔로 시의 NFL팀이 토론토로 이동한다면 해당 시의 지역 사업자들은 이미 심각한 시 경제 상황에 해를 끼칠 수 있는 상황에 대비하고 싶어 할 것이다. 하지만 면제 대상에 스포츠 경기는 포함되지 않을 확률이 훨씬 높다. 스포츠 우승 예측은 라스베이거스 스타일의 도박과 너무 흡사하기 때문이다.

상품 시장이 최초에는 외면 받다가 이후 받아들여지는 것은 처음 있는 일이 아니다. 보험 시장은 도박의 한 형태로 간주되어 19세기 말까지 금지되었었다. 이후 보험의 유용함이 인정되자 도박 규제 대상에서 벗어날 수 있었다.

면제는 미국 투자자들이 예측 시장에 참여할 수 있도록 수문을 열어줄 것이다. 2008년 대통령 선거 기간 동안 인트레이드는 2,400만 달러의 오바마와 맥케인의 계약을 처리했는데 각 거래 당 5센트의 수수료를 취하여 총 12만 불을 벌어들였다. 이들은 아마 투자자 계정에 보유된 돈에 대한 이자로도 비슷한 금액을 벌었을 것이다. 존 들라니는 만약 CFTC가 그들의 법적 지위를 명확히 해준다면 선거 시장 내의 투자는 20배 증가할 것이라고 말했다.

2010년 11월, CFTC는 이들이 '피난처'(Safe harbor)라 부르는 이 면제 제안은 여전히 내부적으로 검토 중이라고 밝혔다. CFTC의 판정을 기다리는 대신, 북미파생상품거래소(North American Derivatives Exchange; 이하 NADEX)는 위원회에 탄원서를 제출해 상권과 하원의 통제 하에 미국 대선에 한해 예측 시장을 허용해줄 것을 요청했다. NADEX는 매년 30억 개의 계약을 거래하는 시카고상품거래소(Chicago Mercantile Exchange)에 비하면 상대적으로 작은 선물거래소로 매년 증권, 통화, 에너지에 대한 약 백만 개의 계약을 다룬다. 이

탄원이 적용되기는 쉽지 않아 보인다. CFTC 위원인 바트 칠튼(Bart Chilton)은 "선거에 내기를 거는 것은 라스베이거스에서도 불법이다."고 말했다. 위원회는 2012년 중반까지 NADEX의 요청에 대해 결정을 내릴 예정이다. 이 결정을 통해 CFTC가 면제라는 전체적인 아이디어에 대해 어떤 의견을 갖고 있는지 예측 시장 커뮤니티가 알 수 있는 기회가 될 것이다.

CFTC의 발표 전까지 실제 돈을 사용하는 시장은 애매한 법적 지역에 놓이게 된다. 게임머니 시장은 합법이고 소소한 상품을 내건 기업 시장들은 기업 축구 내기처럼 '불관'(不關) 카테고리에 속한다.

테러리즘에 대한 DARPA의 정책 분석 시장은 합법으로 간주되었을까? DARPA 관계자들은 프로세스 말기에서야 합법성에 대해 확인을 해야 한다는 것을 깨달았다. PAM이 중단되고 한참 뒤 이 문제가 제기되었을 때 관계자들은 DARPA는 국방부 소속이므로 연방 기소에 대해 면책권을 갖게 되었을 것이라고 응답했다. 마치 국방부가 일종의 전국 대상 추첨을 진행하기로 결정한 것처럼 말이다.

예측 시장이 마주하고 있는 장기간 지속되어온 심각한 문제 사안은 시장이 상장된 기업들 내에서 내부 거래 위반을 야기할 수 있는 가능성이다. 만약 제인 스미스가 베스트바이 인트라넷에서 시장 가격에 영향을 미칠 수 있는 회사의 주요 계획이 미발표된 문제를 직면하고 있다면, 혹은 머크(Merck)의 게시판에서 누군가가 신약의 블록버스터 급 성공을 예견한다면, 제인은 이 정보에 기초해 회사의 주식을 거래할 수 있을까? 여태껏 고위 임원만 알고 있던 정보를 그녀도 알고 있으니 그녀도 내부자가 된 것일까? 그녀가 실제 거래를 한다면 회사에는 어떤 의무가 부과될까?

간단한 비용 편익 분석을 해보면 기업들은 내부적으로 가장 가치가 높은 주제에 예측 시장을 사용할 것임을 알 수 있다. 예를 들면 제품 소개, 제품 가격 책정, 인수, 합병과 같은 주제인데 이들은 정확히 주가 변동을 가져오는 정보들이다.

내부자 거래에 대한 기업의 두 가지 명확한 응답은 다음과 같다.

내부 예측 시장 질문과 가격을 영업 비밀로 취급하거나 시장 증권 및 사내 시장에서 얻은 가격들을 모두 공개하는 것이다. 내부자 거래는 비공개 정보에만 연관되기 때문에 이 방법들은 회사가 법적 책임을 지지 않도록 보호할 수 있다. 물론 내부 시장 결과를 공개하면 경쟁 업체가 동일한 정보를 확인할 수 있게 된다. 이러한 우려는 비공개 기업 시장에는 적용되지 않는다.

만약 시장이 금융 공시 대상이 되는 질문을 다룰 수 없게 되면, 시장 자체의 유용성이 다소 떨어지게 된다. 그럼에도 여전히 시장은 새로운 아이디어, 프로세스 개선, 핵심 성과 지표 및 제품 품질 문제를 조사하는 훌륭한 도구로 남아있게 될 것이다.

조직 내에서 처음으로 예측 시장을 시작하고자 하는 독자들을 위해 다음의 체크리스트를 준비했다.

1. 먼저 첫 시장 개발에 함께할 시장 지지자를 찾아라. 경영대 출신이나 양적 분석을 할 줄 아는 사람일 필요는 없다. 본 책에 소개된 짐 라보이, 조 마리노, 포춘 엘킨스처럼 대부분의 예측 시장 선구자들은 경영대를 졸업하지도 시장에 대해서 공부하지도 않았다(브라이언 제다이크만이 예외다). 경영대에서 가르치는 지식은 위계 구조 내에서 의사 결정이 이루어지는 방식에 대한 많은 일반적인 지식을 담고 있다. 가능하다면 색다른 시장 선구자와 시작하라.

2. 시장 참여에 대한 이해를 높이고 경험에 대해 이야기할 수 있도록 인트레이드와 같은 공개 시장 조사에 많은 시간을 할애하라. 그리고 이후 본 책에서 소개될 '예측 시장 소프트웨어'와 '찾아보면 좋은 예측 시장 웹 사이트' 장을 확인하라. 그리고 기술적인 측면에 대해 논의할 수 있도록 상업용 소프트웨어를 직접 다뤄보라(잉클링, 컨센서스포인트, 그리고 하스브로/모노폴리).

3. 다양한 사업과 질문들을 포함한 성공적인 시장 예제를 3~4개를 포함해 프레젠테이션을 준비하라.

4. 경영층의 지지를 확보하라. 가능한 가장 높은 임원진에게 발표하라. 제안할 시장 주제를 두세 개와(단기 이벤트만 얘기하되 매출 예

상이나 주가에 대한 언급은 삼가라!) 예산에 대해 간략히 설명하라. 소소한 상품을 포함해 3,000~5,000불 정도로 대략적인 예산을 편성하면 테스트 시장을 몇 번 진행할 수 있을 것이다. 이 금액은 시장 선구자와 한두 명의 IT 직원들의 시간은 포함하지 않는다.

5. 발표 대상자들이 인식할 수 있는 위협을 예측하려 노력하라. 게릴라전이 시작되기 전 시장 아이디어를 중간 경영층과 기술 직원들에게도(별도의 프레젠테이션을 통해) 시장 아이디어를 홍보하라. 시장이 조직의 기존 전략과 연구 프로세스를 보완하지 대체하지 않는다는 점을 강조하라.

6. 당신의 아이디어가 도전을 맞이하든 그렇지 않든, 좋은 출발점은 시장이 기존의 예측에 대한 현실 점검에 유용하다는 점이다. 예측과 현실이 빗나갈 때 시장은 실시간이고 이전 연구에 나타나지 않은 정보를 포함하기 때문일 수 있다. 이런 차이는 예측팀 직원들에게 해당 이슈에 대해 연구가 더 필요하다는 경고를 준다는 점을 언급하라.

7. 시범 기간 동안 사용할 수 있도록 소프트웨어 공급업체와 계약을 체결하라.

8. 한 개 부서 내에서만 초기 시장을 진행하라. 최소한의 정치적 위험을 내포한 부서와 질문을 선택하라.

9. 시험 시장에 누가 참여할 수 있도록 할지 결정하라. 시장에 관심이 있고 활동적이며 다양한 배경을 지닌 직원들이라면 20명이면 충분하다. 더 똑똑한 투자자들로부터 반응을 끌어내기 위

해 '시끄러운' 거래자들에게 요청하여 자극적인 내기를 하게 하라. 시장 운영 중 어떤 식으로 소통할지 결정하라(주간 이메일 뉴스레터와 업데이트는 최소한 해야 한다).

10. 낮은 참여도에 대해 걱정이 된다면, 본문에 나오지 않았지만 이를 해결할 수 있는 방안이 하나 있다. 예측 시장을 운영하는 몇 컨설팅 회사는 흥미를 유발하기 위해 투자자에게 보상금을 준다. PAM도 초기 시장 참여를 위해 보조금을 지급하도록 설계되었었다. 예를 들어 투자자들의 각 거래마다 돈을 주는 형식처럼 시장이 도박장으로 바뀔 수 있는 형태가 아닌 한 잘 작동하는 것으로 보인다.

11. 질문 선택과 시장 범위 설정에 대해 걱정하는 중간 경영층의 참여를 구하라. 다른 이들을 괴롭히는 직원들이나 긴장한 매니저들 혹은 기술 전문가들이 다른 이들에게 영향을 미치고자 하는 유혹을 느낄 수 있는 질문들은 피하라. 시장에 대한 관심을 유지하기 위해 시장 진행 기간은 짧게 선택하라.

12. 시장이 관련 정보를 종합할 수 있는 충분한 정보량이 존재하는 분야에 대한 질문을 사용하라. 예상 변수를 정확한 방법으로 표현하라('9월 15일에서 3월 15일 사이에 발생한 상품권 달러 판매량 전년도 혹은 비교 가능한 정보를 제공하라).

13. 스포츠 결과 혹은 정치에 관한 재미있는 질문을 포함시켜라. 하지만 쓰레기-인, 쓰레기-아웃이라는 점은 명심하라.

14. 투자자 보상책과 시장이 중요하다는 것을 알릴 수 있는 장려책을 결정하라 - 티셔츠, 상금, 기프트 카드, 여행 추첨, 일

반 관리자의 노고 인정, 혹은 이중 몇 가지를 조합할 수 있다.

15. 투자자들과 잠재 투자자들에게 시장 결과를 반드시 알려야 한다. 만약 이들에게 알리지 않는다면, 모든 이들은 다음 시장 참여에 대해 동기 부여가 되지 않을 것이다. 투자자들은 반드시 경영진이 시장에 주시하고 있음을 알아야 한다. - 베스트 바이가 상하이의 새로운 스토어 개장에 추가 지원을 투입한 것을 떠올려 보라.

16. 특히 이전에 매니저들이 말한 것과 다른 예측치가 도출된 경우, 어떤 방식으로 우승자와 그룹 예측 결과를 발표할지 결정하라.

17. 이 시장은 계속 진행되는 프로세스라는 점을 강조하기 위해 첫 번째 시장 결과를 발표하기 전에 두 번째 시장 질문들을 공개하라.

예측 시장 설립을 위해서는 반드시 소프트웨어가 필요하다. 시장 사용이 지난 10년 간 증가해온 만큼, 더 많은 옵션과 사용하기 쉬운 인터페이스를 가진 많은 소프트웨어 판매업자들이 생겨났다. 시작하는 데 3가지 방법이 있다. 첫 번째 옵션은 공급업자를 선택하고 소프트웨어 패키지와 컨설팅 어시스턴트를 구매하고 직접 기존 시스템 내에서 시장을 운영하는 것이다. 이 방법의 장점은 정확한 비용 확인과 확실하게 운영이 가능한 점이고 단점이라면 다른 상용 프로그램들처럼 높은 착수금과 지속적인 지원 및 라이센스 비용, 그리고 사용자 마음대로 지정하는데 제약이 있는 점을 들 수 있다.

두 번째 옵션은 예측 시장 시스템 관리를 소프트웨어 벤더에게 맡기고 벤더의 시스템에서 시장을 운영하는 것이다. 이 옵션의 장점은 낮은 착수금과 관리비가 아예 들지 않는 점, 기술 전문 필요가 상대적으로 덜 필요한 점, 그리고 예측 시장을 설치하고 운영하는데 짧은 시간이 소요된다는 점이다. 몇몇 벤더들은 무료로 체험 기간을 제공하기도 하는데 이를 통해 선수금을 더 낮출 수 있다. 벤더가 시장을 관리하는 옵션의 단점은 지속적으로 발생하는 수수료와 사용자 지정하는데 제한된 기회, 그리고 회사 내부 정보를 회사 방화벽 바깥 시스템에 저장해야 한다는 점이다.

세 번째 대안은 직접 시스템을 개발하는 것이다. 백지에서 시작할 수도 있고 사용자 기호대로 변경할 수 있는 기존 소프트웨어를 기반으로 만들 수도 있다. 구글과 야후!, HP가 바로 이 방법을 사용했다.

이 옵션을 사용하면 원하는 대로 시스템을 변경하고 기능을 추가할 수 있다. 단점은 선수금 금액이 불확실하다는 점과 지속적인 유지 및 서포트 비용이 발생한다는 점이다.

소프트웨어 구매 혹은 호스트 옵션을 선택하거나 커스터마이즈 할 수 있는 시스템을 찾고 있다면 예측 시장 소프트웨어들 가운데 좋은 제안을 찾을 수 있다. 다음의 리스트는 완전하지 않고 북미 기준이지만 주요 공급업체들을 포함하고 있다. 회사들은 카테고리별로 구분되어 있으며 알파벳순으로 나열되어 있다. 각 사이트에 대해 간단한 설명도 덧붙여 놓았으니 확인해 보라. 다만 아래 나열된 예측 시장 소프트웨어들 중 일부 회사는 2017년 현재 상호를 변경하거나 인수/합병이 된 곳이 있다(잉클링은 2015년 Cultivate Labs로 합병되었으며(www.cultivatelabs.com), Pro:kons는 Prediki로 변경되었다(www.prediki.com). Intrade는 CEO의 사망, 미국 내 법적 이슈 등 몇 가지 사건으로 2013년 비즈니스를 종료하였다.)

* 상업 예측 소프트웨어

1) 컨센서스 포인트(www.consensuspoint.com)

컨센서스 포인트는 자사의 Foresight Prediction Market의 라이센스를 판매하는데 이 프로그램의 호스팅 옵션도 제공하고 있고 고객 시스템 내에서 관리될 수도 있다. 여러 거래 인터페이스를 제공하는데 시작 페이지에서 당신이 특정 이벤트가 발생할 것이라 믿는지 여부를 묻는 여러 질문들이 나온다. 이후 어떻게 트레이딩 화폐를 투자할 수 있는지에 대한 설명이 나오고 다음 페이지에서는 실제 주식을 사거나 팔 수 있다. 고급 인터페이스에는 기존 포지션에 대한 정보와 함께 구매 및 판매 주문서가 나타난다. '자신감 페이지'도 있는데 여기서는 투자자들이 각 질문에 대한 본인들의 질문에 대해 얼마만큼의 자신감을 갖고 있는지 표시할 수 있다. 컨센서스 포인트의 고객으로는 베스트바이, 제너럴 밀스, GE에너지, 모토롤라 등이 있고 소프트웨어 외에도 컨설팅 서비스를 제공한다.

2) 크라우드캐스트(www.crowdcast.com)

크라우드캐스트의 주요 비즈니스는 기업 고객들을 위해 시장을 운영하고 제품 출시 시기와 시장 점유율과 같은 질문에 대한 정보를 수집하는 것이다. 크라우드캐스트는 예측 시장과 토론 포럼을 결합하여 위험을 부각시키고 시장 양측의 투자자 논리를 요약할 수 있게 한다. 아이디어에 순위를 매길 수 있는 투표 시스템도 있어 이를 이후 예측 시장으로 만들 수도 있다. 고객사로는 보잉, 제너럴 모터스, 홀마크, 존슨&존슨이 있다.

3) 잉클링(www.inklingmarkets.com)

잉클링은 기업 예측 시장을 호스팅하고 소셜 네트워크와 공동작업 도구를 제공한다. 고객사로는 P&G, 마이크로소프트, 셰브런(Chevron), IFTF연구소(Institute for the Future)가 있다. 잉클링은 직원들이 프로젝트 완료를 예측하는데 사용할 수 있는 거래 위젯을 제공하는데 이는 프로젝트 관리에 널리 사용되는 웹 응용프로그램인 Basecamp 내에서 사용할 수 있다. 또한 소규모 기업을 위해서 45일 무료 소프트웨어 체험 기회와 특별 할인 가격을 제공한다(5개 이하의 질문에 대한 가격은 매달 39불부터 시작한다).

4) 인트레이드(www.intrade.com)

더블린에 위치한 인트레이드는 큰 규모로 시장을 운영하고자 하는 기관들을 대상으로 자사 소프트웨어 라이센스를 판매하고 있다. 런던의 파이낸셜타임즈는 자사의 FTPredict 사이트 운영에 인트레이드 플랫폼을 사용한다.

5) 루메노직(www.lumenogic.com)

2000년부터 운영되온 뉴스퓨쳐스(NewsFutures)는 루메노직의 전신이다. 루메노직은 기업 고객들을 위해 예측 시장과 다른 온라인 대회를 조직하는 것을 전문으로 하고 있다. 이 기업의 가장 최근 발표된 성공 사례는 루메노직을 통해 미국 공군이 낮은 계급 직원들로부터 드론 카메라와 레이더 시스템에 대해 피드백을 얻은 것이다.

6) 노스코(www.nosco.dk)

노스코는 덴마크 회사로 아이디어 관리를 위한 일종의 예측 시장 소프트웨어와 컨설팅 서비스를 제공한다. 고객사로는 램볼(Ramboll), 벨룩스(Velux), DSB, 마이크로소프트가 있다.

7) 프로콘스(Pro:kons)(www.prokons.com)

프로콘스는 스위스 사이트로 예측 시장과 합의 형성(Consensus-building) 소프트웨어를 제공한다. 클라이언트로는 텔포니카(Telfonica)와 모빌콤(Mobilkom)오스트리아가 있다. 프로콘스의 소프트웨어는 프랑스어, 독일어, 이탈리아어, 영어로 제공된다.

8) 큐마켓츠(www.Qmarkets.net)

큐마켓츠는 이스라엘에 본부를 두고 있고 예측 시장과 아이디어 매니지 먼트 소프트웨어를 생산한다. 고객들은 주로 소규모 회사들로 엔터프라 이즈 디벨롭먼트 그룹(Enterprise Development Group)과 데이터링스(Datalynx) 를 포함한다.

9) 라이트-솔루션스/하스브로(www.rite-solutions.com)

당신이 그 어떤 소프트웨어를 고려하고 있던지 간에, 1장에 소개되었던 라이트-솔루션스 뮤추얼 펀 마켓이나 라이트-솔루션스/하스브로 모노폴 리와 꼭 비교하라. 이 소프트웨어를 사용하기 위한 전제 조건이 시장 결 과에 대한 완전한 개방성 관리 문화인지는 알지 못한다. 당신이 결정하라. 필자가 내용을 집필 중인 현재 이 소프트웨어는 아직 판매되고 있지 않고 있다. 라이트-솔루션스 웹 사이트를 확인하거나 구글에 검색해보라.

10) 스피짓(www.spigit.com)

스피짓은 블로그, 위키, 서베이, 예측 시장을 갖춘 웹 기반의 사회 혁 신 도구다. 스피짓은 수학적 모델을 사용하여 투자자에게 순위를 매기 고 이들의 전문 지식이나 과거 성공률을 기반으로 이들의 아이디어나 코멘트에 비중을 다르게 둔다. 고객사로는 파머스 인슈어런스(Farmer's Insurance), 사우스웨스트 항공, 파이저(Pfizer), 로이즈 뱅크(Lloyds Bank) 등 이 있다.

* 오픈 소스 예측 소프트웨어

조칼로(www.zocalo.sourceforge.net)

조칼로는 무료 예측 시장 소프트웨어로 commerce.net의 크리스 히버트가 제작했다. 자바 개발 플랫폼 기반의 오픈 소스 소프트웨어다. 필요한 경우 히버트에게 프로그램 적용에 대한 컨설팅을 요청할 수 있다. 이 프로그램은 여러 박사 학위 논문에서 성공적으로 사용된 바 있다. 시장을 구조화하는 방법을 소개하는 유용한 링크들도 많이 게시되어 있다.

* 현금 예측 거래소

1) 인트레이드(www.intrade.com)

인트레이드는 연간 최대 1억 달러의 매출액을 기록하며 가장 큰 상업 현금 예상 시장을 운영하고 있다. 더블린에 본사를 두고 있으며 2002년 거래를 시작했다. 이 사이트는 한 번에 160 개의 시장을 보여주며 하루에 20만 건의 계약을 거래한다. 140개 국 82,000명의 투자자를 보유하고 있으며, 대부분은 미국인이다. 인트레이드는 사이트를 확인하는 수백만 명의 사람들에게 무료로 투명한 가격 발견 정보를 실시간으로 제공한다. 인트레이드는 금융 이슈에 더 초점을 두고 있지만 이들이 제공하는 계약은 정치 선거, 조류 독감 전염병, 북극의 석유 시추, 기후 변화, 원자재 가격, 경제 수치, 엔터테인먼트 상, 미국 국토 안보 문제, 아메리칸 아이돌의 우승자 등 광범위한 범위를 다루고 있다. 인트레이드는 사내에서 어떻게 재미있는 시장을 운영할 수 있을지 아이디어를 얻을 수 있는 좋은 사이트다. 인트레이드는 회원들이 거래를 원하는 거의 모든 사건에 대해 계약을 제공한다.

미 해군, 뉴욕연방준비은행, 유럽중앙은행, 일본 은행, CNN, CNBC 및 폭스 텔레비전과 같이 다양한 기관들이 인트레이드에 이벤트 시장에 대한 가격 정보를 요청해왔다. 뉴욕 타임즈, 월 스트리트 저널, 워싱턴 포스트, 파이낸셜 타임스, 이코노미스트, 블룸버그 등 세계 언론사들은 인트레이드의 이벤트 시장 정보를 기사에 인용한다.

2) 아이오와 전자 시장(www.biz.uiowa.edu/iem)

아이오와 전자 시장은 아이오와대학의 티피경영대가 운영하는 현금 이용 시장이다. 연구와 교육 목적으로 운영되고 있으며 대부분의 경우 대학 투자자가 아니어도 참여가 가능하다. 시장 내에서는 정치 선거, 기업 주당 순이익, 연방 준비 통화 정책 등 다양한 주제가 다뤄진다. 투자자들은 최대 500불까지만 투자할 수 있다.

* 게임머니 사용 예측 시장들

1) 뉴스퓨쳐스(www.lumenogic.com)

수년간 미국 내에서 뉴스퓨쳐스는 시사 문제, 정치, 금융, 스포츠 및 미군이 특정일까지 이라크에서 실제 철수할지 혹은 니콜라스 사르코지와 카를라 브루니가 이혼할지 여부 등 다양한 범위의 질문들을 다루었다. 현재 뉴스퓨쳐스는 다른 컨설턴트와 합병한 뒤 루미노직이라는 새 이름으로 영업을 지속하고 있다. 루미노직은 이전에 비해 예측 시장과 대중에게 인기 있는 토픽에 다소 중점을 두고 있지 않다.

2) 포사이트 익스체인지 예측 시장

(Foresight Exchange Prediction Markets; www.ideosphere.com)

포사이트는 공개 게임머니 시장으로, 고객들이 제안한 정치, 금융, 과학, 기술 이벤트들에 대해 거래를 제공한다. 이 시장은 실제 게임이 진행되기 2년 전 이미 컴퓨터가 게리 카스파로프를 체스 매치에서 이길 것임을 예견했다. 포사이트는 정치 인사의 사임 문제부터 미국 서부에서 발생하는 대형 지진까지 장기적 사안에 대한 거래를 허용하고 있다. 포사이트는 컨센서스 포인트와 제휴 관계에 있다.

3) 할리우드 증권 거래소(www.hsx.com)

할리우드 +증권 거래소는 새로운 영화, 배우, 감독, 그리고 아카데미 시
상식 수상자 예측처럼 영화와 관련된 다양한 이슈의 성공을 예측하는 게
임 머니 시장이다. 세상세서 가장 큰 게임 머니 시장이며 가장 민주적이
기도 하다.

4) 잉클링 공공 시장(Inkling Public Marketplace; www.inklingmarkets.com)

잉클링은 원래 주로 기업 예측 시장을 제공하지만 금융, 정치, 영화, 스포
츠 등에 관한 게임머니 시장도 운영하고 있다.

5) 미디어 프리딕트(www.mediapredict.com)

미디어 프리딕트는 미디어, TV 줄거리, 개봉 예정 영화 등에 대한 시장을
제공하고 있다.

6) 심익스체인지(www.thesimexchange.com)

심익스체인지는 새로운 비디오게임 성공에 대한 시장을 운영하고 있는데
참가자들은 게임이 예측치보다 더 많이 혹은 적게 판매될지 예측한다.

7) 아이오와 건강 예측 시장(www.iehm.uiowa.edu/iehm/index.html)

아이오와 건강 예측 시장은 아이오와대학의 연구 프로젝트로 질병 감시
를 위해 예측 시장을 이용하고 있다.

etc)

이 책에서 언급된 내부 기업 예측 시장 외에도 시장을 사용하고 있는 회사들이 많이 존재하며 이들의 결과가 종종 공개 석상에 나타나기도 한다. 다음의 기업 이름과 '예측 시장'을 함께 구글에 검색해 보고 어떤 결과나 나오는지 확인해 보라.

- 애보트랩스(Abbott Labs), 아르셀로미탈(Arcelor Mittal), 시스코(Cisco Systems), 코닝(Corning), 일렉트로닉아츠(Electronic Arts), 프리토레이(Frito Lay), 제너럴 일렉트릭(General Electric), 인텔(Intel), 인터컨티넨탈 호텔(InterContinental Hotels), 마스터푸드(Masterfoods), 마이크로소프트(Microsoft), 모토롤라(Motorola), 노키아(Nokia), 화이자(Pfizer), 퀄컴(Qualcomm), 지멘스(Siemens), 그리고 책 내에 소개된 회사들.

1.1 라이트-솔루션스의 뮤츄얼 펀 마켓

Lavoie, Jim. "The Innovation Engine at Rite-Solutions: Lessons from the CEO." Journal of Prediction Markets 1 (2009): 1 - 11.

Leadbeater, Charles. We-Think: The Power of Mass Creativity. London: Profile Books, 2008.

Taylor, William C. Practically Radical: Not-So-Crazy Ways to Transform Your Company, Shake Up Your Industry, and Challenge Yourself. New York: William Morrow, 2011. 이 자료에는 라보이, 마리노, 라이트-솔루션스에 대한 내용이 포함되어 있다.

1.2 예측 시장이란 무엇인가?

Hanson, Robin, Ryan Oprea, and David Porter. Information Aggregation and Manipulation in an Experimental Market. Working paper, George Mason University, Fairfax, VA, 2006. http://hanson.gmu.edu/biastest.pdf.

Hayek, F. A. "The Use of Knowledge in Society." American Economic Review 35 (1945): 519 - 530. 예측 시장에 대한 대표적인 논문으로 뛰어난 배경 설명을 담고 있다.

Howe, Jeff. Crowdsourcing: Why the Power of the Crowd Is Driving the Future of Business. New York: Crown Business, 2008. HP부터 스타트업 iStockphoto까지 여러 기업들이 신제품 생산 및 수익 증대를 위해 디지털 크라우드를 어떻게 사용하는지 설명한다.

1.3 스포츠/ 영화 관련 예측 시장들

"Crafts, N. F. R. "Some Evidence of Insider Knowledge in Horse Race Betting in Britain." Economica (1985): 295-304. 이 자료는 경마 패리뮤추얼 베팅을 기반으로 한 예측과 경마 핸디캡퍼들의 우승마 예상 리스트를 비교한다.

Figlewski, S. "Subjective Information and Market Efficiency in a Betting Market." Journal of Political Economy (1979): 75-88. 이 논문은 경마 핸디캡퍼들과 패리뮤추얼 베터들의 성공률을 비교한다.

Hamel, Gary, with Bill Breen. The Future of Management. Boston: Harvard Business School Press, 2007.

Hoerl, Arthur, and Herbert Fallin. "Reliability of Subjective Evaluations in a High Incentive Situation." Journal of the Royal Statistical Society (July 1974): 227-230. 패리뮤추얼 확률을 정하는 베터 집단을 능가하는 것이 얼마나 어려운지 통계 증거를 통해 보여준다.

Mauboussin, Michael. More Than You Know: Finding Financial Wisdom in Unconventional Places. New York: Columbia Business School Press, 2008.

Nocera, Joseph. "The Oscar Experiment." Fortune, March 22, 2004.

Sauer, R. D. "The Economics of Wagering Markets." Journal of Economic Literature (1998): 2021-2064. 이 논문은 패리뮤추얼 확률이 장기적으로 보았을 때 경마 경기 결과와 얼마나 잘 일치하는지에 대한 증거를 제공한다.

Smith, Michael A., David Paton, and Leighton Vaughan Williams.

"Do Bookmakers Possess Superior Skills to Bettors in Predicting Outcomes?" Journal of Economic Behavior and Organization 71 (August 2009), 539-549. 이 논문은 동일한 영국 경마에 대해 북메이커와 패리뮤 추얼 내기의 다른 우승 확률을 비교한다.

1.4 선거 관련 예측 시장들

"Berg, J. E., R. Forsythe, F. D. Nelson, and T. A. Rietz. "Results from a Dozen Years of Election Futures Markets Research." In Handbook of Experimental Economic Results, edited by C. R. Plott and V. L. Smith. Amsterdam: North Holland, 2003. 아이오와 전자 시장의 역사에 대한 정보를 찾을 수 있다.

Forsythe, Robert, Forrest Nelson, George R. Neumann, and Jack Wright. "Anatomy of an Experimental Political Stock Market." American Economic Review 82 (December 1992): 1148.

Rhode, Paul W., and Koleman Strumpf. Historical Political Futures Markets: An International Perspective. Working paper, National Bureau of Economic Research, Washington, DC, October 2008. www.nber.org/papers/w14377. 카톨릭 교회에서 임원 선출 시 내기를 걸었던 초기 역사에 대한 내용을 담고 있다.

Stix, Gary. "Super Tuesday: Markets Predict Outcomes Better than Polls." Scientific American, March 2008, 38-45.

Sunstein, Cass. "Group Judgments: Deliberations, Statistical Means, and Information Markets." New York University Law Review 80 (2005):

962 – 1049.

Surowiecki, James. The Wisdom of Crowds: Why the Many Are Smarter than the Few, and How Collective Wisdom Shapes Business, Economies, Societies, and Nations. New York: Doubleday, 2004.

Wolfers, Justin, and Eric Zitzewitz. "Experimental Political Betting Markets and the 2004 Election." The Economists' Voice 1, no. 2 (2004). www.bepress.com/ev/vol1/iss2/art1.

—. "Prediction Markets." Journal of Economic Perspectives 18 (2004): 107 – 126."

1.5 추정 시장들

Meirowitz, Adam, and Joshua A. Tucker. "Learning from Terrorism Markets." Perspectives on Politics (June 2004): 331 – 336. 누가 백만장자가 되고 싶은가를 위한 예측 시장 실험 사용을 발췌한 자료다.

Page, Scott E. The Difference: How the Power of Diversity Creates Better Groups, Firms, Schools, and Societies. Princeton, NJ: Princeton University Press, 2007. 페이지의 연구는 다양성의 중요성을 보여주는 프레임워크를 제공하며 예측 시장이 어떻게 구동하는지 그 이유에 대한 이론적 토대를 제공하는 것을 넘어선다.

Sunstein, Cass R. Going to Extremes: How Like Minds Unite and Divide. New York: Oxford University Press, 2008. 선스타인은 사람들이 그룹으로 모여있을 때와 가장 강한 의견이 우세할 때 잘못된 판단이 더 심해지기 때문에 정치부터 비즈니스에 이르기까지 모든 분야에서 인간의 판단을 불신해야 한다고 주장한다.

—. Infotopia: How Many Minds Produce Knowledge. New York: Oxford University Press, 2006, 45 – 46.

1.6 예측 시장은 무엇을 대체할 수 있는가?

Baker, Stephen. The Numerati. New York: Houghton Mifflin Harcourt, 2008.

Kahneman, Daniel. Thinking, Fast and Slow. New York: Farrar, Straus & Giroux, 2011. 노벨 경제학상 수상자인 카네만은 의식 및 무의식적인 의사결정에서 발생하는 실수에 대한 백과사전 처럼 넓은 범위의 훌륭한 설명을 제공한다.

Mauboussin, Michael. Mauboussin on Strategy (newsletter from LeggMason Capital Management, New York), September 1, 2009. 이 기사는 새로운 사람을 고용할 때 겪은 모부생의 투표에 대한 이야기가 담겨 있다 (8쪽).

—. Think Twice: Harnessing the Power of Intuition. Boston: Harvard Business Press, 2009. 모부생은 말콤 글래드웰의 책 블링크에서 경험에 근거한 직감을 더 믿을 것을 조언하는 방식과 예측 시장을 비교한다. 모부생은 인과관계가 명확한 안정된 환경에서는 직감이 잘 작동하지만 복잡한 이 세상에서 이런 조건을 만족하는 상황은 매우 드물다고 주장한다. 그는 전문가 대신 다양한 군중의 지혜를 사용하는 것에 대한 좋은 주장을 펼친다.

Orrell, David. The Future of Everything: The Science of Prediction:

From Wealth and Weather to Chaos and Complexity. New York: Thunder's Mouth Press, 2007.

Payne, John, and Arnold Wood. "Individual Decision Making and Group Decision Processes." Journal of Psychology and Financial Markets 3, no. 2 (2002): 94–101.

Senate Select Committee on Intelligence. U.S. Intelligence Community's Prewar Intelligence Assessments on Iraq. Report of the 108th Congress, July 2004. 이 보고서에는 이라크가 대량 살상 무기를 보유하고 있다는 결론에 편향된 논의 내용이 나와있다.

Sunstein, Cass R. "Group Judgments: Statistical Means, Deliberation, and Prediction Markets." New York University Law Review 80 (2005): 962–1049. 이 논문은 선스타인의 책 인포토피아의 더 전문적인 버전이다.

—. Infotopia: How Many Minds Produce Knowledge. New York: Oxford University Press, 2006. 이 책은 서로위스키의 군중의 지혜보다 더 분석적인 방식으로 '대중의 지혜'와 '집단 생각'을 다룬다. 선스타인은 위키, 오픈 소스 소프트웨어, 블로그, 위키피디아, 기술 발전 및 예측 시장에 대해 이야기한다. 읽어볼 것을 강력히 추천한다.

Tetlock, Philip. Expert Political Judgment. Princeton, NJ: Princeton University Press, 2005."

2.1 구글

Berg, Joyce E., George R. Neumann, and Thomas A. Rietz. Searching for Google's Value: Using Prediction Markets to Forecast Market

Capitalization Prior to an Initial Public Offering. Working paper, Henry B. Tippie College of Business, University of Iowa, 2008. Google IPO의 가치 평가에 대해 꽤 전문적인 논의 내용을 담고 있다.

Brin, Sergey, and Lawrence Page. The Anatomy of a Large-Scale Hypertextual Web Search Engine. www.infolab.stanford.edu/backrub/google.html. 구글 검색 엔진에 대한 대표적인 자료로 아마 컴퓨터 과학 연보를 통틀어 가장 많이 읽혀지고 재생산된 자료일 것이다. 이 원본 자료는 수학 및 기술 공부를 한 사람들에게 더 유용할 것이다. 더 읽기 쉬운 버전은 이 링크에서 찾을 수 있다: www.google.com/corporate/tech.html.

Cowgill, Bo. Putting Crowd Wisdom to Work. www.googleblog.blogspot.com/2005/09/putting-crowd-wisdom-to-work.html. 이 자료에서 카우길은 왜 구글이 예측 시장을 도입해야되는지 설명한다.

Ginsberg, Jeremy, Matthew H. Mohebbi, Rajan S. Patel, Lynnette Brammer, Mark S. Smolinski, and Larry Brilliant. "Detecting Influenza Epidemics Using Search Engine Query Data." Nature 19 (2009), 1012-1015.

Iyer, Bala, and Thomas H. Davenport. "Reverse Engineering Google's Innovation Machine." Harvard Business Review, April 2008, 58-68.

2.4 이사회 예측 시장

Abramowicz, Michael, and M. Todd Henderson. Prediction Markets for Corporate Governance. Law & Economics Olin Working Paper No. 307, University of Chicago Law School, 2007. www.ssrn.com/sol3/papers.

cfm?abstract_id=928896. 이 자료는 기업 내 예측 시장 사용에 관한 유용한 개요를 제공한다.

Collins, Jim. How the Mighty Fall . . . And Why Some Companies Never Give In. New York: HarperCollins, 2009.

Kambil, Ajit. "Betting on a New Market." Trends and Ideas, October 2003. This describes the HP emissions market.

Kelly, Kate. Street Fighters: The Last 72 Hours of Bear Stearns, the Toughest Firm on Wall Street. New York: Portfolio, 2009. 모기지 담보 채권 및 파생 상품 가치에 연관된 내부 경고를 무시한 회사 경영진들의 이야기를 담고 있다.

Taleb, Nassim Nicholas. The Black Swan: The Impact of the Highly Improbable. New York: Random House, 2007.

3.1 고정 관념을 허물어뜨린 예측 시장들

Hahn, Robert W., and Paul C. Tetlock. "Making Development Work." Policy Review 132 (2005): 27 – 38.

Pisani, Elizabeth. The Wisdom of Whores: Bureaucrats, Brothels, and the Business of AIDS. New York: Viking, 2008.

Polgreen, Philip M., Forrest D. Nelson, and George R. Neumann. "Use of Prediction Markets to Forecast Infectious Disease Activity." Clinical Infectious Diseases 44 (2007). www.journals.uchicago.edu/doi/abs/10.1086/510427.

3.2 또 다른 참신한 예측 시장들

Brown, Dan. The Lost Symbol. New York: Doubleday, 2009.

Hanson, Robin. "Designing Real Terrorism Futures." Public Choice 128 (2006): 257-274.

Looney, Robert E. "DARPA's Policy Analysis Market for Intelligence: Outside the Box or Off the Wall?" International Journal of Intelligence and Counterintelligence 17 (2004): 405-419. 이 논문은 기존에 www.PolicyAnalysisMarket.org에 게재되었지만 현재 삭제되어 없는 PAM 웹 사이트의 여러 창을 복사해 갖고 있다.

Senate Select Committee on Intelligence. U.S. Intelligence Community's Prewar Intelligence Assessments on Iraq. Report of the 108th Congress, July 2004.

Wyden, Ron, and Byron Dorgan. Wyden, Dorgan Call for Immediate Halt to Tax-Funded 'Terror Market' Scheme, July 28, 2003. www.wyden.senate.gov/media/2003/07282003_terrormarket.html. 상원의원 두 명이 PAM은 '테러 시장'이라며 이에 대해 해군 소장 존 포인덱서에게 보내는 공개서한 내용이다.

Yeh, Puong Fei. CSI: Using Prediction Markets to Enhance US Intelligence Capabilities, a "Standard & Poors 500 Index" for Intelligence. www.cia.gov/library/center-for-the-study-of-intelligence/csi-publications-studies. 이 자료는 DARPA 프로젝트와 이의 종식을 담고 있는 CIA 요약 보고서다. 상위 URL 링크는 보고서가 많이 편집된 버전으로 연결된다.

3.3 정부 기관 관련 예측 시장들

Abramowicz, Michael B. Predictocracy: Market Mechanisms for Public and Private Decision Making. New Haven, CT: Yale University Press, 2007. 이 자료는 책 한 권 분량의 논문으로 공화 정치 시스템을 발전하기 위해 결정 시장을 혁신적으로 사용할 수 있는 방법을 다룬다.

Berg, Joyce E., and T. A. Rietz. "Prediction Markets as Decision Support Systems." Information Systems Frontiers 5 (2003): 79-93.

Brown, Dan. The Lost Symbol. New York: Doubleday, 2009. 브라운의 소설 속 주인공인 트리샤 던은 민간인들의 이메일, 전화, 팩스 내용을 분석하기 위한 엄청난 데이터 필드를 처리할 수 있는 메타 시스템 소프트웨어를 만드는 방법에 대해 설명한다. (74쪽 부터).

Cherry, Miriam A., and Robert L. Rogers. "Tiresias and the Justices: Using Information Markets to Predict Supreme Court Decisions." Northwestern University Law Review 100, no. 3 (2006): 1141-1196. 테이레시아스는 그리스 신화에 나오는 예언자로 오이디푸스 왕과 안티고네에 나오는 캐릭터다.

Fox, James Alan. Forecasting Crime Data. New York: Lexington Books, 1978. 이 책은 범죄율을 계산하는 좀 더 전통적인 통계 방식을 보여준다.

Hahn, Robert W., and Paul C. Tetlock. How Information Markets Could Change the Policy World. Washington, DC: AEI-Brookings Joint Center for Regulatory Studies, 2004.

Hanson, Robin D. "Shall We Vote on Values but Bet on Beliefs?" Journal of Political Philosophy (2007). "http://hanson.gmu.edu/futarchy.pdf.

Henderson, M. Todd, Justin Wolfers, and Eric Zitzewitz. Predicting Crime. Olin Working Paper No. 402, University of Chicago Law School (2008). www.ssrn.com/sol3/papers.cfm?abstract_id=1118931. 이 자료는 범죄 예측에 있어 시장의 잠재성을 논의하는 뛰어난 논문이다.

National Aeronautics and Space Administration. Report of the Columbia Accident Investigation Board. Washington, DC: Government Printing Office, 2003, 97–204. www.nasa.gov/columbia/home/CAIB_vol1.html. 콜롬비아 재앙을 자세히 다룬 보고서다.

3.4 미래 전망 관련 예측 시장들

Kurzweil, Ray. The Singularity Is Near: When Humans Transcend Biology. New York: Viking Press, 2005.

4.1 어느 누구도 예측 결과를 듣고 싶어 하지 않는다면

Lewis, Michael. "Wall Street on the Tundra." Vanity Fair, April 2009. 2008년 사실상 아이슬란드 파산을 야기한 집단적 광기에 대해 재미있게 서술한 칼럼이다.

Lewis, Michael, and David Einhorn. "The End of the Financial World as We Know It." New York Times, January 4, 2009. 2008년 금융 사태 및 원인을 설명하는 최고의 기사 중 하나다.

McCreary, Lew. "How to Kill Bad Projects." Harvard Business Review Editors Blog. http://discussionleader.hbsp.com/hbreditors/2008/06/how_to_kill_bad_projects_1.html.

McDonald, Lawrence G., and Patrick Robinson. A Colossal Failure of Common Sense: The Inside Story of the Collapse of Lehman Brothers. New York: Crown Press, 2009.

Taleb, Nassim Nicholas. The Black Swan: The Impact of the Highly Improbable. New York: Random House, 2007.

4.2 베이징보다 더 많은 적기(赤旗)가 있는 상황에서

Markopolos, Harry. No One Would Listen: A True Financial Thriller. Hoboken, NJ: Wiley, 2010. 이 책은 마르코폴로가 9년간 증권거래위원회가 버나드 매도프를 조사하도록 만들기 위한 투쟁을 담고 있다.

4.3 스콜피온을 찾아라

Johnson, Stephen. Silent Steel: The Mysterious Death of the Nuclear Attack Sub USS Scorpion. New York: John Wiley, 2006.

Maloney, Michael, and Harold Mulherin. "The Complexity of Price Discovery in an Efficient Market: The Stock Market Reaction to the Challenger Crash." Journal of Corporate Finance 9 (2003): 453-479. 이 논문은 본 챕터 초반에 나온 뉴욕증권거래소 예측 시장 성공담을 담고 있다.

Offley, Ed. Scorpion Down: Sunk by the Soviets, Buried by the Pentagon. New York: Basic Books, 2007.

—. "The USS Scorpion: Mystery of the Deep." Seattle Post-Intelligencer, May 21, 1998. www.members.aol.com/bear317d/scorpion.htm. 오플리

는 군사 문제 전문가로 퓰리처상에 두 번 후보로 지명되었다.

Sewell, Kenneth, and Jerome Preisler. All Hands Down: The True
Story of the Soviet Attack on the USS Scorpion. New York: Simon &
Schuster, 2008.

작가 후기 및 감사의 말

Thompson, Donald N. Marketing Management in Turkey: Cases and
Challenges. Ankara: Gazi Kitabevi, 2006. 본문에 설명된 학생 예측 시장 실
험에 대해 다룬다. 더 자세한 버전은 터키어판에 수록되어 있다 Turkiya'deki
Pazarlama Vak'alari: Zorluklar ve Firsatlar (283 – 288쪽).

다가올 내일의 불확실성을 줄이기 위한
예측 시장을 미리 살펴보며
행복의 에너지가 팡팡팡 샘솟기를 기원드립니다!

– 권선복
(도서출판 행복에너지 대표이사,
영상고등학교 운영위원장)

인간이 만든 이론과 기술은 현재 굉장히 빠르게 변화하면서 진화해나가고 있습니다. 경제 분야에서도 마찬가지로 매우 다양한 이론들이 쏟아져 나오며 경제를 이루는 시장을 무수하게 변화시키고 또 거대한 규모를 유지시키곤 합니다. 앞으로 가까운 미래에 시장은 지금까지는 없었던, 전혀 새로운 형태를 띠게 될 가능성이 무궁무진합니다. 4차 산업혁명이 가지고 올 변화의 바람은 사람의 라이프스타일을 완전히 뒤바꾸어 놓고 노동과 생산 등의 영역이 전혀 다른 방식으로 전환될 수도 있을 것입니다.

책 『예측 시장을 주목하라』는 인간의 머릿속에서만 있어서 그 가치를 평가할 수 없었던 '예측'을 하나의 상품으로 규정하여 사람과 사람, 조직과 조직 간에서 값어치를 매기고 이를 거래하는 예측 시장에 대해 살펴보고 있습니다. 이미 몇몇 선진국에서는 다양한 방식으로 실험되어 이를 주도하는 기업들이 등장하는 등 다가올 미래에 구축될 시장의 기반을 이미 닦아 나가고 있습니다. 과거에는 전혀 생각지도 못한 무형의 자산을 거래할 수 있는 시장으로 조성하고 있는 모습에 감탄을 금치 못하면서도 이런 새로운 시장이 수없이 생겨날 수 있다는 상상을 할 수 있는 여지를 만들기 충분하였습니다.

　이미 정보화 시대라는 말이 구식이 될 정도로 우리 사회에서 정보는 경우에 따라 어떠한 재화보다 더욱 가치를 높게 평가받곤 합니다. 우리나라의 대기업들 또한 정보에 뒤처지지 않으려 애쓰고 있고 그 노력이 빛을 발하여 대한민국 브랜드의 위상을 높이고 있습니다. 이 책의 번역자들은 대기업에 소속되어 발 빠르게 정보를 수집하던 중 저자인 도널드 N. 톰슨 교수를 만나게 되고 이미 미국, 유럽 등에서 활발히 전개되고 있는 예측 시장을 국내에도 선보이고자 바쁜 와중에도 공들여 번역을 해 우리에게 훌륭한 양서를 소개하였습니다. 지식을 습득하는 데 그치지 않고 이를 공유하기 위해 심혈을 기울여 번역 작업을 하신 노고에 진심으로 감사드립니다.

　책에서는 주로 예측 시장의 다양한 예시를 보여주어 독자의 이해를 돕습니다. 경제 분야의 전문적인 이론도 있지만 이를 뒷받침하는 흥미로운 이야기를 담아 보다 쉽게 예측 시장을 이해하고 접할 수 있도록 구성된 책입니다. 일독을 통하여 예측 시장에 관심을 갖게 된 독자 여러분들께서 현재 예측 시장을 만들어가고 있는 기업들을 찾아보시며 앞으로 발전해나갈 시장을 미리 살펴보시는 기회로 삼으시는 것을 권합니다. 다가올 미래에 겪어보지 못한 새로운 시장이 거래할 다양한 자산과 가치에 대해 생각해보시길 바라며 모든 분들의 삶에 행복과 긍정의 에너지가 팡팡팡 샘솟으시기를 기원드립니다.

행복하면서 성공하라

안정기 지음 | 값 15,000원

30년이 넘도록 공직자의 자리에서 수많은 성공을 보아온 저자는 책 『행복하면서 성공하라』를 통해 성공은 홀로 존재할 수 없고 행복이 함께해야만 한다는 것을 말한다. 성공하는 사람들의 특징과 습관을 분석하고, 행복해지기 위한 여러 방법을 설명하는 그의 말에서 성공과 행복의 관계에 대해 오랫동안 고뇌한 흔적을 엿볼 수 있다. 그의 말은 우리의 인생에 자연스럽게 성공과 행복을 같이 안겨줄 길잡이가 되어줄 것이다.

주저앉지 마세요

김재원 지음 | 값 15,000원

책 『주저앉지 마세요』는 우리 사회에서 가장 주저앉기 쉬운 대상 세 가지에 대해 주저앉지 않는 방법을 이야기하고 있다. '직장인', '건강', 그리고 '여성'이 그 세 가지 주제다. 우리가 잘 알고 있는 연예인의 일화들도 저자가 말하고자 하는 핵심에 잘 녹여낸다는 점에서 흥미롭다. 대한민국 페미니스트의 원조라고 할 수 있는 저자의 남다른 시선을 통해 기존의 딱딱한 자기계발서에서 탈피하여 독자들에게 재미를 주고자 하였다.

퀄리티 육아법

정지은 지음 | 값 15,000원

육아에 가장 필요한 것은 뜻밖에도 바로 나 자신을 돌아보는 용기다. 책 『퀄리티 육아법』은 저자가 두 아이의 엄마로서 쌓은 경험과 뉴질랜드 유치원 교사로 재직하며 공부한 지식을 바탕으로 육아에 대해 바라보는 시각을 재정립하였다. 온전히 아이를 위해 하는 육아보다. 육아를 하는 나 자신을 응원하고, 스스로에게 용기를 주는 메시지로 어쩌면 모든 것이 서툴고 어색한 초보 부모에게 육아에 대한 스트레스를 덜어내 주는 책이다.

트레이닝을 토닥토닥

김성운 지음 | 값 20,000원

책 『트레이닝을 토닥토닥』은 대한민국 최초 '피트니스 큐레이터'인 저자가 효율적인 트레이닝과 좋은 트레이너, 인정받는 트레이너에 대한 개념을 모아 엮은 '트레이너 기초서'이다. 나를 더 돋보이게 하는 시대에 운동은 사실상 필수 요소가 되었고 효율적이고 체계적인 방법으로 트레이닝을 돕는 트레이너는 각광받게 되었다. 책을 통해 누구에게나 인정받는 트레이너란 어떻게 완성되는지에 대해 저자의 생생한 경험담과 세부적인 지식들을 통해 살펴볼 수 있다.

작은 천국 나의 아이들

정명수 지음 | 값 25,000원

이 책 『작은 천국 나의 아이들』은 30여 년간 아이 사랑의 한길만을 걸어온 지성유치원 정명수 원장의 행보를 통해 초등학교 취학 이전의 어린 아동들을 가르치는 교육자가 어떠한 소명 의식을 가지고 맡겨진 길을 걸어야 하는지 우리에게 이야기해 준다. 결코 쉽지 않은 아동 교육의 현장에서 굳건한 신앙이 가져다준 소명의식과 아이들에 대한 사랑의 마음을 통해 희생과 봉사, 책임감을 갖고 살아가는 한 교육자의 인생을 읽을 수 있다.

맛있는 호주 동남부 여행

이경서 지음 | 값 15,000원

책 『맛있는 호주 동남부 여행』은 『맛있는 삶의 레시피』의 저자 이경서가 전하는 새로운 맛있는 여행 이야기이다. 작은아들 내외가 살고 있는 시드니, 그리고 시드니를 거점으로 하여 대중교통을 이용하는 그의 여행은 일반적인 여행사의 여행으로는 경험할 수 없는 색다른 즐거움을 선사한다. 그저 구경만 하는 여행이 아니라, 마치 신대륙을 모험하듯 여행하는 그의 여행기는 도전적인 여행을 꿈꾸는 모든 이들에게 훌륭한 안내서가 될 것이다.

학교를 가꾸는 사람들

김기찬 지음 | 값 15,000원

책 『학교를 가꾸는 사람들』은 30여 년의 교사 생활, 그리고 12년간 서령고등학교의 교장을 역임한 저자의 교육 기록이다. 저자는 교사로부터 시작해 학생을 위한, 학생에 의한 학교를 만들고, 학생과 교사뿐만이 아닌 학부모와 졸업생, 지역 인사에 이르는 폭넓은 교육 협업으로 진정한 교육의 장을 일구어낸다. 그가 기록한 충남 서산에 위치한 전국 명문고, 서령고등학교의 역사는 대한민국 교육의 새로운 빛이 될 것이다.

오색 마음 소통

이성동 지음 | 값 15,000원

책 『오색 마음 소통』은 바로 그에 대한 해답을 알려준다. '소통은 말과 글로만 하는 것이 아니다. 마음으로 하는 것이다!'라는 책의 부제에서 알 수 있듯이, 우리가 그간 소통에 실패한 이유가 바로 '마음'이 아닌 말과 글로 소통을 하려 했기 때문이라고 말한다. 말과 글은 소통을 하는 수단으로써만 쓰여야 할 뿐, 주(主)가 되어야 하는 것은 바로 '마음'이라는 것이다. 이 책은 소통의 어려움에 부닥친 사람들을 위해 친절히 소통의 과정을 안내하고 있다.

나의 행동이 곧 나의 운명이다

김현숙 지음 | 값 15,000원

책 『나의 행동이 곧 나의 운명이다』는 과거 여성의 권위가 제대로 인정받지 못하던 시절부터 수많은 역경을 극복한 ㈜경신 김현숙 회장의 이야기를 담고 있다. 망설이지 않고 행동으로 실천하며 도전정신을 잃지 않아 해낼 수 있었던 많은 일들을 소개하면서 '행동'의 중요성을 강조하고 있다. 하나의 기업을 경영해 온 경영자로서의 자세와 비전, 또 패러다임을 제시하며 다른 여성 CEO와 치열하게 살아가는 청년들에게 희망의 메시지를 전한다.

인생 2막까지 멋지게 사는 기술 재미

박인옥, 최미애 지음 | 값 15,000원

책 『인생 2막까지 멋지게 사는 기술 재미』는 잃어버린 웃음을 찾게 해 주는 유쾌한 책이다. 웃음과 유머를 통한 강의로 사람들에게 행복을 전하는 두 명의 저자가 만나 엮은 이 책은 평상시에도 잘 활용할 수 있는 여러 가지 유머 팁을 소개한다. 남들과 진정한 소통을 하고 마음의 문을 열기 위해서 '재미'와 '즐거움'이 꼭 필요하다고 강조하며, 바로 유머를 통해 그것이 가능하다고 보았다. 이 책은 우리의 삶에서 웃음이 가지는 의미를 다시 한번 더 되돌아보게 한다.

아, 민생이여

김인산 지음 | 값 15,000원

책 『아, 민생이여』는 도탄에 빠진 민생을 살리는 가장 원론적인 정책의 기본과 민생이 원하는 것이 어떤 것인지를 말한다. 정부가 바뀌고 새로운 정권이 들어서도 여전히 어렵다고만 말하는 민생. 그 민생이 더 위험해지기 전에 살릴 수 있는 길에 대해 저자는 누구나 생각해 봄 직한, 그러나 누구도 쉽게 다른 사람들에게 말할 수 없던 이야기를 풀어낸다. 그의 정책제언은 위기의 대한민국을 구제할 길잡이가 되어줄 것이다.

임진왜란과 거북선

민계식, 이원식, 이강복 지음 | 값 15,000원

책 『임진왜란과 거북선』은 조선 수군의 신형 전선 거북선을 집중 조명한다. 민계식 전 현대중공업 대표이사 회장과 이원식 원인고대선박연구소 소장, 이강복 알라딘기술㈜ 대표이사가 머리를 맞대어 거북선의 실체를 밝히기 위해 역사적 자료들을 모아 현대적 연구를 통해 임진왜란 당시 활약했던 거북선의 실체를 정리해 본 것이다. 앞으로 원형에 가까운 거북선을 복원할 수 있는 이정표를 남기게 된 것에 큰 의의가 있다.

핸드폰 하나로 책과 글쓰기 도전

가재산, 장동익 지음 | 값 20,000원

『핸드폰 하나로 책과 글쓰기 도전』은 책 한 권을 펴내는 데 있어 소요되는 비용과 시간을 획기적으로 절약해 줄 수 있는 노하우를 소개하고 있는 책이다. 요즘을 살아가는 현대인이라면 누구나 가지고 있을 '핸드폰'이라는 친숙한 기기를 통해 다양한 무료 어플리케이션으로 한 권의 책을 만드는 과정을 세세히 설명하고 있다. 누구나 스마트폰을 가지고 있는 요즘, 핸드폰 하나로 책을 쓸 수 있다는 점을 강조하여 자신만의 글쓰기를 망설이는 이들에게 '자신감'을 먼저 불어넣고자 했다.

맹따주기 응급처치

이수맹 지음 | 값 15,000원

이 책 『맹따주기 응급처치』는 우리 신체에 일어날 수 있는 다양한 이상증상에 대한 응급처치인 '맹따주기'를 자세히 설명하며 누구나 맹따주기를 통해 몸의 증상을 쉽고 빠르게 치유할 수 있도록 돕는다. 어릴 적 급체했을 때 어머니께서 으레 해주시던 '손 따주기'와도 맥을 같이하는 '맹따주기'는 우리 민족 고유의 민간요법과 한의학적 이론을 융합하여 누구나 배우기 쉽고 사용하기 쉬운 응급처치법으로 유용하게 활용할 수 있을 것이다.

여성과 평화

박정진 지음 | 값 15,000원

이 책 『여성과 평화』는 가부장-권력-전쟁-국가로 대표되는 남성중심의 문명이 어머니-사랑-평화-가정으로 대표되는 여성중심의 문명으로 변화하는 것만이 인류 존속의 위기를 종식할 수 있다고 말한다. 저자는 이를 통해 대립, 갈등, 경쟁보다는 공존과 사랑, 평화가 함께하는 세계를 추구하며 이러한 평화세계의 완성을 위해서 현존하는 그 어떤 철학과 종교보다도 여성중심적인 통일사상, 두익(頭翼)사상의 연구와 전파가 절실히 필요하다는 점을 강조하고 있다.

왜, 바나나는 어깨동무를 하고 있을까요?

서명진 지음 | 값 15,000원

책 『왜, 바나나는 어깨동무를 하고 있을까요?』는 때로는 동시와 같은 순수함으로, 때로는 성숙하고 아련한 어른의 언어로 시를 그려낸다. 함께 실린 삽화는 자연스럽게 시와 어우러져 독자를 빠져들게 한다. 시인 서명진의 기억으로 초대받아 시를 읽음으로써 기억의 퍼즐 조각을 하나하나 맞추다 보면 시인의 바람대로 시 한 줄, 시 한 편이 마음의 서재에 꽂혀있게 될 것이다.

나는 코미디언이다

서인석 지음 | 값 15,000원

'탄핵국면'에서 '장미대선'까지! 우리 사회에 큰 변혁이 일어났던 시기에 발표했던 풍자 칼럼을 모아 엮은 책 『나는 코미디언이다』는 30년 차 코미디언 서인석이 그동안 쌓은 유머의 내공을 아낌없이 풀어내 통쾌한 웃음을 선사한다. 권위주의 탈피 지향, 아래에서 위로 향하는 풍자의 향연, 언더독의 반란으로 보이는 그의 코미디는 사실 아래에서 더 아래를 바라보는 따뜻한 시선을 품고 있기에 오히려 여유로움과 따뜻함을 품고 있다.

아파트, 신뢰를 담다

유나연 지음 | 값 15,000원

이 책은 '신뢰 경영'을 통해 한 아파트를 17년째 책임지고 있는 아파트관리사무소장의 가슴 따뜻한 이야기를 진솔하게 풀어내고 있다. 저자는 '진정성', '역량', '공감', '존중', '원칙'이라는 여섯 개의 키워드를 바탕으로 500세대 아파트를 믿음과 신뢰로 이끌어온 과정을 생생하게 그려낸다. 이 과정에서 '아파트'라는 하나의 공동체 문화를 만드는 데 있어 '신뢰'라는 키워드가 가장 중요하게 작용하였다고 말한다. 또한 저자는 "사람이 답이다"라는 진리를 새기고 모두가 함께 노력해야 함을 강조한다.

나는 행복한 공학자

이동녕 지음 | 값 20,000원

『나는 행복한 공학자』는 평생을 한눈 한 번 팔지 않고 연구에만 매진하여 많은 학문적 성과를 얻어냄은 물론 걸음마 수준에 불과했던 한국의 재료공학 기술을 한 단계 끌어올리는 데에 일조한 서울대학교 재료공학과 이동녕 명예교수가 걸어온 인생 여정을 담고 있다. "촌놈은 촌놈 방식대로 살아간다."라는 그의 소박한 인생철학은 시련 속에서도 자신의 꿈을 잃지 않는 모든 사람들에게 희망을 불어넣어줄 것이다.

마음아, 이제 놓아줄게

이경희 지음 | 값 15,000원

책 『마음아, 이제 놓아줄게』는 갤러리 램번트가 주최한 '마음, 놓아주다' 전시 공모에서 당선된 스물일곱 예술가들의 치유 기록을 엮어낸 책이다. 여기에는 작품을 통해 상처를 예술로 승화시킨 이들의 진솔한 이야기가 담겨 있다. 화가 개개인의 작품 소개와 함께 작가의 생각, 또 저자 본인의 이야기를 덧붙여 상처를 치유하는 하나의 과정 속으로 독자를 천천히 안내한다. 그 길을 따라 걷다 보면 우리는 힘겹게 붙잡고 있던 마음을 놓아주며 상처를 치유할 수 있게 된다.

우리는 기적이라 말하지 않는다

서두칠 · 최성율 지음 | 값 20,000원

이 책은 '한국전기초자'의 경영 혁신 3년사(史)를 기록한 책으로, 당시 대우그룹에 소속되어 있던 서두칠 사장이 전문경영인으로 온 후 한국전기초자에 어떤 변화가 일어났는지 세세하게 담아내고 있다. 뿐만 아니라 증보판으로 다시 펴내면서, 한국전기초자에서 서두칠 사장과 함께했던 최성율 팀장의 '성공혁신 사례'도 싣고 있어 당시 어떤 식으로 혁신 운동이 전개되었는지 더욱 생생하게 알 수 있도록 하였다.

내 아이의 미래 일자리

안택호 지음 | 값 15,000원

책 『4차 산업혁명 시대의 부모가 알아야 할 내 아이의 미래 일자리』는 앞으로 4차 산업혁명 시대를 직접적으로 향유하게 될 우리 아이들을 위해, 부모가 어떻게 자녀를 교육해야 하며 어떻게 미래를 대비하게 할 것인지를 알려준다. 학문적으로 어렵게 접근하지 않아도 충분히 미래를 읽을 수 있으며, 그를 통해 아이들을 어떻게 교육해야 할지 알기 쉽게 설명해주어 독자들의 흥미를 자극한다. 자녀를 둔 부모들뿐만 아니라 미래 일자리에 대해 알고 싶은 학생들도 충분히 쉽게 읽을 수 있다

굿모닝 소울메이트

이주희 지음 | 값 15,000원

책 『굿모닝 소울메이트』는 저자가 80년대 초반 출간해 베스트셀러에 오른 캠퍼스 소설 F학점의 천재들①②에 이어 나온 제3편으로 전작의 재미와 반전을 완전하게 재현했다. 주인공 두 사람의 꿈과 현실, 사랑과 배반, 가정과 사회에서 발생하는 사건들을 저자의 남다른 시각과 필력으로 재미있고 에로틱하면서도 속도감 있게 그려내고 있어서 소설이 주는 본래의 묘미를 느끼게 한다. 등장인물들의 감정 변화와 그에 따른 행동들 또한 하나의 매력 포인트다.

기적의 웃음법

김영민 지음 | 값 15,000원

책 『기적의 웃음법』에서는 온갖 질병으로부터 고통을 받았던 저자가 창안한 영혼의 웃음운동을 다루고 있다. 온갖 질병으로부터 고통 받는 환자들에게 적극적으로 추천하는 웃음법으로, 웃음연구자 중 선구자로 꼽히는 노먼 커즌스, 무라카미 가즈오 등의 임상실험법을 연구하고, 웃음이 일으키는 신비한 현상을 구체적인 신체 변화로 밝혀내었다. 아주 단순하고 쉬운 원리를 지닌 이 '웃음법'은 질병 속에서 고통 받는 이들이 하나라도 줄기 바라는 마음을 담은 저자의 진심이 만들어낸 산물이다.

하루 5분 나를 바꾸는 긍정훈련

행복에너지

**'긍정훈련'당신의 삶을
행복으로 인도할
최고의, 최후의'멘토'**

'행복에너지
권선복 대표이사'가 전하는
행복과 긍정의 에너지,
그 삶의 이야기!

인터파크
자기계발 분야 주간
베스트 1위

권선복 지음 | 15,000원

권선복

도서출판 행복에너지 대표
지에스데이타(주) 대표이사
대통령직속 지역발전위원회
문화복지 전문위원
새마을문고 서울시 강서구 회장
전) 팔팔컴퓨터 전산학원장
전) 강서구의회(도시건설위원장)
아주대학교 공공정책대학원 졸업
충남 논산 출생

책 『하루 5분, 나를 바꾸는 긍정훈련 - 행복에너지』는 '긍정훈련' 과정을 통해 삶을 업그레이드하고 행복을 찾아 나설 것을 독자에게 독려한다.

긍정훈련 과정은 [예행연습] [워밍업] [실전] [강화] [숨고르기] [마무리] 등 총 6단계로 나뉘어 각 단계별 사례를 바탕으로 독자 스스로가 느끼고 배운 것을 직접 실천할 수 있게 하는 데 그 목적을 두고 있다.

그동안 우리가 숱하게 '긍정하는 방법'에 대해 배워왔으면서도 정작 삶에 적용시키지 못했던 것은, 머리로만 이해하고 실천으로는 옮기지 않았기 때문이다. 이제 삶을 행복하고 아름답게 가꿀 긍정과의 여정, 그 시작을 책과 함께해 보자.

『하루 5분, 나를 바꾸는 긍정훈련 - 행복에너지』